王時敏散佚信劄考釋

萬新華 著

遼寧美術出版社

图书在版编目（CIP）数据

画外：王时敏散佚信札考释 / 万新华著. — 沈阳：辽宁美术出版社，2024. 12.　— ISBN 978-7-5314-9825-4

Ⅰ. K825.72

中国国家版本馆CIP数据核字第2024F08E98号

出版发行：辽宁美术出版社
地　　址：沈阳市和平区民族北街29号　邮编：110001
印　　刷：辽宁新华印务有限公司
开　　本：787mm × 1092mm　1/32
版　　次：2024年12月第1版
印　　次：2024年12月第1次印刷
印　　张：8.625
字　　数：190千字
责任编辑：彭伟哲
书籍装帧：杨璟妤
责任校对：满　媛
责任印制：徐　杰
书　　号：ISBN 978-7-5314-9825-4
定　　价：138.00元

张培敦临王翚、杨晋合写《王时敏像》轴（局部），纸本设色，124.4cm×47.3cm，1813年，苏州博物馆藏

序

从江南文化精英的私人空间看明末清初视觉文化的传脉

洪再新

明清之际是中国后期文人画发展的重要历史转折，堪称17世纪世界艺术史上的奇景，气势撼人。江南文化精英对此有怎样的表现，又有怎样的作为与影响，似乎成了人人都能说上几句，但又谁都难以说透的话题。尤其是关于清初画坛“四王”的功过，自从五四新文化运动前后对其一片声讨引出的百年画坛大论争，和新世纪之交为之平反的一波波努力，形成中外艺术史学研究的一大看点，也使身为“四王”之首的王时敏（1592—1680）备受瞩目。放在读者面前万新华的《画外：王时敏散佚信札考释》（以下简称《画外》），和他近年策划和参与的“娄水文华——南京博物院藏清代娄东绘画回乡特展”（太仓博物馆，2016.10.2—12.4）、“家在娄水边——从‘四王’到近代娄东专题展”（何香凝美术馆，2020.9.20—11.20）相互参照，令人惊叹地呈现王时敏的重要性、王时敏交往圈的重要性、王时敏时代的重要性，并通过散佚信札手迹来展开这一私密空间，呈现书简和书画一样作为艺术史本体的东方色彩和无穷魅力。

揭橥明末清初视觉文化的传脉，有必要对信札书简在中国文化史上的特色略作回溯。私人书简一身三美，既讲述身世，见证历史，又独具才情，饮誉文坛，更以书传人，播芳艺林。在大众媒体出现之前，公众对于社会与个人信息的获取，开始靠书刻龟甲，铸铜刻石，而后有简册纸帛传抄。雕版印刷兴起，镌诸枣梨，普及流通。王时敏所处的17世纪，正值中国印刷文化的鼎盛时期，身前留下“尺牍”二卷共九十八通，收入《王烟客先生集》，《西庐家书》一卷十通，《清晖堂同人尺牍汇存》三十余通，付梓刊行，今人整理《王时敏集》，悉数收录。因此《画外》依托的正是这样的印刷文化史场景，波澜壮阔。

王时敏的重要性，在《画外》包括的明清之际40余年历史中，随处可见。这批散佚信札在《西庐家书》之外，更明确地交代一位以保存家族为己任的江南文化精英，正当风云突起的历史关头，如何深思熟虑，在隐逸与入仕的两难中，选择了为自己和为家族后人的不同方案，求得两全。这与清初“四僧”以逃遁方外来延续汉文化传统的路径，各领风骚。正是“正统”与“个性”的差异，以王时敏为首的“四王”对董其昌（1555—1636）“绘画南北宗”说的赓续，赢得了清朝统治阶层的认可与赞助，家国天下，一同传承。《画外》以王时敏与陈继儒（1558—1639）书开篇，极具象征性。一方面，陈为晚明文坛的巨星，以其刊刻各类丛书占领出版市场，名扬海内外。王时敏求《诰封太原王母周太宜人墓表》于彼，光大王氏的显赫家世，“以示来祀”。另一方面，陈为松江画派代表人物之一，书简谈论的不是绘画，却正是文人绘画所要承载的生活现实中最重要的命题。

王时敏交往圈的重要性，在于江南文化精英在社会巨变之中个人的经历，往往为正史、野史所不及，因此其史料价值，从微观历史的立场，格外真切。且不谈社会史，聚焦文人画艺术的演进，王时敏娄东一派的关系网以及和王翚（1632—1717）虞山一派的互动，一起成为清初从朝廷到士大夫提倡追捧的主流风格。要探寻个中的缘由，《画外》提供了散佚在《清晖堂同人尺牍汇存》之外的故事情节，读者可从两人相互延誉，亲如手足的师生情谊，细心品味晋人王廙（276—322）“学画而知弟子师己之道”的深意，精彩动人。而散佚信札最后以王时敏与顾见龙（1606—1687 年后）书收官，更是别具一格，妙笔生花。断定收信人“云老道兄”为康熙朝人物写真名家顾见龙，论据就在一个“真”字。巧合的是，存世顾见龙《消夏图》卷（美国明尼阿波利斯艺术学院美术馆藏）应该就是王时敏写真的指代，中外学者均有考证，一下就把《画外》之意融入全球艺术史的叙述之中，出人意想。

王时敏时代的重要性，则以书写作为艺术之书的可信性加以体现。《画外》本身的艺术价值，则因王时敏执画坛牛耳的崇高地位，显示了明清时代江南文化精英综合艺术造诣。读者可以追寻书法史上的二王楷模，了解为什么北宋文学家、金石学家、书法家欧阳修（1007—1072）对晋人书札评价如此之高，成为现代书法评价中区别于大字书写和表演性书写的一个特质，即以画坛盟主的书写叙述，代表最受传统视觉文化尊重的艺术成就。

回到 17 世纪，江南文化精英的信札，依循着自己特定的观念史文脉。他们下笔之时，清楚地意识到这些私密空间就是一个公共的场域，因为书简笔札在大众媒体出现之前，早已成为晋人的楷模，在两宋《淳化阁帖》问世时成为专门之学，后普及推广了这一视觉传统。《画外》汇辑近九十通散佚书信，无不蕴含书迹本身的艺术审美价值，成为人们珍爱的墨宝，散落在宫廷和私人藏家手中。这让人想到了宋元明清刻版中不断添加的序跋者手迹，如松江张泰阶（1619 年进士）《北征小草》（崇祯本）刊刻陈继儒的序文手泽，以为征信，起到广而告之的名家效应。值得注意的是“散佚”墨宝与汇辑文献之间的张力，在数码人文和博物馆遍地开花的今天，人们也许想不到信札的历史文脉这一层面，不论是阅读《王烟客先生集》中的“尺牍”，《西庐家书》《清晖堂同人尺牍汇存》（风雨楼重刊《清晖阁赠贻尺牍》），或是透过故宫博物院、南京博物院的展览橱窗观赏王时敏手札，人们都容易忽略雕版书籍在知识界打开的公共空间与个人书写在文化精英圈建立的私密空间的迭交关系。一经切换这两个空间，《画外》的立意便不言自明。王时敏身处明清之际这一时代的重要性，通过书札与印刷文化的互见，相得益彰。这也有助读者了解为什么董其昌之后，由王时敏主盟，“四王”的正统能对大江南北的画坛形成三百年的巨大影响。

在这个意义上，读者对比顾见龙《消夏图》卷和存世王时敏的写真，可以谛听万新华玄妙的《画外》之音，体味王时敏 89 年漫长的人生阅历，或许比他画家的形象更为生动。

2022 年 8 月 5 日于积学致远斋

引

图1　曾鲸《王时敏二十五岁小像》轴，绢本设色，64cm × 42.3cm，天津博物馆藏

王时敏（1592—1680），字逊之，号烟客，江苏太仓人。早年以祖荫任尚宝丞，后升太常寺少卿，人称“王奉常”；崇祯十三年（1640）辞官，隐居西田别墅，又号西庐老人（图1）。

作为明末清初绘画史上的一位承前启后的重要人物，王时敏画学董其昌，少时得亲炙，从南宗入手，于黄公望墨法尤有深契，暮年益臻神化，笔墨苍润松秀，成为一代画苑领袖。他高度关注笔墨构成方式及其抽象表现力，通过古人概括自然景物的笔墨范式与经验去再造一个心中的自然，既提炼树石、山峦、水流、屋舍之程式，又提炼笔墨组合中虚实、轻重、开合、起伏等对立统一因素的法则，“功参造化，思接混茫”，[1]秩序化地重新组合，以个性化的笔墨运动洗发出个人情味。

然而，画家之外，王时敏又是如何？

首先强调，王时敏是太仓王氏家族承上启下的转捩性人物。太仓王家系出山西太原，南迁江左，自明代中期以来渐成显族。高祖王涌（？—1559）经营得法，家业兴起。曾祖王梦祥（1515—1582）业儒好文，传王锡爵（1534—1611）、王鼎爵（1536—1585）昆仲。王锡爵榜眼及

① 王时敏：《题王石谷画》，见王时敏《王时敏集》，载《王奉常书画题跋》卷下，毛小庆点校，浙江人民美术出版社，2016，第789页。

第，后高居首辅，虽未创建一番丰功伟业，但其人品向来备受肯定；王鼎爵官至河南按察司提学副使，惜中年而逝。王锡爵得子王衡（1561—1609），官翰林院编修，中年而逝；而王鼎爵传子王术而早夭；王衡有王鸣虞、王赓虞、王赞虞三子，但王鸣虞、王赓虞未及成年而殇，王赞虞 12 岁更名时敏，两支并一，家族使命重大。

几年来，两位兄长先后早逝，父亲、祖父又在他 18、19 岁时相继离世，年轻的王时敏在家运孤危之际独身当户，在祖荫之下义无反顾地走向仕途，奔波于错综复杂的官场，着力经营起王家的家族事业。在王时敏看来，光大家族是自己义不容辞的责任（图 2）。

图2　吴俊《摹王时敏像》页，纸本设色，27.5cm×28.5cm，南京博物院藏

吾家三朝袍笏、两世丝纶，儿念家声，岂忍遽就门荫，但儿独身当户，又素羸弱，门内门外事辐辏填委，何暇攻苦下帷，且世情渫恶，非官裳曷支巨阀，宜急入京拜恩。①

这是母亲周太夫人（1568—1627）的教导与期望。他又遵母命，绵延子嗣，王挺（1619—1677）、王揆（1619—1696）、王撰（1623—1709）、王持（1627—1658）、王抃（1628—1702）、王扶（1634—1680）、王摅（1635—1699）、王掞（1645—1728）、王抑（1646—1704）先后出生，保证家族人丁兴旺。

也正是这种强烈的家族意识，使得王时敏面对清兵临下时，在全面权衡之后，于“杀戮与投降”之间艰难地选择了后者：

太常公遭明思宗之变，国祚已斩，宗社为屋，清军南征，将至太仓，郡人仓皇奔走。吴梅村与太常商议曰：拒之百姓屠戮，迎之有负先帝之恩，终无万全之策。太常筹画数昼夜，又与郡绅集议明伦堂，众以太原为明之旧臣，代有显贵，咸以太常为进退。太常知时势之不可回，涕泣语众曰：“余固大臣之后，死已恨晚。嘉定屠城，前车之鉴。吾宁失一人之节，以救阖城百姓。”梅村相与大哭，声震数里。议遂定，而清军已至，遂与父老出城迎降，至今西门吊桥，颜公迎恩。②

诚如赖惠敏所言：“当政权转换时，士人到底要为自己争得千载声名？或为子孙铺下平坦仕途？的确是一大抉择。不过整体而言，选择降清者多，当遗民者少。那是因为士绅在家族中扮演了重要角色，且干系整个家族枯荣。”③王时敏的抉择，应该是经过深思熟虑的。

后来，王时敏甘为遗民，但其以文知名的几个儿子多汲汲于科举，以图仕进。他全力支持，反复致信当权者，为儿辈能得引拔而不断廓清

---

① 王宝仁：《奉常公年谱》，见《王时敏集》，第747页。

② 汪曾武：《外家纪闻》，见江苏省文献史料馆编《江苏文献》，1942年1卷1—2期合刊，江苏省国学社，第35页。

③ 赖惠敏：《明末清初士族的形成与兴衰——若干个案的研究》，见“中央大学”共同科编《明清之际中国文化的转变与延续研讨会论文集》，文史哲出版社，1991，第422页。

图3　佚名《王时敏晚年小像》页，纸本设色，27.5cm×21cm，故宫博物院藏

仕进之路。

顺治十二年(1655)，次子王揆二甲进士及第；康熙九年(1670)，八子王掞、长孙王原祁（1642—1715）叔侄同登进士。及后，王掞选翰林院庶吉士，累官刑部、工部、兵部、礼部尚书，晋文渊阁大学士；王原祁则官至户部左侍郎，曾孙王簪（1670—1756）累官广东巡抚。太仓旧谚："两世鼎甲""四代一品"，王时敏通过种种努力实现了祖、父之殷殷期盼。从此，太仓王氏家族不仅科第连绵，而且家声重振，世族门风不息。

不仅如此，王时敏自己发其端，长孙王原祁光其大，游戏笔墨，子孙后裔络绎不绝，王时敏在父子、兄弟、师徒之间的言传身教中不断积累，开创"娄东画派"，历三百年而不衰；王揆、王撰、王抃、王摅四兄弟精研诗词、戏曲，同列"娄东十子"，形成了显赫的家族文艺链群，可谓"艺林朱绂，卓有传人，芬苑青箱，衍为家学"。[1] 由此，太仓王氏家族成为明清时期家族文艺传承的典型案例（图 3）。

---

① 田步蟾：《毗陵周氏五世诗集序》，见周述祖编《毗陵周氏五世诗集》，民国十七年（1928）铅印本，卷首。

图4　陆云锦《临王时敏像》页，纸本设色，22cm×29.2cm，1799年，上海博物馆藏

晚年，王时敏仍不无感慨："茕茕藐孤，危如千钧引发。尔时门祚单弱，内外事填委一身"，[①]故而始终以光耀门庭为任，忧勤砺行，慎终追远，最终书写了家族历史的一段辉煌（图4）。多年来，他修身律己，对子孙、宗族也反复勖勉：

崇祯十一年（1638），有《戊寅由京中寄家书》；

崇祯十五年（1642）春，作《一家同善会引》，劝家人各随本愿，捐资赈济饥民；

顺治十四年（1657），有《闱后课诸子说》一则、《训持儿》诗五古四十二韵；

康熙三年（1664），作《友恭训》一则；

康熙七年（1668），有《再嘱》一则、《终事》一则；

① 王时敏：《自述》，见《王时敏集》，第90页。

康熙九年（1670）三月，作《家训》勖示子孙：孝友敦睦、省察功过、和睦乡闾克己退让、早完国课；

康熙十年（1671），有《族劝》一则；

康熙十二年（1673），作《后友恭训》；

康熙十三年（1674），有《训大三两房》一则；

康熙十四年（1675），作《手书先哲格言训六房》；

康熙十五年（1676），有《后楼嘱》《祭田申训》。

一系列的家训，后被辑录成为《奉常家训》，充分体现了王时敏持身应世所恪守的准则与规范。[①] 联系其"画家"身份之时，这些文字似乎易于产生某种现实的隔阂感。人们也许会诧异：王时敏表现出那种凛然自危的道德自觉意识怎么会如此强烈？在明末清初的历史情境中，王时敏有着难以想象的忧患意识！（图 5）

原来，作为家长的王时敏在绘画之外并非优游笔墨、啸傲烟霞，而总是显得那么忧心忡忡。明末，他出于官场形势之虑里居乡间，并非如乃父王衡一样认同山人价值观；清初，他又时刻以先祖遗风勉励子孙延续仕业，苦心维护家声，也设法结交勋贵官吏以寻求支持保护，热心参与地方事务，赈灾救济、代表合境官民上诉芦蠹、发起西园会集等，保全士绅名望、延续家族声誉，维持在地方上的影响力。如此等等，不一而举。子孙繁衍，家业不坠，一切都在家族之内，一切也在家族之外！（图 6、图 7）

在 89 年的生命里，王时敏游历广阔，交友众多，书信往还不断。作为个人生命化的独白空间，书信在过去人们的生活中不可或缺，它一方面讲述人际交往的真实事情，另一方面承载与亲友之间的情感互通，问起居、报近况、告踪迹、谈家务，或千叮万嘱，或德行砥砺，或祝贺吊唁，或请托求索，或学问探讨……大至军国政务，小至生活琐事，细微、具体、生动，对研究社会、历史、文化具有不可低估的价值。所

① 陈永福：《〈奉常家训〉所现乡绅居乡行为原则》，见常建华主编《中国社会历史评论》第 13 卷，天津古籍出版社，2012，第 186—206+472 页。

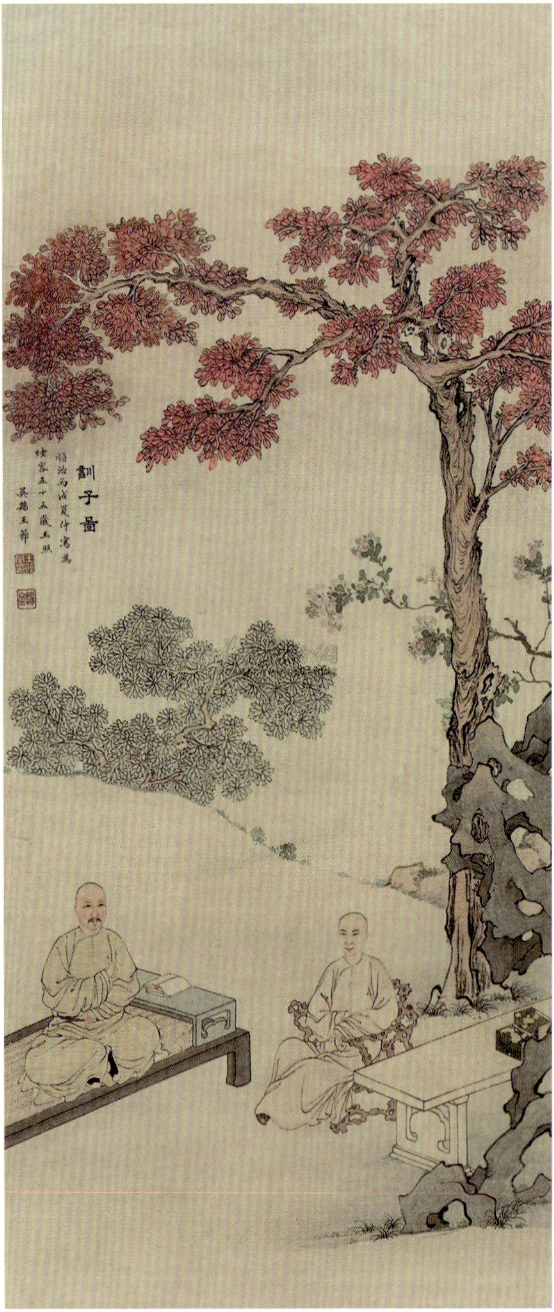
訓子圖
順治丙戌夏仲寫爲
煙客五十五歲玉照
吳縣王節

图5　王节《训子图》轴，纸本设色，101cm×44m，1646年

图6　倪耘《王时敏像》页，纸本设色，39cm×25.3cm，1862年，故宫博物院藏

图7　叶衍兰《王时敏像》页，纸本设色，29.9cmx15cm，中国国家博物馆藏

以，信札也便成了一份牵挂，一份期盼，更是一份传续，承载着人们丰富而深刻的感情互通。

如今，王时敏传世信札大致有三个面向：其一，有被辑录于《王烟客先生集》之“尺牍”，凡二卷共九十八通，多与官员故旧往来之函，除了一般的寒暄问候，近半有所请求，或为子甥科举仕业，或为地方弊政等，成为考察王时敏交游酬酢、文人故实以及明清易祚政治情势的重要史料；其二，留有家书传世，乃康熙五年（1666）致五子王抃十通，所论关涉当时掌故、文人事迹，后编成《西庐家书》一卷，光绪三十二年（1906）影印以来传播甚广；其三，王时敏晚年与王翚关系密切，文字传递，约有三十余通，咸丰七年（1857）来青阁重刊于《清晖堂同人尺牍汇存》，又收于邓氏风雨楼重镌《清晖阁赠贻尺牍》，多是笔墨应酬、艺文趣事之片段。2005 年，古书画鉴藏界又新现王时敏致王翚信札墨迹七通，虽有一二已入《清晖阁赠贻尺牍》，但仍不失为难得的文献资料。2016年5月，毛小庆先生搜集、整理、点校《王时敏集》，以上种种悉数收录，为人们提供了一份王时敏信札的大荟萃。

随着公私收藏的持续公布，笔者近年来持续留意，又查访收得王时敏信札九十通，时间跨越40余年，举凡家书三十四通，循循善诱，谆谆教诲，多涉家庭事务与官场趣闻；也有致亲家钱增九通，多叙述为官之旅，坦言酸甜苦辣；也有致王闻炳十三通，嘱托家事家业，事无巨细，再三交代；还有致吴廷、王瑞国、王士禛、王鉴、熊开元、顾见龙等数通，尤其是致王翚九通，畅谈日常艺事、鉴藏活动，微观而具体，丰富而多元。作为难得的文字实迹，这些信札蕴含着种种丰富的信息，自然成为《王时敏集》的有益补充，理应为关注王时敏其人其艺乃至明末清初文人仕途、生活的研究者所重视。

由此可见，这些信札对于人们理解王时敏时代的社会环境、艺文交流的方式等具有重要意义。于是，笔者仔细整理、认真释读，试图重返“历史现场”，还原出更为血肉丰满的“王时敏”。通过考证信札中涉及的时间、地点、人物与事件，那些已经消逝的历史场景与人物心理由此变得逐渐清晰，而信札之间内容的勾连也使零碎的资料更具组织性。

如此，画家之外的王时敏更加生动。

一

致陈继儒札

陈继儒（1558—1639），字仲醇，号眉公、麋公，上海松江人。诸生，年二十九隐居小昆山，后移东佘山，闭门著述，工诗善文，兼能绘事，屡征皆以疾辞。著《陈眉公先生全集》《小窗幽记》《妮古录》等。

敬启，先叔祖学宪公背弃多年，虽蒸尝不废而继嗣未立，先祖父每为痛心。兹不肖侄幸徼先泽，举有五男，是用诹吉告之家庙，以次子为学宪公后，而以第三子为先兄后。庶文学名绅口至为若敖之馁鬼，而衣冠冢嫡口口至香火之剪，然此非不肖侄所敢专口，先祖父九原未瞑之遗意也。拟求一记勒口，以示来祀，而非得韩欧不朽至文，何以垂之永口？辄不自揣，敢百拜恳之伯父，并以先文肃所撰《学宪公行状》及侄告祠祝文奉览，倘蒙慨允下情，特颁琬琰，异日刻附大集，载之家乘，将太原百世子孙口口光宠，岂但一时存殁徼荣席重已哉？本拟泥首躬请，口口于禁例，不敢唐突阙陵，谨荐薄币以申微悃，伏冀鉴涵，临楮可胜吁祷，颙跂之至。

小侄时敏再顿首顿首具

左毖

考：

王时敏，初名赞虞，十二岁时更名，字逊之。有二兄：鸣虞、赓虞，先后未成年殇。叔祖王鼎爵，字家驭，号和石，隆庆二年（1568）

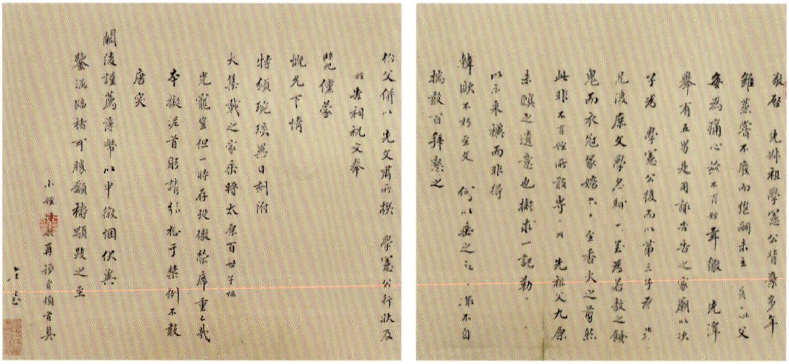

图8　《致陈继儒札》，纸本行书，20cm × 26cm × 2，上海博物馆藏

进士，授刑部主事，官至河南按察司提学副使。其子术，早殇，嗣孙赓虞，未及长，万历二十三年（1595）赞虞继嗣，后万历三十一年（1603）鸣虞17岁夭，赞虞归宗而更名。

崇祯五年（1632）夏，王时敏奉母周太夫人柩袝葬父王衡新茔，另为长兄王鸣虞筑墓，过继三子王撰为后。当时，他专请陈继儒撰写《授中书舍人未任太原穉皋王长公墓志铭》《诰封太原王母周太宜人墓表》。他又以次子王揆出继赓虞，嗣为王鼎爵曾孙。[①] 为此，王时敏专门举办庄重的祭祀仪式。在他看来，旧礼未婚者虽不置嗣，然礼以义起，乃为文告庙，以三子王撰过继，使执丧抱主人家庙奉祀。[②]

此札书于崇祯五年（1632）春夏间，时王时敏准备营葬母亲周太夫人、长兄王鸣虞，再作谱牒过继等，遂奉呈王锡爵撰《王鼎爵行状》与自撰告祠文致信恳请陈继儒作文记事。王锡爵所撰《先弟河南按察司提学副使家驭暨庄宜人行状》，经王时敏整理辑录于《王文肃公文集》卷十一。

从“拟求一记勒囗，以示来祀”“囗囗于禁例，不敢唐突阙陵”来判断，所谓“求记”就是《诰封太原王母周太宜人墓表》。周太夫人逝世于天启七年（1627）秋，迟至崇祯五年（1632）夏与王衡合葬。在墓表中，陈继儒遵意开篇谈到了王锡爵、王鼎爵二支单传王衡，王时敏仍以独子当户之况，言述周太夫人美德再转回“刻先集创先祠、为学宪公立后、为诸母亡兄图谋所以不朽者”等，又述王时敏多男而文开世亢，强调“周太夫人之功”。[③] 如此等等，都与王时敏札中所言契合无比。

王锡爵、王衡父子与嘉定唐时升（1551—1636）、娄坚（1554—1631）和松江董其昌、陈继儒交情莫逆，多有诗词唱和。王衡、王锡爵

① 王宝仁：《奉常公年谱》，见《王时敏集》，第757页。

② 王时敏：《自述》，见《王时敏集》，第94页。

③ 陈继儒：《诰封太原王母周太宜人墓表》，见沈乃文主编《明别集丛刊》，第四辑，第五十四册，《陈眉公先生全集》卷三十七，明万历四十三年（1615）刻本缩印本，黄山书社，2015，第160-162页。

先后去世，他们都曾作哀词、祭文纪念，唐时升也曾受邀为王衡作《翰林院编修王君行状》。以上诸人都与王衡同辈，王时敏皆以伯辈视之，曾自云："惟父执如云间陈眉公，练川娄、唐两先生，终身执犹子礼，扱箕撰履，不敢少懈。"[①] 特别是陈继儒，年轻时受王锡爵之聘，馆于王家与王衡同研，交情莫逆。

① 王时敏：《自述》，见《王时敏集》，第 94 页。

二

致吴廷札

吴廷，又名国廷，字用卿，号江村，安徽丰南人。博古精鉴赏，曾收藏晋唐名迹颇丰，如王羲之《快雪时晴帖》、王献之《鸭头丸帖》《中秋帖》、王珣《伯远帖》、颜真卿《祭侄文稿》、米芾《蜀素帖》等。

向以多病未能走叩，日闻轩车将辱于敝邑，旦夕以几。乃以云间董亲母之丧将及两月，赴吊不能再稽，遂尔鼓棹，不意竟与台驾巧左。儿辈驰急足走报，得接兰缄，悚仄无已，深恨出门稍先一日，失此良晤也。颜鲁公《祭侄帖》往从《停云》刻中得见拓本，窃叹其飞舞秀拔，虽碑版临摹，比他书犹为奇特，乃今忽承见示真迹，开卷墨光华彩，炯然照人。弟诚何幸，得睹此希世之宝，三复展玩，自诧奇缘，而天球河图不当久留蓬室，谨用珍归清闭。老年台惠教德意，时时在心目间矣。

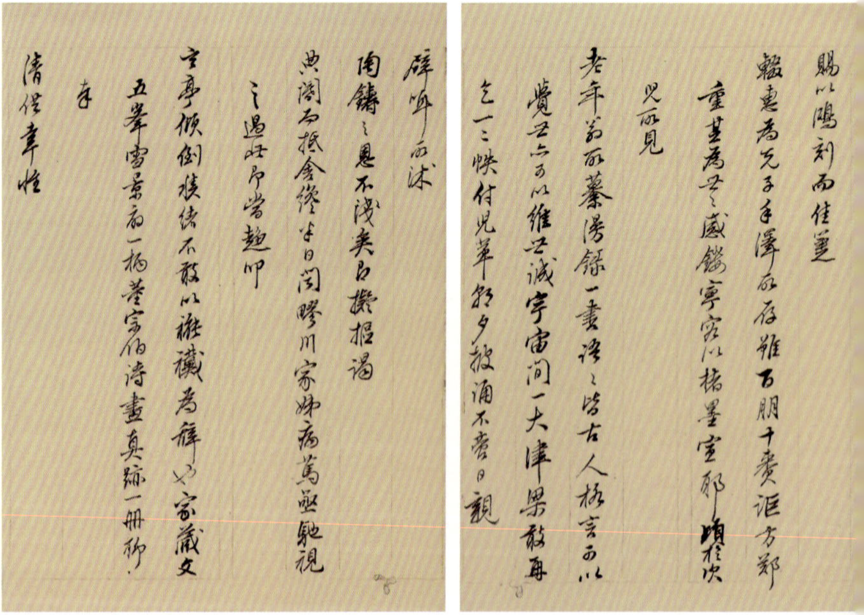

图9 《致吴廷札》，纸本行书，26cm×20cm×4，故宫博物院藏

豚犬辈荷长者眷顾，赐以鸿刻，而佳扇辍惠，为先子手泽所存，虽百朋十赉，讵方郑重，其为世世感镂，宁容以楮墨宣耶。顷于次儿所见老年翁所纂漫录一书，语语皆古人格言，可以觉世亦可以维世，诚宇宙间一大津梁，敢再乞一二帙付儿辈，朝夕披诵，不啻日亲辟咡，所沐陶铸之恩不浅矣。即拟报谒典阍，而抵舍才半日，闻畴川家姊病笃，亟驰视之，过此即当趋叩玄亭，倾倒积绪，不敢以襏襫为辞也。家藏文五峰雪景扇一柄、董宗伯诗画真迹一册，聊奉清供幸惟。

考：

颜真卿《祭侄文稿》是流传有绪的赫赫名迹，共二十三行，凡二百三十四字，追叙了常山太守颜杲卿父子一门在安禄山叛乱时挺身而出，坚决抵抗，取义成仁之事，情如潮涌，气势磅礴，堪称经典。

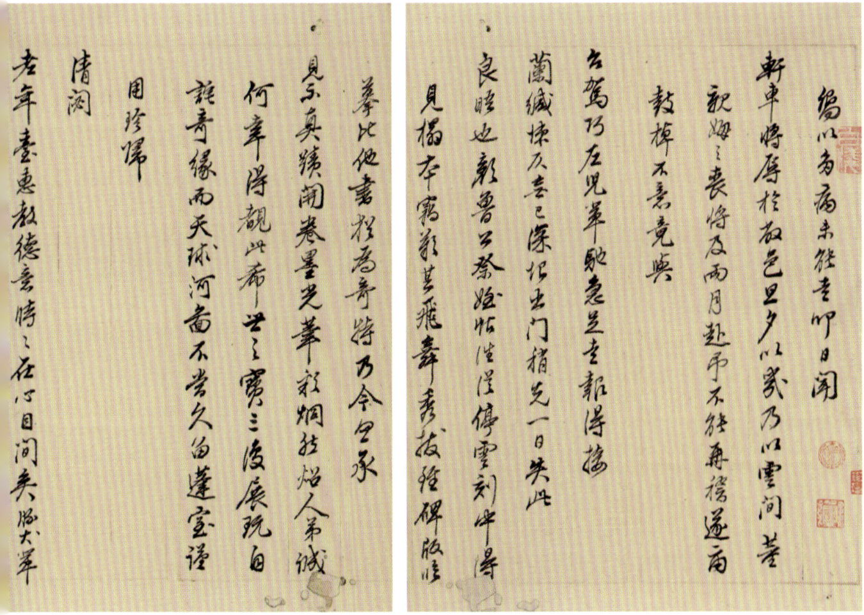
緣以多病未能走叩日閣
軒車將屆於敝邑旦夕以戒乃以雲間華
秋姊之喪將及兩月赴弔不能再稽遂爾
鼓棹不意竟與
台駕巧左見草馳意足走報得接
蘭織悵反去已深但出門稍先一日失此
良晤也顏魯公祭姪帖從從傳雲刻中得
見搨本露彩其飛舞秀拔經碑版
尊比他書猶為奇特乃今日承
見示真蹟開卷墨光華彩炯於照人弟識
何幸得覩此希世之寶三復展玩自
詫奇緣而天球河圖不當久留蓬室謹
用珍歸
清閟
老年臺惠教德意時時在心目間矣

明代末年，《祭侄文稿》一直藏于安徽丰南收藏家吴廷的余清斋。[①]吴廷生卒年不详，有研究者考证，其大致生活于嘉靖二十年（1541）至崇祯八年（1635）前。[②]他博古善书，藏晋唐名迹甚富，与董其昌、陈继儒等交往密切，时常一起品鉴书画。万历二十四年（1596），他在友人帮助下开始编刻《余清斋帖》，直至万历四十二年（1614）完成。

《余清斋帖》分为正篇（六册十六卷），共有单帖二十六篇，颜真卿《祭侄文稿》位列第四册。考察王时敏早年交游，并结合文字内容，初步推测此札收件人应为吴廷，大致是吴廷来到太仓，因赴吊董亲母之丧未能相遇而仅得到了留下函件，并借观《祭侄文稿》，如此等等。

云间董亲母，是指董其昌原配龚夫人（1557—？）。颜晓军的研究发现，董其昌最迟于天启五年（1625）九月与王时敏结下儿女亲[③]，王氏次女许配董家四子董祖京（1622—1677），但因董其昌去世三年守孝迟至崇祯十二年（1639）冬完婚。[④]

崇祯五年（1632）二月朔日，董其昌题跋自书《金刚经》，云：

丙寅年十月书此经，朔日起，望日竟。壬申二月应宫詹宗伯之召，道出淮阳，长儿祖和从行，至清和，命之归侍母龚淑人，念淑人奉三宝

① 康熙三十三年（1694）五月，徐乾学（1631—1694）题跋所藏颜真卿《祭侄文稿》说明入藏契机，并做相关考证，曰："颜鲁公祭侄季明文真迹，向为溪南吴氏收藏，后归王氏。许布政弘勋得之，以附其幕官徐介锡。介锡与余有宗人之分，重价购焉，惊喜累日……后段书体益复激昂，忠愤勃发，神气震荡。公千古第一种人物，亦擅千古第一种书体。余衰年薄祜，何幸获此重宝，因考史传同异，证其文义，而以臆见题识其后，子孙其永宝诸。"这里的王氏，即吴三桂女婿王永宁（？—1672），《祭侄文稿》上有其收藏印。

② 左昕阳：《明清时期徽州书画鉴藏大家：吴廷》，《东方艺术》2011年第13期，第135页。

③ 颜晓军：《董其昌诸子及董氏第宅》，《故宫博物院院刊》2016年第11期，第116页。

④ 王抃：《王巢松年谱》，江苏省立苏州图书馆，1939，第44页、第14页。

虔甚……[1]

董祖和（1586—1662），是董、龚夫妇长子。当时，董其昌到清和后令其返家侍奉母亲。龚夫人先于董氏去世，而82岁的董其昌病逝于崇祯九年（1636）冬，陈继儒撰有《太子太保礼部尚书思白董公暨原配诰封一品夫人龚氏合葬行状》。[2]

初步推断，此札书于崇祯五年（1632）二月至崇祯八年（1635）前。王时敏首先为自己错过相晤机会抱歉并说明“云间董亲母之丧赴吊”之缘由，然后表达了获观颜真卿《祭侄文稿》的激动心情：“诚何幸得睹此希世之宝，三复展玩，自诧奇缘，而天球河图不当久留蓬室，谨用珍归清闭”，再说及得赐“鸿刻”“佳扇”：“豚犬辈荷长者眷顾，赐以鸿刻，而佳扇辍惠”，所谓的“鸿刻”即是《余清斋帖》；最后谈到在次儿王揆处看到所编大著，有恭维“语语皆古人格言，可以觉世亦可以维世，诚宇宙间一大津梁”之言。所述内容主要是三点：一、归还《祭侄文稿》，“不当久留蓬室，珍归清闭”；二、求赐漫录，“再乞一二帙付儿辈，朝夕披诵，不啻日亲辟咡”；三、因有“鸿刻”“佳扇”相赠，回馈家藏文伯仁《雪景》折扇与董其昌《诗画》册。

最后说明，疁川家姊病笃，是王时敏四姐，适嘉定李宗之（？—1628，字彝仲）。光绪《嘉定县志》卷二十二《列女》记载：“文肃孙女，诸生李宗之妻，能诗，通书翰，未三十寡。”《嘉定县志》卷二十七《艺文志四》又载：“《松涛阁遗稿》一卷，闺秀王氏著。氏，诸生李宗之妻。诗十余篇、文三篇，哭亡男女作。”王时敏四姐重病，估计是年亦去世。因为早逝，王时敏晚年几乎未提这位四姐。

① 张照等编：《秘殿珠林》卷二，《明董其昌书金刚经上下二册》，见《文渊阁四库全书》子部艺术类，第823册，商务印书馆，1986，第508页。

② 颜晓军：《董其昌诸子及董氏第宅》，第108—110页。

两月不见汝等一字不知汝等身体
学业及考事如何日夕悬念至极
夜不能成寐终不知家信未因何故
一迟至此大考揭晓无论拔贡已属何
人州府生童何人作首何时挂牌必

三

付子挺、揆、撰家书三十四通

唐代杜甫《春望》云："烽火连三月，家书抵万金。"宋代陆游《渔家傲·寄仲高》曰："写得家书空满纸"，道出烽火中久盼家人音信时的迫切心情，引发了无数人的共鸣。家书是家庭的情感纽带，是家教的重要载体，也是家风的一面镜子。无论过去还是现在，家书都让人感受到爱与光明，感受到力与希望。

王时敏早年在京为官，时常北行，并间有官差。崇祯八年（1635），他自雇夫马北行，抵都具揭以勘合，缴之驾司，复命后于常。[①]崇祯十年（1637）正月初九，他题差得粮长，二月初九领勒出都，一路南下，二十九日从宿迁下船，顺流而下，三月五日抵达淮安，溯江至南京，完差。[②]崇祯十二年（1639）正月，他一路北上，三月十五日抵都，停留一月有余；夏赴湖广武冈州持节册封岷世子，冲炎出都，跋涉于深林险路，百苦备尝，十月初归里。[③]崇祯十三年（1640）春，他奉旨在籍调理，病痊起补。[④]旅途中、寓京间，他时常家书年长诸子王挺、王揆、王撰等，告踪迹、报近况、问起居、谈家务，千叮万嘱，连篇累牍，尤为详尽。

王挺，字周臣，号减庵，江苏太仓人。以荫补中书舍人。著《春秋集论》《减庵诗存》《不盲集》等。王揆，字端士，号芝廛，江苏太仓人。顺治十二年（1655）进士，康熙十七年（1678）荐鸿博不就。著《芝廛集》《畿辅七名家诗钞》等。王撰，字异公，号随庵、揖山居士，江苏太仓人。工书、擅画。著《三余集》《揖山集》《随庵诗稿》等。

崇祯六年（1633），王挺补博士弟子员；[⑤]崇祯八年（1635），王揆、王撰同补博士弟子员。[⑥]当时，王挺、王揆刚届16岁，王撰则

① 王宝仁：《奉常公年谱》，见《王时敏集》，第758—759页。
② 同上书，第763—764页。
③ 同上书，第767页。
④ 同上书，第768页。
⑤ 同上书，第757页。
⑥ 王宝仁：《奉常公年谱》，见《王时敏集》，第758页。

12岁，仅王挺于当年三月完婚。崇祯十年（1637）七月、崇祯十三年（1640）二月，王揆、王撰相继完婚。因为诸子面临科举，王时敏叮咛不休，谆嘱万分，督促不忘家族责任，或读书，或作文，或聘师，简直操碎了心。

至于诸子业师，有必要先作统一说明。根据上下文判断，札中所及朱、沈、王、陈诸师，分别为朱集璜、沈明抡、王日新、陈瑚。朱集璜（1597—1645），字以发，江苏昆山人。崇祯八年（1635）贡士，素有学行，为乡井所推。弘光元年（1645）七月昆山城破，投水殉节，著《观复堂稿略》。沈明抡，字伯叙，江苏苏州人。精春秋，崇祯六年（1633）以恩贡中顺天副榜，入清后，授徒自给，年八十余而卒。王日新（1617—1670），字鉴明，号眉岳，江苏太仓人。精通经学，教授弟子有程法，著《眉岳山人稿》《礼记该义》等。陈瑚（1613—1675），字言夏，号确庵，江苏太仓人。崇祯十六年（1643）举人，启蒙家法，少时即笃于经学，贯通五经，务为实学，绝意仕进，奉父里居昆山，著述十余种数十卷，私谥“安道先生”。崇祯十一年（1638），王时敏聘请赵自新（后有介绍）为王揆、王撰授业，次年赵自新、王揆师生一同中式，堪称佳话。[1]补充说明，朱、沈、王、赵诸人，都是复社成员。还有孙先生，即孙念莪，乃复社成员孙以敬（后有介绍）之父。

王时敏寓京期间，正值明末陆文声疏劾复社案爆发之际。因此，他向诸子说明案情进展，可谓“微型案卷说明书”，比较真实地再现了当年的事件细节。在家书中，他反复嘱咐诸子留意家乡情势，并教导务必惕厉隐忍：

吾乡世态人情，真成鬼国。汝等如处覆巢之下，旦暮不保，宜刻刻战兢凛惕，不可一毫任性，居家惟闭户读书，遇人惟谦恭缄默，莫务虚名，莫妄交游，实实做本分工夫，持身应世以缜密沉细为第一义。[2]

① 王抃：《王巢松年谱》，第13—14页。

② 王宝仁：《奉常公年谱》，见《王时敏集》，第764页。

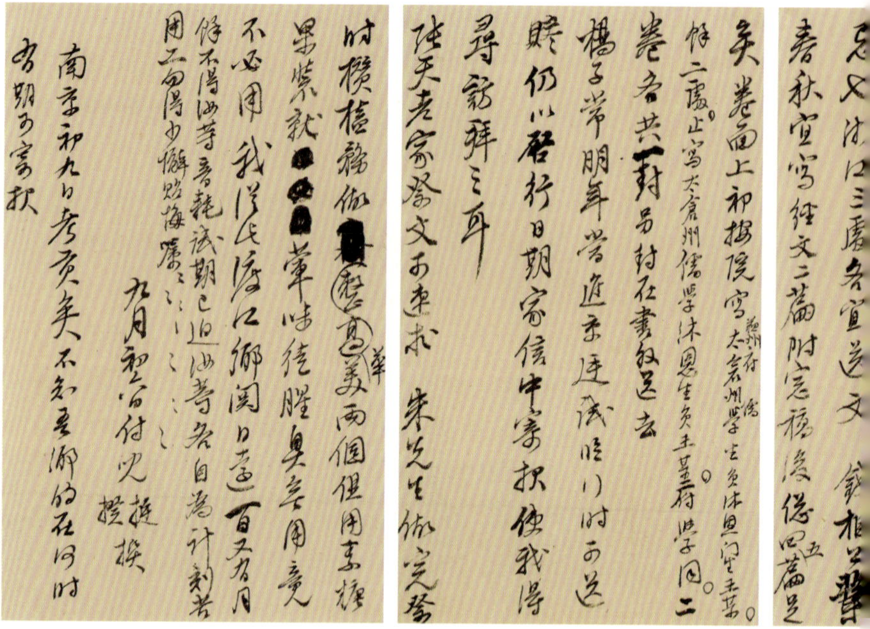

图10　《付子挺、揆、撰家书》，1635年9月6日，纸本行书，28cm × 16.5cm × 5，苏州博物馆藏

在时人眼里，王时敏家教甚严，恪守素风："太常之教其子也严，晨起则拜于床下，无围棋博塞戏弄之具以移其情，以故诸子得肆力于诗书，镞砺名行，恭谨如汉万石君家法，而文采过之。里人称佳公子，不问可知为太原。"[1]因此，他时刻教导诸子克己退步，忧勤行善，不要贪图小利，而因小失大。康熙九年（1670）三月，他郑重写作《家训》，以"孝友敦睦""省察功过""和睦乡闾""克己退让""早完国课"等五款勖示子孙务存宽厚、勿萌邪曲、培养元气、和睦乡间。反观这批家书，所言同谆谆家训心态如出一辙。

在三子皆未完全独立之时，王时敏时时不忘家庭责任，事无巨细地交代，教诲儿子们勤勉向学、永续家声，叮嘱儿子们要善于应付家事、

①　陈瑚辑：《从游集》卷上，昆山赵氏峭帆楼民国元年（1912）刻本，第 63 页。

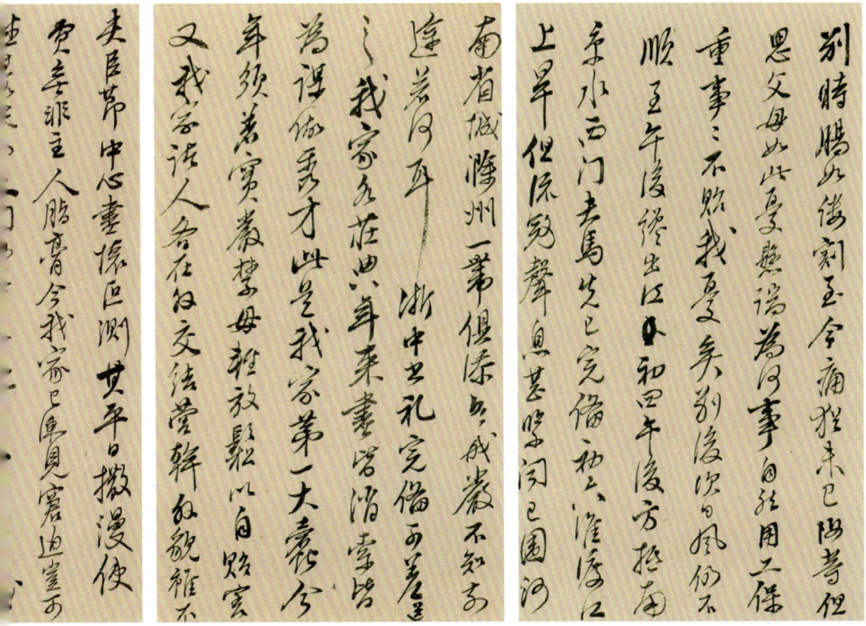

审慎周全，流露出浓浓的关爱。

第一通　付子挺、揆、撰家书（图10）

别时肠如缕割，至今痛犹未已，汝等但思父母如此忧悬端为何事，自然用工保重，事事不贻我忧矣。别后次日，风仍不顺，至午后才出江，初四午后方抵南京水西门，夫马先已完备，初六准渡江上旱，但流寇声息甚紧，闻已围河南省城、滁州一带，俱添兵戒严，不知前途若何耳？浙中书礼完备，可差送之。我家各庄典年来尽皆消索，皆为谋做秀才，此是我家第一大蠹。今年须着实严禁，毋轻放松以自贻害；又我家诸人各在外交结营干，外貌虽不失臣节，中心尽怀叵测，其平日撒漫，使费无非主人脂膏，今我家已渐见窘迫，岂可听其如此而不一问？汝等年纪已大，当有智识作略，勿混混如昨，为诸奴觑破，愈猖狂无忌也。（此皆汝等头角未成，故诸奴各怀异志，但使汝兄弟中有一发者，则人心帖服，更何虑哉！）浙江三处各宜送文，钱相公业春秋，宜写经文二篇附窗稿后，总四五篇足矣，卷面上初按院写苏州府太仓州儒学生员沐恩门生王某，余二处止写太仓州儒学沐恩生员王某，府学同二卷，各共一封，另封在书外送去。杨子常明年当进京廷试，临行时可送赆，仍以启行日期家信中寄报，使我得寻访拜之耳。张天老家祭文，可速求朱先生做完，祭时攒搕，务做高整华美，两个但用素糖果装就，荤味徒腥臭，无用竟不必用。我从此渡江，乡巷日远一日，又有月余不得汝等音耗，试期已迫，汝等各自为计，刻苦用工，勿得少懈贻悔，嘱嘱，嘱嘱，嘱嘱，嘱嘱。

九月初六日，付儿挺、揆、撰

南京初九日考贡矣，不知吾乡的在何时？有期可寄报。

考：

前述崇祯八年（1635），43岁的王时敏北上赴京，此家书即书于当年九月初六，报行程，道情况，嘱咐家务，尤其叮嘱诸子课业，并交代为张溥家作祭文事。

按，钱相公，即钱士升（1575—1652），字抑之，号御冷，晚号塞庵，浙江嘉善人。万历四十四年（1616）进士，授修撰；天启初，以养母乞归。崇祯六年（1633），拜礼部尚书兼东阁大学士，入参机务。崇祯九年（1636）四月，献“宽、简、虚、平”四箴，深中时病，渐失帝意，后以“沽名”为罪，乞休。著《南宋书》《逊国逸书》等。

再按，杨子常，即杨彝（1583—1661），字子常，号谷园，江苏常熟人。崇祯八年（1635）岁贡，为松江训导，擢知县昌都，引疾不赴。明亡杜门著述，著《四书大全节要》《诗经说约》等。

又按，张天老，即张溥（1602—1641），字乾度，又字天如，号西铭，江苏太仓人。崇祯四年（1631）进士，选庶吉士，复社领袖。精诗词，擅散文、时论。著《七录斋集》等。

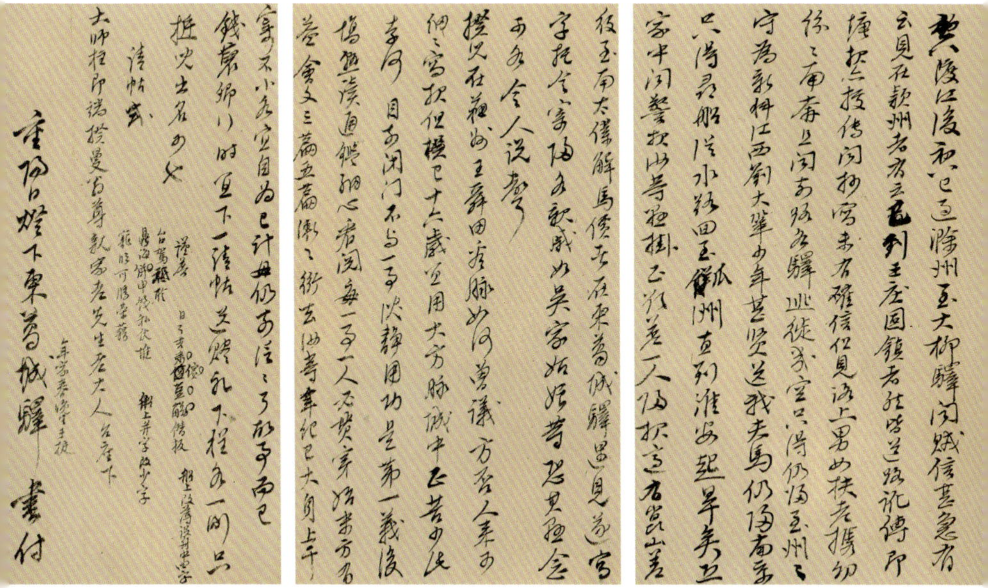

图11 《付子挺、揆、撰家书》，1635年9月9日，纸本行书，28cm×16.5cm×3，苏州博物馆藏

第二通 付子挺、揆、撰家书（图11）

初六渡江后，初八已过滁州。至大柳驿，闻贼信甚急，有云见在颍州者，有云已到王庄、固镇者，然皆道路讹传，即塘报亦据传闻抄写，未有确信。但见路上男女扶老携幼，纷纷南奔，且闻前路各驿逃徙几空，只得仍归至州，州守为新科江西刘大巩，少年甚贤，送我夫马，仍归南京，只得寻船从水路回至瓜洲，直到淮安起旱矣。恐家中闻警报汝等悬挂，正欲差一人归报，适有昆山差彼至南太仆解马价者，在东莒城驿遇见，遂写字托令寄归，各亲戚如吴家姑娘等，恐其悬念，可各令人说声。揆儿在苏州王舜田看脉如何？曾议方否？人来可细细写报，但揆已十六岁，宜用大方脉，城中正苦少此，奈何？目前，闭门不与一事，沉静用功，是第一义。后场熟读通鉴，细心看阅，每一事一人，必贯穿

始末，方有益。会文三篇五篇，渐渐衍去。汝等年纪已大，身上干寄不小，各宜自为己计，毋仍前泛泛，了故事而已。钱裒卿行时宜下一请帖，送赆礼、下程各一则，只挺儿出名可也。

请帖式：

谨詹，日之吉，肃傧豆觞，僭扳台驾，祗聆鼎诲，并申饯私，伏惟宠临，可胜荣籍。

船上改“薄设舟中”四字。船上“并”字改“少”字。

大师柱即端揆曼翁尊亲家老先生老大人台座下

年家眷晚生王挺

重阳日灯下，东莒城驿，书付儿挺、揆、撰

考：

此札即书于上者的三天后，即九月初九，时王时敏渡江，路经安徽滁州，已抵达东莒。他述及路途见闻，主要是报平安，并为王挺示范投钱增请帖式。当时，农民起义如火如荼，渐有蔓延之势。次年（1636）正月，农民军在滁州城外十几里处扎营，准备攻打滁州，时太仆寺卿李觉斯（1584—1667），字伯铎，号龙水老人，广东东莞人。天启五年（1625）进士，因破滁州有功，升工部侍郎，官至刑部尚书，后降清、滁州知州刘大巩，坚守督战。卢象昇（1600—1639）大败农民军于滁州。

按，刘大巩，字定生，号熙鼎，江西广昌人。崇祯七年（1634）进士，授滁州知县，官至浙江督学副使，甲申从李闯。

再按，吴家姑娘（？—1660），乃王时敏三姐，嫁延陵吴鸣珙（？—1642）。钱裒卿（1604—1658），即钱增，后有专门考释。

第三通　付子挺、揆、撰家书（图12）

我十一日早从江浦渡江而南，以李海山船在镇江，只得另雇浪船二只，明日至京口就之。家乡在望，欲暂归一看汝兄弟，又以诸亲友赆饯

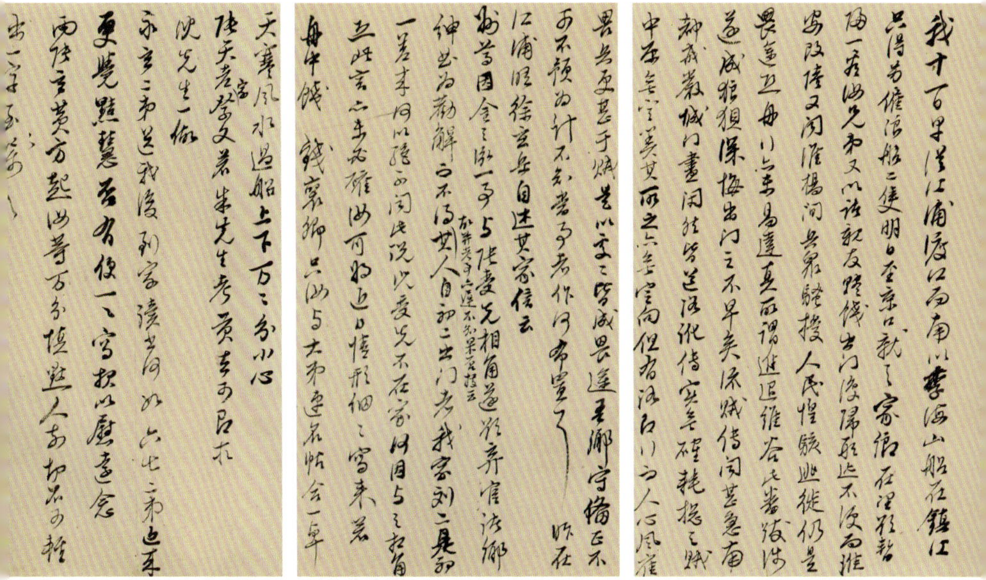

图12 《付子挺、揆、撰家书》，1635年9月11日，纸本行书，28cm×16.5cm×3，苏州博物馆藏

出门复归，形迹不便，而淮安改陆，又闻淮扬间兵众骚扰，人民惶骇逃徙，仍是畏途，恐舟行亦未易达，真所谓进退维谷。此番跋涉遂成狼狈，深悔出门之不早矣。流贼传闻甚急，南都戒严，城门尽闭，然皆道路讹传，实无确耗。总之，贼中原无定算，其所之亦无定向，但有路即行，而人心风雀，畏兵更甚于贼，是以处处皆成畏途。吾乡守备正不可不预为计，不知当事者作何布置耳？昨在江浦晤徐玄岳，自述其家信，云州尊因金之泓一事与张受先相角，遂欲弃官，诸乡绅曲为劝解而不得，故并考事亦迟，不知果否？据云，其人自初二出门者，我家刘二是初一差来，何以绝不闻此说？况受先不在家，何因与之相角？恐此言亦未必确。汝可收近日情形细细写来。若舟中饯钱裒卿，只汝与大弟连名帖，合一卓。天寒风，水过船，上下万万分小心。张天老家祭文，若朱先生考贡去，可即求沈先生一做。永、玄二弟送我后到家读书何如？六、七二弟近来更觉点慧否？有便一一写报，以慰远念。两张玄黄方

起，汝等万分慎默，人前切不可轻出一字，至嘱，至嘱。

九月十一日，付儿挺、揆、撰

考：

此札书于崇祯八年（1635）九月十一日，道及因农民军兴起而来的种种路途艰辛。王时敏谈及所闻太仓知州周仲琏与张采相角之事，鉴于张采、张溥事起，嘱咐诸子“万分慎默，人前切不可轻出一字”。

按，州尊，即周仲琏，字彝仲，浙江长兴人。崇祯七年（1634）进士，官太仓知州、礼部郎中等，甲申后削发为丐僧而遁。

再按，金之泓，字元一，江苏太仓人，康熙年间举人。

又按，张受先，即张采（1596—1648），字受先，号南郭，江苏太仓人。天启四年（1624），与张溥同创应社，后在临川创立合社。崇祯元年（1628）进士，历官临川知县、礼部员外郎。著《太仓州志》《知畏堂集》等。

第四通　付子挺、揆、撰家书（图13）

渡江后自瓜步以至淮阴，所过州邑皆城门尽闭，士民登陴以守，惟扬州城外拆民居万余家，哭声震天，流离载道，不待贼至而一方已先受荼毒矣。贼信有言入楚者，有言仍归商洛者，展转传讹，皆无实据。昨至淮安，晤海道刘云密，据云贼已散入豫地，意尚欲窥宿州、凤阳一带，多土贼为向导，更秦晋间大帅败没者兵悉归之，今行伍严整、器甲坚利，大非昔比，蔓延不已，终为东南隐忧，当事者不可不预为之计也。我廿八日早在淮安起陆，一路步步畏途，计六日可至滕县，但入山东界便可无虞矣。昨见圣谕，悯民生日悴，痛吏治日窳，至欲大破常格，求守令于胥史士民之中，反覆捧诵，仰见圣主。无聊极思，真堪痛哭！长民者睹此犹不动念，尚惟日事掊剋以养交骛名，岂复有人心者乎？然读徐伟长《谴交论》，因知汉魏间士风已自如此。末世人心，古今同弊，良可慨也！论在《澜篇》第十三卷六十五叶，可寻出一览之。

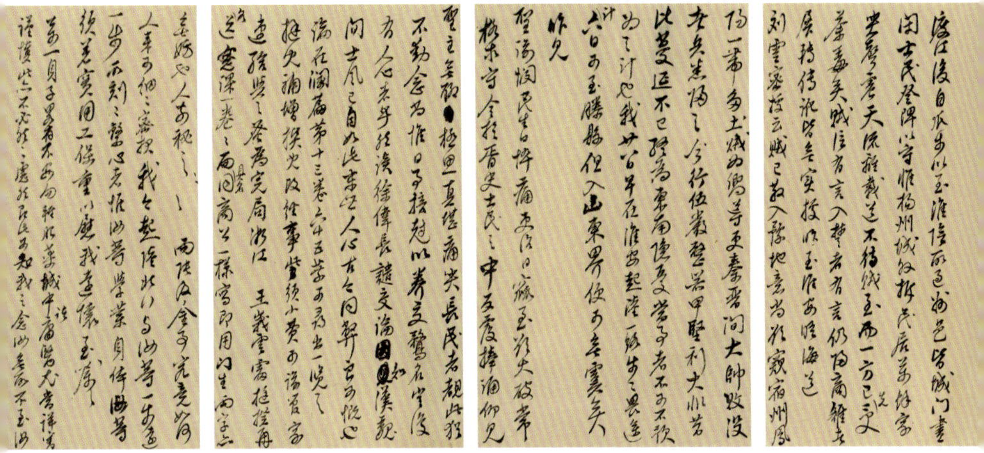

图13 《付子挺、揆、撰家书》，1635年9月27日，纸本行书，28cm×13—18cm×4，苏州博物馆藏

挺儿补增，撰儿改经事，此须小费，可谕管家速给与之，蚤为完局。浙江王峨云处，挺、揆再各送窗课一卷，卷面具名同商公一样，写即用“门生”两字亦无妨也。人前秘之，秘之。两张及金事究竟如何？人来可细细密报。我今起陆北行，与汝等一步远一步，所刻刻系心者惟汝等学业、身体，汝等须着实用工、保重，以慰我远怀，至嘱，至嘱！万一身子略有不安，勿轻服药，城中诸庸医尤当详审谨慎，此亦不必然，然虑然。即此可知我之念汝无所不至，汝等益当仰体，饮食起居，事事珍重矣。

九月廿七日，付挺、揆、撰

考：

此札书于崇祯八年（1635）九月二十七日，叙述了自己从镇江至淮安的道途所见，交代课业，并嘱咐王挺、王揆留意金之泓、张采相角之事。

按，刘云密，即刘若金（1586—1665），字云密，又字用汝，号蠡园逸叟，湖北潜江人。天启五年（1625）进士，授古田知县，擢南京吏部主事，崇祯五年（1632）迁淮海兵备佥事，后革职归里；隆武时，授官刑部尚书。尤精于医学，著《本草述》。

再按，王峨云，即王业浩（？—1643），字士完，号峨云，浙江余姚人。万历四十一年（1613）进士，曾任谷城、襄阳知县，有政声，擢御史；崇祯四年（1631）升兵部右侍郎，官至兵部尚书。

第五通　付子挺、揆、撰家书（图14）

王、朱先生想此时必去考贡，可速请沈先生来，坐定用工，乘两先生不在，举灰文会亦可。按院观风案曾出否？有案速速寄报。淮安起旱后，自清河以至峄县六七百里间，弥望皆荒田野草，绝无人烟，日行夜宿刻刻危惧，初六日出滕县便为上京大路，夫马快便，日驰百四五十里，亦绝不闻流贼之耗。初九日已抵东阿，距京仅八百余里，大约望后必到，非十九即廿三定见朝矣。但自别后，饮食、梦寐无一刻不思念汝等，不知汝等近日身体如何？在学堂用工能沉潜绵密否？我夜梦不佳，

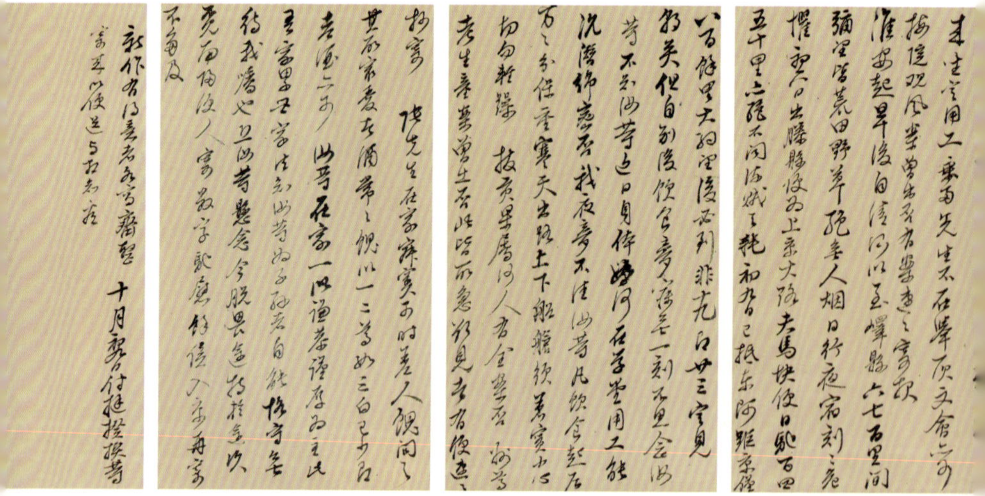

图14　《付子挺、揆、撰家书》，1635年10月9日，纸本行书，28cm × 16.5cm × 4，苏州博物馆藏

汝等凡饮食起居万万分保重，寒天出路、上下船舱须着实小心，切勿轻躁。拔贡果属何人？有全案否？州尊考生童案曾出否？此皆所急欲见者，有便速速抄寄。张先生在家寂寞，可时差人馈问之，其所最爱者酒，常常馈以一二尊，如三白已少，即老酒亦可。汝等在家一以谦恭谨厚为主，此吾家累世家法，知汝等为子孙者自能恪守，无待我嘱也。恐汝等悬念，今脱畏途，特于途次觅南归便人寄数字驰慰，余俟入京再寄，不多及。

新作有得意者，各写齐整寄来，以便送与相知看。

十月初九日，付挺、揆、撰等

考：

此札书于崇祯八年（1635）十月九日，叙述了自己淮安起陆后在山东道中所见所闻，时在山东东阿，又继续叮嘱诸子学业、起居等：“汝等在家一以谦恭谨厚为主，此吾家累世家法，知汝等为子孙者自能恪守。”

按，童生，文童之别称。凡是习举业的读书人，不管年龄大小，未考取生员秀才资格之前，皆称童生或儒童。童生试大致分三个阶段：县试，在各县举行，由知县主持，每年二月连考五场，通过后再进行府试；府试，由府的官员主持府试，在四月举行，连考三场，通过县府试便可称童生；院试，童生参加由各省学政或学道主持的院试，考取者称生员即秀才。通过县试、府试、院试的合格者乃科生员，合格后分别往府学、州学、县学学习。其中一些生员被选拔出来，可直接进入国子监为监生，继续深造；另可由各省提学官（学政）进行岁考和科考两级考试，按成绩分六等，科考一、二等者，取得乡试资格称科举生员。岁考任务：一、从童生中选拔秀才，二、对原有秀才进行甄别考试，按照成绩优劣给予奖惩。童生通过考试叫“进学”，次年再进行科试，科试通过才准许参加乡试，叫“录科”。明清时期，通常在乡试之年七月份，还要在省城集中进行一次科试的补考，叫“录遗”。乡试的地点在各省省城和京城，每三年一次，一般在八月份，考中称举人，主考官由在京翰林及进士出身的部院官员担任，发榜时称“桂榜”。因此，王家三兄弟乡试期间，皆住南京，王时敏时常致书询问勉励。

第六通　付子挺、揆、撰家书（图15）

廿三日正值圣驾御门，早朝面见，是日即上掌印本，当夜二鼓忽有二中使至衙门，持文书房黑字揭帖，内云：上传查王某何年月日奉差往南京？是何公干？着明白开写来。我疑以差回逾限致蒙诘问，惊忧累日，乃至第四日仍照常批下，方始安心，然究竟不知何故有此一查也。荐举一事，吴骏老已举杨子常，可谓得人，我胸中本无人可荐，且恐有志之士以受我荐为耻，故不复措意，虽部文屡催，未有以应之，已甘心罚俸矣。张受老初为许仲老所荐，堪任知府，乃吏部以前奉敕谕五品官不荐知府，亦无甲科，与例不合，故复驳还。我昨晤松江董邃老，其意颇欲推毂受老，且此老不日将转光禄卿，三品，例得开荐，因告之骏老，大家从臾之渠，已欣然许诺，一俟推升后即发荐牍矣。天老声望甚重，都中望其来不异饥渴，明春决宜蚤为北装，我以初入京碌碌□刺，

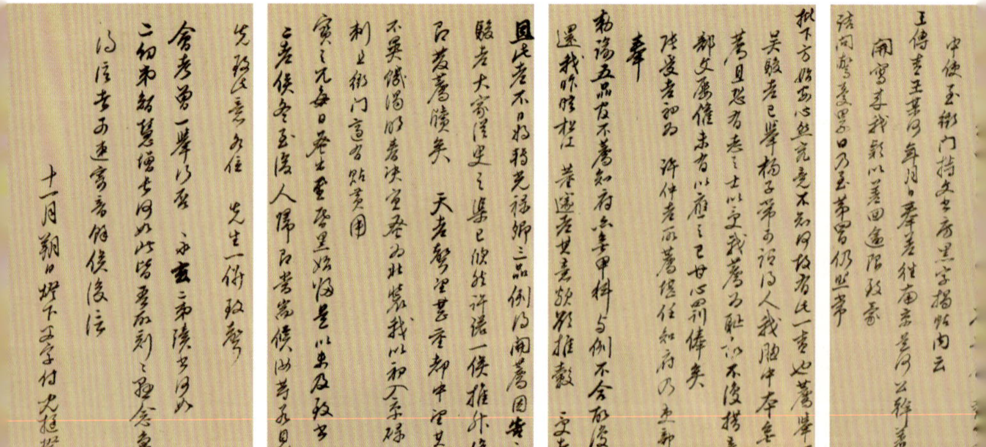

图15　《付子挺、揆、撰家书》，1635年11月1日，纸本行书，28cm×16.5cm×4，苏州博物馆藏

且衙门适有贴黄用宝之冗，每日蚤出至昏黑始归，是以未及致书二老，俟冬至后人归即当专候，汝等若见可先致此意，各位先生一并致声，会考曾一举行否？永、玄二弟读书何如？二幼弟智慧增长何如？此皆吾所刻刻悬念急欲得信者，可速寄音，余俟后信。

十一月朔日灯下，父字，付儿挺、揆、撰

考：

此札书于崇祯八年（1635）十一月一日，时王时敏已抵达京师。他首先说明了抵朝后的经历，接着介绍朝廷中关于吴伟业举荐杨彝和许士柔、董羽宸举荐张采的相关事宜。在信中，他感叹张采、张溥在京城的受捧程度。

按，吴骏老，即吴伟业(1609—1672)，字骏公，号梅村，江苏太仓人。崇祯四年(1631)进士，时任翰林院编修。

再按，许仲老，即许士柔（1587—1642），字仲嘉，号石门，江苏常熟人。天启二年（1622）进士，改庶吉士，授检讨，历迁左庶子、尚宝司丞、太常寺少卿等。

又按，董邃老，即董羽宸，字原孚，号邃初，上海松江人。万历四十一年（1613）进士，授余姚知县，累官吏部右侍郎，因事贬为南京尚宝丞，削籍归乡。隆武时，起南京吏部左侍郎。

第七通　付子挺、揆、撰家书（图16）

两月不见汝等一字，不知汝等身体、学业及考事如何？日夕悬念至彻夜不能成寐，然不知家信米因何故一迟至此，大可怪也。吾州拔贡已属何人？州府生童何人作首？此时科举必须实际工夫，非交际情面可乞，且途辙甚隘，有大力者骈肩错趾其前，汝等毫无根柢，安望弋获？须及今下惟攻苦，考时努力求工，务求必得，勿妄希外援自致落夹以贻笑乡间也。我到京后承文湛老破格眷爱，方幸有所凭依，乃未几而风波大起，致两贤相一日并逐，朝端削色，为三百年未有之异事，此实国运

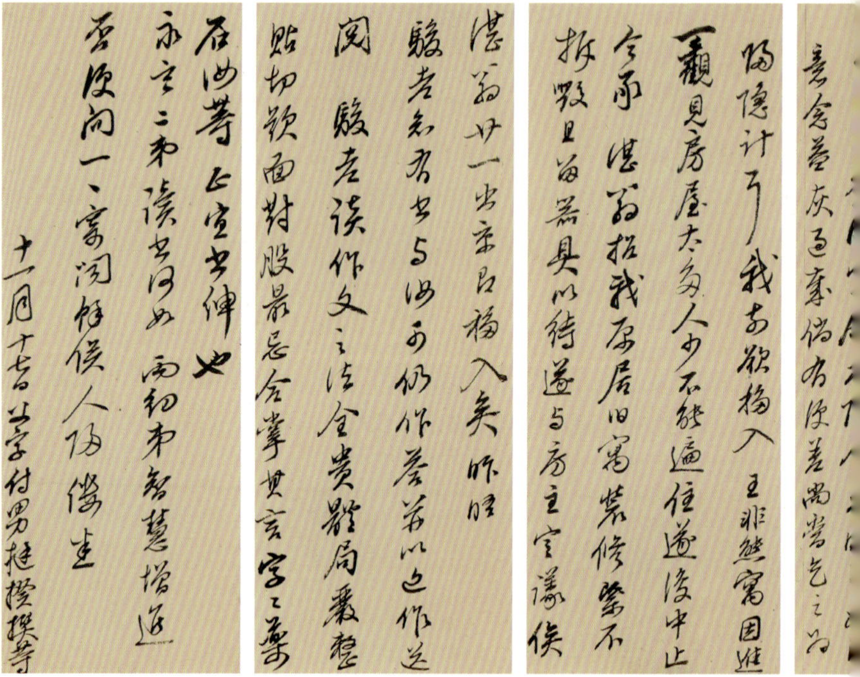

图16 《付子挺、揆、撰家书》，1635年11月17日，纸本行书，28cm×11.2—13.8cm×6，苏州博物馆藏

世道所关，岂独一乡短气？我初意欲俟明秋奏满完局而归，今见时事如此，意念益灰，过岁倘有便差，尚当乞之为归隐计耳。我前欲移入王非熊寓，因进窥见房屋太多，人少不能遍住，遂复中止。今承湛翁招我，原居旧寓装修，概不拆毁且留器具以待，遂与房主定议，俟湛翁廿一出京即移入矣。昨晤骏老，知有书与汝，可仍作答并以近作送阅。骏老谈作文之法全贵体局严整贴切，题面对股最忌合掌，其言字字药石，汝等正宜书绅也。永、玄二弟读书何如？两幼弟智慧增进否？便间一一寄闻，余俟人归缕悉。

十一月十七日，父字，付男挺、揆、撰等

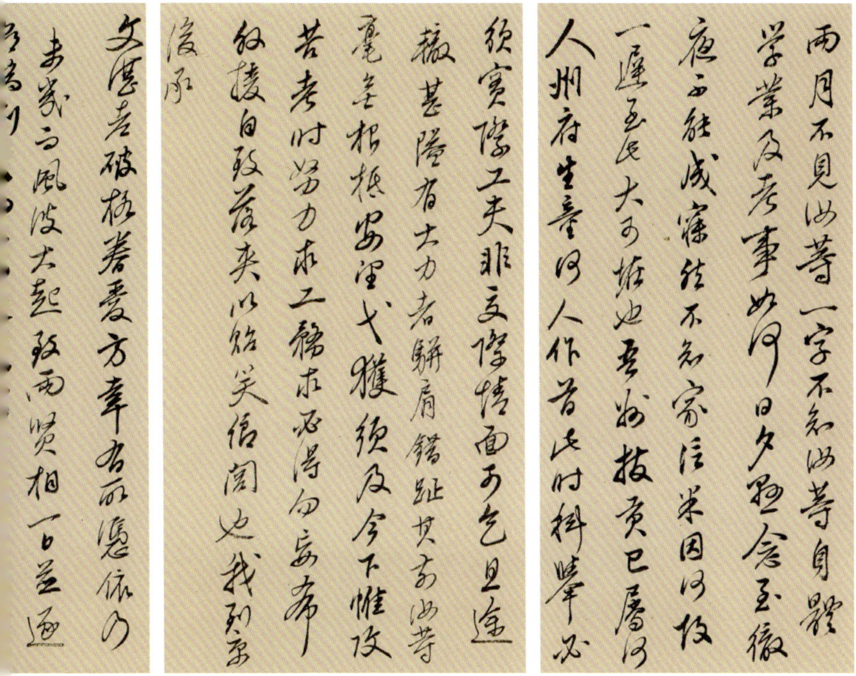

考：

此札书于崇祯八年（1635）十一月十七日，王时敏首先为诸子学业忧心忡忡，然后交代了抵京居住细节，并略及朝堂政事“两贤相一日并逐”，即文震孟致仕与王应熊罢官，感叹朝堂风云诡谲，决计：“我初意欲俟明秋奏满完局而归，今见时事如此，意念益灰，过岁倘有便差，尚当乞之为归隐计耳！”最后嘱咐诸子要研习吴伟业作文之法。

按，文湛老，即文震孟（1574—1636），初名从鼎，字文起，号湛持，江苏苏州人。天启二年（1622）状元，授翰林院修撰，历官日讲官、少詹事，崇祯八年（1635）六月特擢礼部左侍郎兼东阁大学士，参与机务，与首辅温体仁（1573—1638）不和，于十一月初七日夺官。

再按，王非熊，乃王应熊（1589—1647），字非熊，号春石，四川巴县（今重庆市巴南区）人。万历四十一年（1613）进士，历官詹事；崇祯三年（1630）以来，累官礼部尚书兼东阁大学士入参机务，崇祯八年（1635）十月初九日遭劾免官。

第八通　付子挺、揆家书（图17）

数日内已三寄信，专为揆儿病庐萦虑，但三千八百里之遥，那得平安二字旦夕即至以慰悬切也？保举一事，我已无意补牍，乃昨见吏垣催疏，有各衙门不举者查明参处之旨，似又必不容已。但我胸中实是无人，初意拟借重王先生荐牍，业已草就，乃再三思之，恐明年致碍公车，不惟为辱而反且为累，遂复止之。今拟参酌于王平仲、陆子敏两人之间，意尚未定，期限甚迫，三日后当送入铨曹也。目前甚有祭差且衙门只我一人，熊洛老又即日升转，明年讨封差亦甚易，但我意待考满，故未决计，今只看后次家信，倘揆儿体未全安，定于冬春之交乞差归矣。

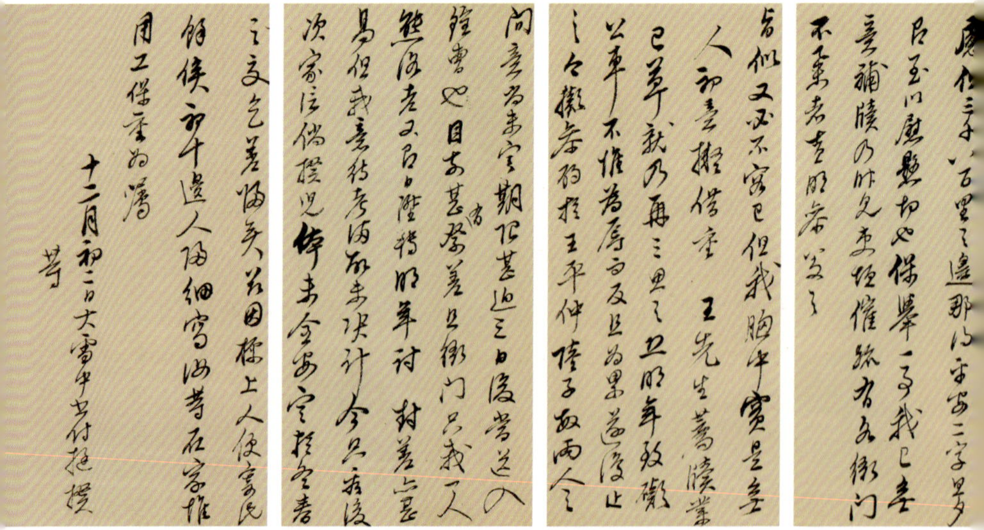

图17　《付子挺、揆家书》，1635年12月2日，纸本行书，28cm×13.1—14.2cm×4，苏州博物馆藏

兹因标上人便寄此，余俟初十遣人归细写。汝等在家，惟用工保重为嘱。

十二月初二日大雪中书，付挺、揆等

考：

此札书于崇祯八年（1635）十二月二日，王时敏几日内连寄三信为王揆病恙而担心，同时介绍了自己朝廷举荐的诸多打算。

按，王平仲，即王志长，字平仲，江苏昆山人。崇祯三年（1630）举人，举乡荐，读书好古，笃于经学，精治《易》，兼通《三礼》《毛诗》。

再按，陆子敏，即陆嘉胤（？—1645），字子敏，又字锡其，号岵瞻，江苏昆山人。崇祯十五年（1642）举人，官至青浦知县；弘光朝，官户部主事，南都破，自缢殉节。

又按，熊洛老，即熊奋渭（1580—1674），字洛望，河南商城人。万历四十四年（1616）进士，授如皋知县，调泰兴知县，历官工科左给事中、礼部给事中、户科都给事中；崇祯元年（1628），调兵科都给事中，改尚宝卿，崇祯十一年（1638），以右佥都御史衔任累官浙江巡抚，后升兵部侍郎、南户部仓场侍郎；入清，官至都察院右都御史。

第九通　付子挺、揆、撰家书（图18）

苏二至，得汝等字，深慰悬念。挺儿考作虽未必佳，但三篇俱完，或可望万一。揆儿不知何见，竟不作经，已自打绝板，反不如不进考之藏拙也。可恨，可恨！会考业不容迟，何时举行？朱师体中度已全安，曾赴馆否？倘有时不至，汝宜在陈师所用功，毋得一刻懈怠。昨见家信，东宅修房，吴封君差人议止，更有非礼之求，使势可骇，乃其与骏公书反云吾家逼逐之，又云我房借之徐辰楚，原与逊之已七千，但去年先支房价是我不是耳。只此几言，其欲尽占此一方，不容我家去住，心事显然。此人妄自尊大，溪壑无涯，以为今日州城惟彼一家，凡人家良田美宅，无一不在囊中，即吾所居先人旧庐，渠亦未必不在念，何况其

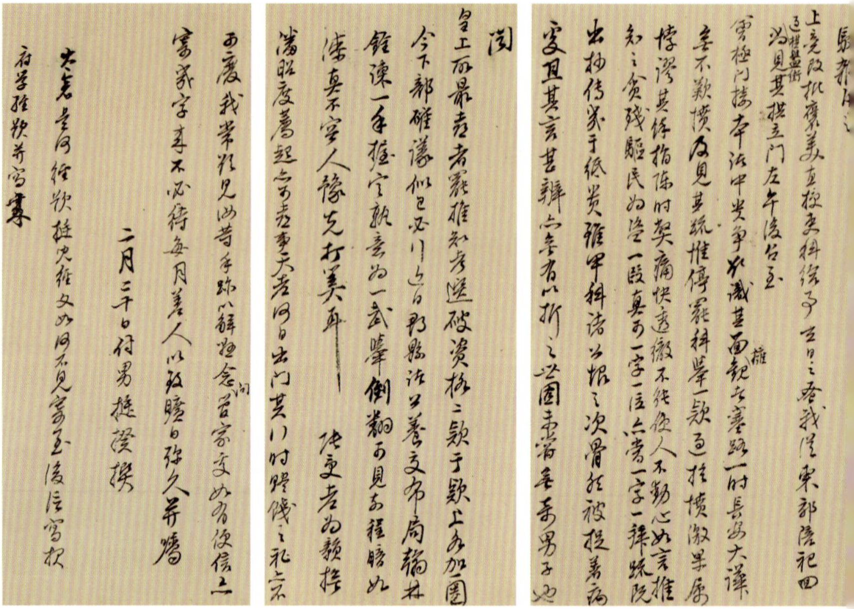

图18 《付子挺、揆、撰家书》，1636年2月20日，纸本行书，28cm×12.4—14.7cm×6，苏州博物馆藏

左近之处？我闻之气寒，胸腹欲裂，使非骏老相与殷厚，何难破面与之相角耶？我名父之子，亦非不辨菽麦者，只以不登科目为乡里小儿所轻侮，二十余年来不知受人多少腌臢气恼，不可告人之苦，即今天涯寄迹，目断乡鸿，俯仰萦牵，寸心如捣，岂真谓鸡肋，尚有余味？恋恋不舍，亦以吾城近日人情炎凉险薄，大非昔比，流俗日趋于弊。司牧更导其源，逼窄崄巇，置身无所，不得不借金门为避地之计，虽刻刻怀归，转念家乡鬼市魔宫，又复自怯，每一室默坐，百感恻哀，不觉悲愤呜咽，襟袖尽湿。汝等年已长大，具有心肝，见汝父如此，尚可不矢志力学，大振家声，为祖父争口气耶？今月初旬有淮安武举陈启新者具疏投通政司，不为上，遂赍本席稿伏大明门外，复大书揭帖，张之栅栏，如是者五日，厂卫以事件进上，遂令文书房中责取其疏入，次日送票，闻阁中原拟以议论驳杂斥之，上竟改批褒美，直授吏科给事。玄日之蚤，我从东郭陪祀回，过棋盘街，尚见其拱立门左，午后召至会极门接

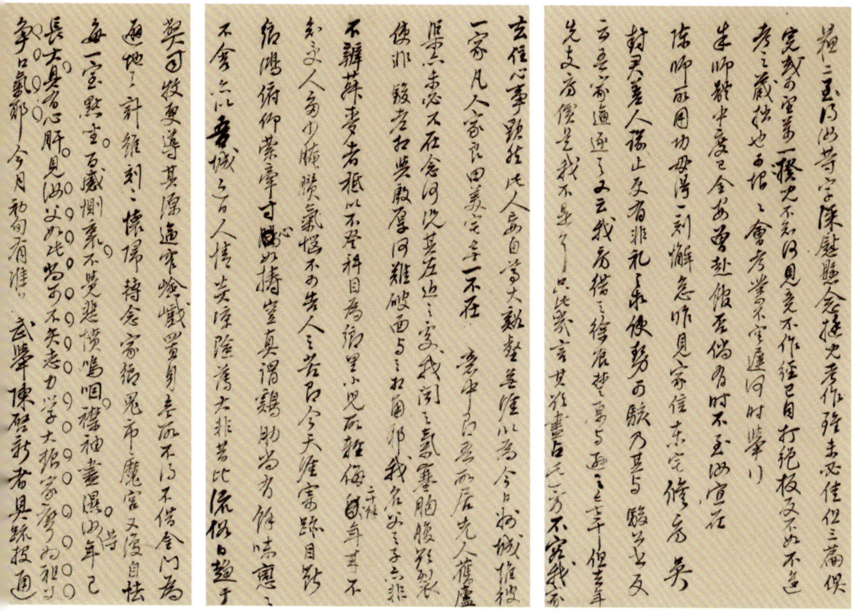

本，诸中责争欲识其面，拥观者塞路，一时长安大哗，无不叹愤。及见其疏，惟停罢科举一款过于愤激，果属悖谬，其余指陈时弊痛快透彻，不能使人不动心，如言推知之，贪残驱民为盗一段，真可一字一泣，亦当一字一拜。疏既出，抄传几于纸贵，虽甲科诸公恨之次骨，然被捉着病处且其言甚辨，亦无有以折之世图，未尝无奇男子也。闻皇上所最喜者，罢推知考选破资格二款，于款上各加一圈，今下部确议，似已必行。近日郡县诸公养交布局，翰林铨谏一手握定，孰意为一武举倒翻？可见前程暗如漆，真不容人豫先打算耳。张受老为赣抚潘昭度荐起，亦可喜事，天老何日出门？其行时赆饯之礼亦不可废。我常欲见汝等手迹以解悬念，问管家处如有便信亦寄几字来，不必待每月差人以致旷日弥久，并嘱。

二月二十日，付男挺、揆、撰

太仓是何经题？挺儿经文如何不见寄至？后信写报。府学经题并

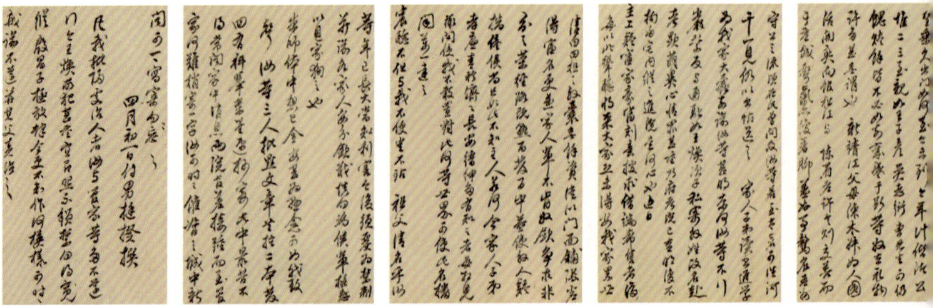

图19 《付子挺、揆、撰家书》，1636年4月1日，纸本行书，28cm×13—18.3cm×11，苏州博物馆藏

写来。

考：

计六奇《明季北略》卷十二记载：

崇祯九年正月，特简淮安卫三科武举陈启新为吏科给事中。先是，启新伏阙献疏。其略曰：朝廷有三大病根，以科目取人，一病根也……以资格取人，一病根也……以推知行取科道，又一病根也……臣所以席稿跪伏于大明门外，引领待死，上陈治病之药言有四。一当速停科目，以黜虚文。一当速举孝廉，以崇实行。一当速罢知推行取科道，以除积年横恣之陋习。一当速蠲灾伤钱粮，以苏屡岁无告之颠连。由此真才自出，风俗还醇，而世臻上理矣。洒洒五千余言，皆切时弊，上嘉异之。[1]

按，陈启新，山阳（今江苏淮安）人，书佐出身，中三科武举，例不试用，跪于正阳门，上书言天下三大病，被崇祯皇帝破格提拔授吏科给事中，后转刑科给事中。陈启新实本庸人，因温体仁（1573—1638）等欲借他人之手打击正直大臣，才是以骤然升职。后来，他被交章论劾，削籍，下抚按追赃拟罪，潜逃。明亡，为僧而卒。

此札书于崇祯九年（1636）二月二十日，王时敏首先介绍自家与吴

---

① 计六奇：《明季北略》卷十二，《陈启新疏三大病根》，清都城琉璃厂半松居士活字印本，第1页。

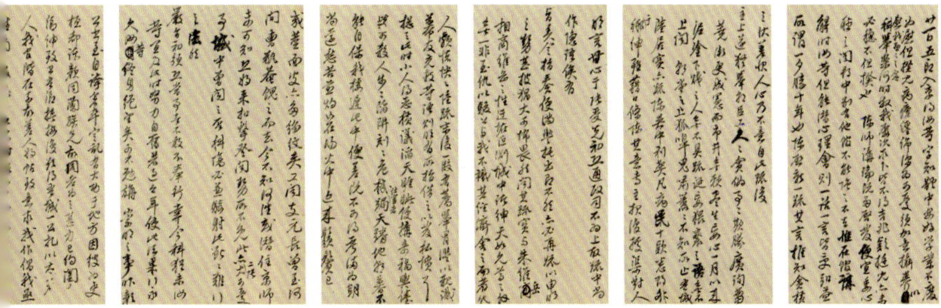

琨的邻里纠纷，发出了“只以不登科目为乡里小儿所轻侮，二十余年来不知受人多少腌臜气恼，不可告人之苦”之叹，教育诸子发奋读书。其次，他便叙述了陈启新疏三大病根之事，后述潘曾纮举荐张采事。

再按，吴封君，即吴琨（1584—？），字禹玉，号约庵、约斋，江苏太仓人。吴伟业父。能文章，授经里中。

又按，潘昭度，即潘曾纮（约 1562—1642），字昭度，乌程（今浙江湖州）人。万历四十四年（1616）进士，授商城知县；崇祯七年（1634）官江西巡抚；李闯军攻京时，提兵入卫，过劳而卒。

第十通　付子挺、揆、撰家书（图19）

廿一日，五郎入京，得汝等字，知体中安好，学业不废，为慰。但揆儿病庐缠绵，深为可忧，须加意摄养以慰我悬悬之念。科举案何时收？我屡次求卜皆不得吉兆，疑挺儿亦未必稳，不但揆也。陈师讲论既多启发，便宜委心听之，闻郡中别有他馆，不能强之不去，惟在馆讲解时汝等但能潜心理会，则一话一言皆受弘益，所谓一夕胜十年也。陈启新一疏，其言推知贪横之状，差快人心，乃不意自此疏后，主上遂疑举朝臣工，人人贪伪，事事欺蒙，广询刍荛，渐更成宪，而市井无赖尽生妄心。一月以来，泥涂下贱之人无不具疏，诞妄猥亵之语无不上闻，朝堂之上狐嗥鬼啸，嚣嚣不知所止。吾城陆居实亦疏陈吴中利弊，凡病民十款悉归咎于乡绅，虽藉口条陈，其意专主报复，据渠对人明言，甘心于张受先，初恐通政司不为上，故疏中尚作隐语，俟有旨责令指奏，便满盘托出，即不然亦必再疏以申明之，势甚披猖，大可怖畏。然闻其疏实与朱维岳相商，维岳之性迂怪叵测，城中诸绅天如、允尊之外无一非至仇，以骏公与我不识其经济舍之，而荐代人颇怀怏怏。陆疏末后一段有荐举冒滥，以亲识、幕友充数等语，则明有所指，借之以发私愤耳。总之，此时小人得志，横议滔天，睚眦便构奇祸，舆儓皆可杀人，步步陷阱，刻刻危机，仕宦者局天蹐地，朝暮不能自保，我栖迟此中，便差既不可得，考满为期尚远，愁苦煎灼如在汤火中，近来须鬓已几尘，面皮亦多皱纹矣。又闻支元长曾至河间，曹瓶庵馈之而去，今不知何往，或潜住京师未可知，恐将来扣击登闻，势所不免，此亦二张大可忧事，城中曾闻之否？科场必兼骑射，此断断难行之法，然严旨初颁，恐当事者不敢不奉行。幸今科犹未，汝等宜及此时努力自奋，若过今年使此法果行永久，汝等终身绝望矣。可不勉旃？崇明之事，昨颜公书至，自夸仓猝定乱有大功于地方。因彼为吏垣都谏颜同兰族兄，故同老为之甚力，已约阖□乡绅致书吾乡抚按，复欲得吾城一公札。以太仓人我官阶在前，故差人将帖致意求我作倡，我亟往商之骏公，骏公在家时，颜令奉承不遗余力，意颇喜之，遂欣然捉笔属稿，并求同府诸公列名为一府公书，付其来役驰归，想今已到。我固知颜公非良吏，然不意其贪污狼籍、激变酿祸一至于此！可见仕途浑是□面，安有公论？又何怪乎陈启新等不平之鸣也？杨子常、族中圣乘久出门，如何至今未到？今年计偕诸公惟二三至亲如王子彦、吴志衍、曹忍生可仍馈赆，余皆不必如前岁。盛于斯等，收去礼物许多甚无谓也。新靖江父母陈木叔为人圆活开爽，向馆松江，与陈眉老、许令则交善，而于吾城声气亦复着脚，盖好事骛名。吾州守公之流顷在此曾问及汝等，若至太仓可往河干一见，仍以书帖送之。家人子弟读书进学为我家大蠹，前谕汝等甚明，奈何汝等不行严禁，反与通融，如王焕次子私寄外姓改名赴考，显萌异心，情罪甚重，乃府考既已查明，复不拘留宅内，纵之进院，是何心也？近日主上疑宦家豪富刻意搜求，借端希售者，复每以此耸听，将来大家恐未得安。我家累世清白，田租之外囊无余资，徒以门面铺张虚得富名，更兼家人辈不肯收敛，争求非分之荣，径路既熟，百发百中，益使外人疑揣，童仆尚且如此，不知主人若何？今家人子弟孝廉青衿济济，长安缙绅多有知之者，每相见辄问，使我不敢置对，此何等世界！可使此名揆闻，万一达之宸听，不但与我不便，岂不玷祖父清名乎？汝等年已长大，当知利害，今后须严为禁制，并谕各家人安分敛戢，慎勿为仆辈摇惑以见家徇之也。朱师体中想已全安，甚为悬念，可为我致声。汝等三人批点文章共捡二本发回，有科举案星速抄寄，此中最苦不得常闻家中消息，两院官差接踵而至，管家何难捎寄一字？汝可时时催督之，城中新闻可一一写寄，勿忘勿忘。

四月初一日，付男挺、揆、撰

凡我批归处治人者，汝与管家等多不遵行。今王焕所犯甚重，宜即照示锁禁，勿得宽纵，殷昌子极放肆，今更不知作何模样？可时时戒谕，不遵并其父责治之。

考：

崇祯二年（1629），云间几社、江南应社、江北南社等十余个社团联合在江苏吴江成立复社，张溥、张采同为主要领导，几年间先后有两千两百余青年士子加入并相继登第，声动朝野，成为明末一支重要的政治势力。

崇祯九年（1636）三月，在首辅温体仁等人支持下，太仓监生陆文声进京上疏参劾二张“倡导复社以乱天下”。朝廷下旨察治，命南直提学倪元珙查究，是为晚明政治史上著名的“陆文声奏劾复社案”。文献显示，王时敏当时也或多或少地参与了若干政治争斗[①]，曾家书诸子云：

我为陆人一事，虽绵薄不能排解，然数月以来，或曾面痛切晓警，或托人婉持，自谓竭尽心力，不意里中反以为罪……此人迩来脚步逾阔，

---

① 杨小彦、黄专：《王时敏与复社》，见《朵云》编辑部编《清初四王画派研究论文集》，上海书画出版社，1993，第463—472页。

心胆逾横，如狗逢人便噬，不论生熟。同里士绅在都者，畏其唇舌，无不与之周旋，款赠特厚。我家门望尤其所最注意，彼若有时而来，我何能独拒之。彼在人前尚谓我待之简薄，颇有恶意，乃独以密字加我，岂不冤哉。总之，里中有非常风波，我在京不能消弭，又不能晋其往来，旁观者自然猜疑。况吾州小人流落京师者甚多，险幻万端，凿空驾虚，固自不免。要之久当自明，不必分剖。至若首揆，严峭孤冷，人不可得而观，我每随众朝房一见，并无私睹。乃同乡诸公及地方当事者，妄以先世旧谊，谓我可片言解纷，屡贻书托我，使我何以置对？我婆娑一官，久思引退，悔抽身不早耳。[①]

此札书于崇祯九年（1636）四月一日，时陆文声奏劾复社案发不久。王时敏首先分析前述陈启新疏发生后朝野的种种反应，后介绍陆文声疏相关细节，再结合诸子学业谈及崇祯九年（1636）“乡会试加验骑射”新规：“科场必兼骑射，此断断难行之法，然严旨初颁，恐当事者不敢不奉行。幸今科犹未，汝等宜及此时努力自奋，若过今年使此法果行永久，汝等终身绝望矣。”四月初九日，礼部臣奏陈：乡试、会试二三场兼武经书算，放榜后验骑射，如南人十不得二，西北人十不得三，将提学官参治，允行，“令天下生员、举、贡兼习骑射”。[②]

其次，王时敏说明了与吴伟业联袂为崇明知县颜魁登公书之事，最后则重点申饬家仆王焕次子私寄外姓改名赴考之事，并反照陆文声疏一节要求诸子必须勤俭持家，安分守己。

按，允尊，即许国荣（？—1640），字允尊，号荆岩，江苏太仓人。天启五年（1625）进士，授太常寺博士，迁工科给事中，后因事革职，事白起补应天府简较升知事，再迁光禄寺掌醢署正。

再按，曹瓶庵，即曹三用，字穉韬，号瓶庵，江苏太仓人。崇祯四年（1631）进士，官浙江参政。

又按，颜公，即颜魁登，字舆直，福建晋江人。万历四十六年

---

① 王宝仁：《奉常公年谱》，见《王时敏集》，第767页。

② 《崇祯实录》卷九，一九六三年“中央研究院”校印本，第7页。

（1618）举人，崇祯五年（1632）任崇明知县，崇祯十一年（1638）离任。[1] 王时敏曾致书二札，但误刊“颜登魁”。[2] 颜同兰，即颜继祖（？—1639），字绳其，号同兰，福建龙溪（今福建漳州）人。万历四十七年(1619) 进士，授工科给事中；崇祯元年（1628），迁工科右给事中，崇祯八年 (1635) 擢太常少卿，以右佥都御史巡抚山东，崇祯十二年（1639）因济南兵事被斩。

又按，圣乘，即王御，字圣乘，号东庵、戒庵，江苏太仓人。崇祯九年（1636）以选贡中举，崇祯十一年（1638）会试副榜，顺治十二年（1655）选宿松教谕，移六安学正，迁房山知县，以简静仁爱为政，告老归年已耄矣，年九十三卒，著《证我笺》《先贤学记》《戒庵集》《揽山堂集》等。

又按，王子彦，即王瑞国（1600—1677），字子彦，号书城，江苏太仓人。天启元年（1621）举人，顺治十年（1653）授广东增城知县。

又按，吴志衍，即吴继善（1606—1644），本姓徐，字志衍，号匡威，江苏太仓人。崇祯十年（1637）进士，授慈溪知县，改成都知县；崇祯十七年 (1644) 十一月，张献忠破成都遇难。

又按，曹忍生，即曹讷，字忍生，改名三才，上海嘉定人。万历四十年（1612）诸生，崇祯六年（1633）举人，考授知县，未赴任卒。

又按，陈木叔，即陈函辉（1590—1646），原名炜，字木叔，号小寒山子，别号寒椒道人，浙江临海人。崇祯七年（1634）进士，崇祯九年（1636）补靖江知县。明亡后从事反清事业，事败，自缢殉节。

又按，许令则，即许经，字令则，上海松江人。诸生，师从陈继儒，能文章，通音律，著传奇《掷杯记》。

① 怀荫布修，黄任纂:《乾隆泉州府志》卷三十五，选举三，清光绪八年（1882）补刻本，第 46 页；朱衣点修，黄国彝纂：《康熙重修崇明县志》卷八，秩官，康熙刻本，第 11 页。

② 王时敏：《尺牍卷上》，见《王时敏集》，第 242—243 页。

第十一通　付子挺、揆、撰家书（图20）

初二日差王寿归，计二十后可到。顷晤杨子常、冯仲先，知科案二月初已发，揆儿固已绝望，不知挺儿得附一名遮里人眼目否？有便速寄以慰悬悬。群嚣愈炽，昨李琎一疏尤可骇，我虽未见全抄，听闻人言，大约祖陈启新之说，谓江南缙绅富皆百万，最少亦数万，无非啬国啬民以自肥，宜割其半充饷，有隐匿不报者即行籍没，而田亩一入宦家便为子孙永远之利，宜每亩责税一两。此疏适分钱相公，遂拟提问，随牧出改票，再拟姑不究，又复发改，相公疑上意欲行，遂进一揭，极言此说果行，必致激变。次日批红发下，仍用初旨，但圣意以相公不面奏而进揭，疑为沽名，严旨切责。相公随具疏乞归，两日尚不发票，似有处分，恐不得安其位矣。论思献替乃宰相之职，历朝阁臣挽回匡救全赖揭帖，先文肃以前不必论，即最后如方相公，见其家所藏揭稿不下数百首，凡事反覆，切谏犯颜不避，多得温答嘉纳，自宜兴相公当国之后，一以将顺为事，继之者复相沿习，揭帖遂绝，而主上亦惟言□违恶□逆耳。钱相公虽因进揭忤旨，然实数日之前疏进四箴，淡淡数语，已先拂

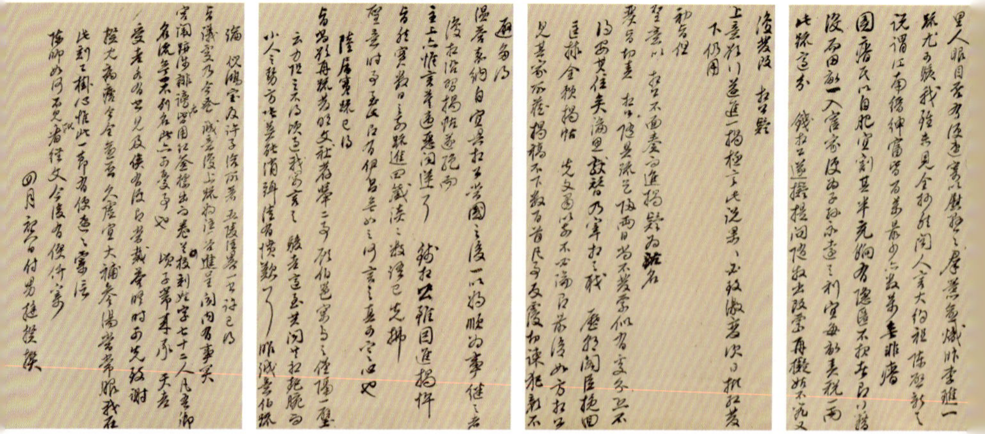

图20　《付子挺、揆、撰家书》，1636年4月6日，纸本行书，28cm×16.5—18.7cm×4，苏州博物馆藏

圣意，时事至此，即有伊吕，无如之何？言之真可寒心也。陆居实疏已得旨，尚欲再疏，发明文社荐举二事，顾伯邕寓与之仅隔一壁，云力阻之不得，顷过我寓言之，骏老适至，共闻共相扼腕，而小人之势方张，莫能消弭，徒有愤叹耳。昨诚意伯疏论倪鸿宝及许子洽所著《五陵注略》一书，许已得旨议处。乃今蚤诚意复上疏，将注一各进呈，闻内有事关宫闱，迹涉诽谤者皆用红签标出，而卷首校刻姓字七十二人，凡吾乡名流无一不列名，此亦可忧事也。顷子常来，承天老、受老各有书见及，俟有便即当裁答，晤时可先致谢。揆儿病疮今痊愈否？久虚，宜大补，参汤当常服，我在此刻刻挂心惟此一节，有便速速寄信。陈师如何？不见批看经文，今后有便并寄。

四月初六日，付男挺、揆、撰

考：

此札书于崇祯九年（1636）四月六日，王时敏主要介绍了李琎上疏《籍没法》之后的朝堂政事。时在陈启新疏案影响下，江南武生李琎上疏《籍没法》，提出了解决财政空虚之法，大意是国库空虚，却急需用钱，而江南一带富户为富不仁，朝廷若能拿下便不愁没钱，东阁大学士钱士升欲治罪李琎诸事。[①]

按，冯仲先，即冯士骅，字仲先，又字大蘧，江苏吴县（今江苏苏州）人。崇祯十三年(1640)进士，精治《春秋》，曾与卢上铭合辑《辟雍纪事》《辟雍考》，编《名姓世表》，辑《春秋三发》。

再按，方相公，即方从哲（？—1628），字中涵，北京大兴人。万历十一年（1583）进士，授翰林院编修，累迁吏部左侍郎，万历末年出任内阁首辅。宜兴相公，即周延儒（1593—1644），字玉绳，号挹斋，江苏宜兴人。万历四十一年（1613）状元，累官礼部右侍郎，崇祯二年（1629）十二月以礼部尚书兼东阁大学士入阁，翌年升首辅，崇祯六年（1633）六月罢职，崇祯十四年（1641）九月再任首辅。

① 计六奇：《明季北略》卷十二，《钱士升论李琎搜括之议》，第4页。

又，王时敏介绍了刘孔昭劾疏倪元璐、许重熙文字案的情况[①]，感叹“吾乡名流无一不列名，此亦可忧事也”。

按，诚意伯，即刘孔昭（约1605—1660），号复阳，袭封诚意伯，浙江青田人。福王立，权倾一时。倪鸿宝，即倪元璐(1594—1644)，字玉汝，号鸿宝，浙江上虞人。天启二年（1622）进士，授编修，官至户部尚书，崇祯十七年（1644）三月，李闯破京，自缢殉节。许子洽，即许重熙（1582—1660），字子洽，晚号东村八十一老农，江苏常熟人。诸生，入东林书院，后周游天下，广搜博览，长期专注明史，著《国朝殿阁部院大臣年表》《宪章外史续编》等。

崇祯九年(1636)，《宪章外史续编》刊成，流入社会，引起舆论大哗。许重熙对晚明若干人事提出疑问，特别否定刘基“伯爵说”，驳斥有关刘基的种种传说，从而触怒刘孔昭。于是，刘孔昭问责许重熙，国子监祭酒倪元璐争之，首辅温体仁怕倪元璐入阁而逐，以京营戎政之职为饵，唆使刘孔昭弹劾倪元璐。刘孔昭遂借倪氏错妻一事弹劾倪元璐，附带也告了许重熙一状，称书生妄言国事，又将参校《五陵注略》一书的七十五个人全称作东林党。最后，“倪元璐冠带闲住去，许重熙革去衣巾，书板追毁。”[②]

第十二通　付子挺、揆、撰家书（图21）

廷试岁贡，有四川一生于试卷后复写一奏疏，内专□陈启新而谩骂缙绅，今阁中以违式题参，下部议处，亦奇事也。陆居实前疏奉旨后欲再上疏，我再三托人游说劝阻之，云已中止。乃昨杨子常入都，陆人以受先往事特往告诉，意尚要人收拾，乃闻吴仲超有过激之语，遂发愤对人云左右他们怪我，此时家乡已必尽知，上司府州皆其朋党，我即归必为所杀，不如先死于此地，遂复作一疏，极言太仓复社势倾天下，娓娓

① 秦博：《勋臣与晚明政局》，《史林》2015年第4期，第77页。

② 文秉：《烈皇小识》卷四，中国台湾银行经济研究室，1969，第109—110页。

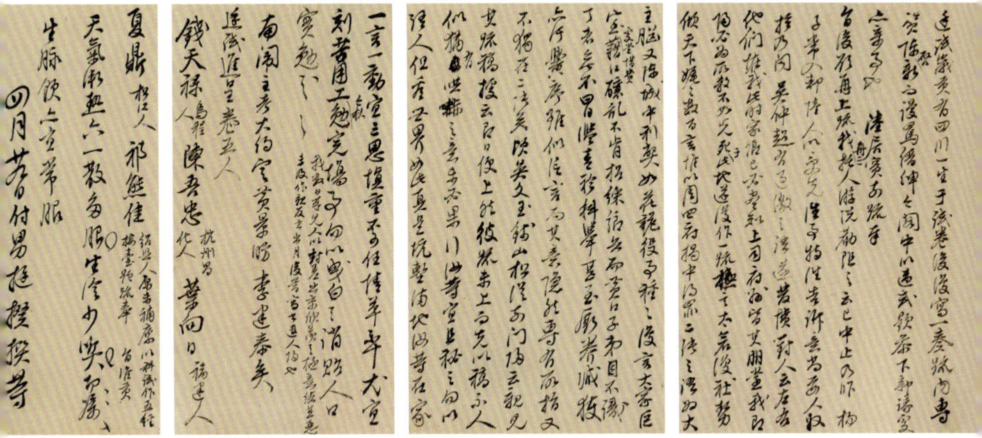

图21 《付子挺、揆、撰家书》，1636年4月29日，纸本行书，28cm×14—18.8cm×4，苏州博物馆藏

数百言，惟以周四府揭中得罪二张之语为大主脑；又陈城中利弊如花诡役事种种，复言大家巨室处堂惜费，藉口酿乱，不肯招徕乡兵，而黄口子弟目不识丁者，无不冒滥青衿科举，甚至厮养臧获亦污黉序。虽似泛言，而其意隐然，专有所指，又不独在二张矣。顷吴文玉、钱山松从前门归，云亲见其疏稿，据云即日便上，然彼疏未上而先以稿示人，似犹有哄吓之意，未必果行。汝等宜且秘之，勿以语人。但看世界如此，真是坑堑满地。汝等在家一言一动，宜三思慎重，不可任情草率，尤宜刻苦用工，今秋勉完场事，勿以曳白之诮贻人口实，勉之勉之。（我数日来见人以封差出京，欣羡之极，意绪甚恶，未及作亲友书，出月后当写书遣人归也。）南闱主考大约定黄景昉、李建泰矣。廷试进呈卷五人：钱天禄（乌程人）、陈吾忠（杭州昌化人）、叶向日（福建人）、夏鼎（松江人）、祁熊佳（绍兴人，原未补廪，以科试作五经楼台题疏奉旨准贡）。天气渐热，六一散多服，生冷少吃，切嘱切嘱。生脉饮亦宜常服。

四月廿九日，付男挺、揆、撰等

报房寄归。

考：

此札书于崇祯九年（1636）四月六日，王时敏谈了陆文声疏劾复社案之后的种种顾虑，教导诸子“在家一言一动，宜三思慎重，不可任情草率”，并略及南闱之事。

按，吴升元（？—1641 前），字仲超，江苏太仓人。精历学，终岁隐几读书，与张采交契，曾受知州刘士斗（？—1644）之邀编纂《崇祯太仓州志》；以贡两入都门，选无锡训导，以疾归，卒于途。著《冰壶子集》。

再按，吴文玉，即吴瑗（？—1658）[1]，字文玉，江苏太仓人。吴伟业嫡伯，与王时敏乃是童稚之交。

第十三通　付子挺、揆、撰家书（图22）

初七日圣乘归，以竟往南京，故不及寄字汝等。不知汝等近日读书工夫若何？陈师曾否至馆讲经？能领略记忆否？场期已近，五七篇亟宜演习，后场多读，表策、论判等类亦各试作几首，至于写卷抬头体式与夫场中各项规条，宜一一留心，预先考问明白，勿致临期错误。距进场之期仅三月，转眼便到，此正一刻千金之时，须百倍勤苦用工，勿须臾怠辍，至紧至紧。陆居实猖獗之甚，杨子常再三往拜，欲与调停，而其言愈厉，用意深狡，毕竟不得其要领。今子常亦于十三日南归矣，不知二张闻之亦以介意否？汝等如有所闻，可密写报。吴骏公初拟江西，今复有前辈周凤翔至，次序当改湖广。骏公意不欲行，已力辞于政府，欲俟来春入会场，今尚未定，然有七八分不成行矣。家中杂泛屡谕无一至，使我悬望眼穿，可唤管家严督之。我所望汝等者，惟奋志用功，手足和睦，举动老成，慎摄身体，不多嘱。

五月初九日，付儿挺、揆、撰等

① 王宝仁：《奉常公年谱》，见《王时敏集》，第 782 页。

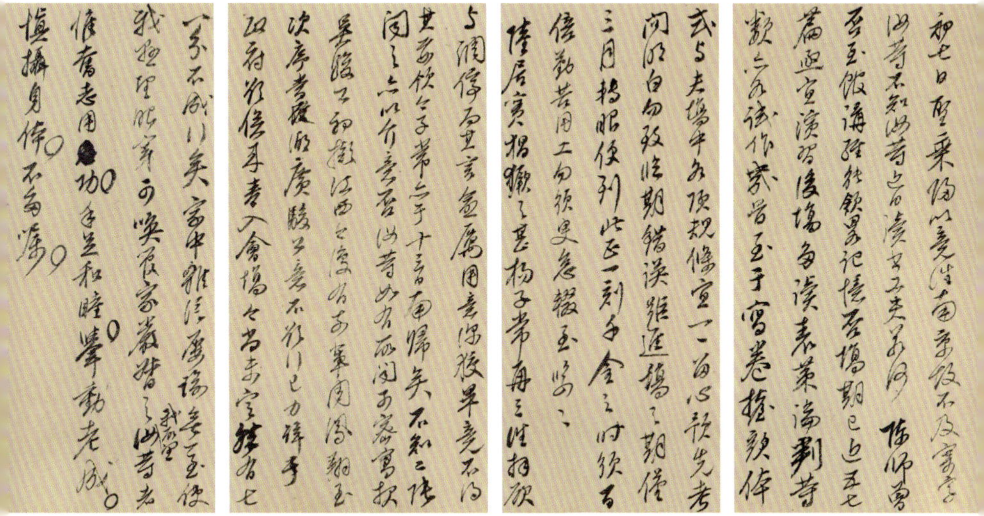

图22 《付子挺、揆、撰家书》，1636年5月9日，纸本行书，28cm×13.5—14.8cm×4，苏州博物馆藏

考：

此札书于崇祯九年（1636）五月九日，王时敏先叮嘱诸子考试诸事“须百倍勤苦用工，勿须曳怠辍”，后谈论疏劾复社案后杨彝调停陆文声事与吴伟业封差事。

按，周凤翔（？—1644），字仪伯，号巢轩，浙江绍兴人。崇祯元年（1628）进士，历仕编修、南京国子监司业、中允谕德、东宫讲官。李闯破京，自缢殉节。

第十四通　付子挺、揆、撰家书（图23）

我在此牢愁困顿，刻刻思归，兼念汝等新秋白下之行不得相携同往，五内躁扰，不可言喻。虽有诸师在上，凡百可藉护持，而初次观场诸事未谙，毕竟使我不能释念。近日桐封之差若早知河南近地，定欣然借之以归，一月后便可相见，惜初无主意，遂为人所愚弄也。前门关圣

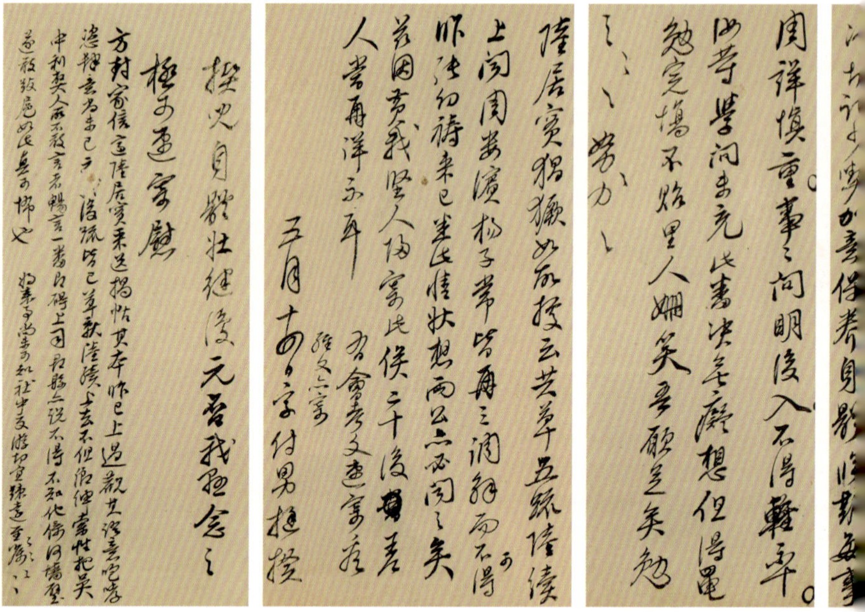

图23 《付子挺、揆、撰家书》，1636年5月14日，纸本行书，28cm×12—17.4cm×6，苏州博物馆藏

签极灵，我见诸亲友以事求问者无不奇验，独我问汝兄弟考事，从来未得一佳签。正月初一日，问挺儿进场如何，得十二签，有“谁料秋来又不然”之句。昨五月初一，又得三十二签，有“疾□兼多是与非”之句，且通首看来，无一字好处，甚为可疑。我在家在京每次卜问，皆说挺儿临场有阻，今观签意，亦似欠顺，而第二次所求第二句尤宜小心预防。伏天暑气，六一散须多服，生冷切记少吃，加意保养身体，临期每事周详慎重，事事问明后入，不得轻率。汝等学问未充，此番决无痴想，但得黾勉完场，不贻里人姗笑，吾愿足矣。勉之勉之，努力努力。陆居实猖獗如故，据云共草五疏陆续上闻，周娄滨、杨子常皆再三调解而不可得。昨张幼祷来，已悉此情状，想两公亦必闻之矣。兹因黄我坚人归寄此，俟二十后差人当再详示耳。有会考文速寄看，经文亦寄。

五月十四日字，付男挺、揆

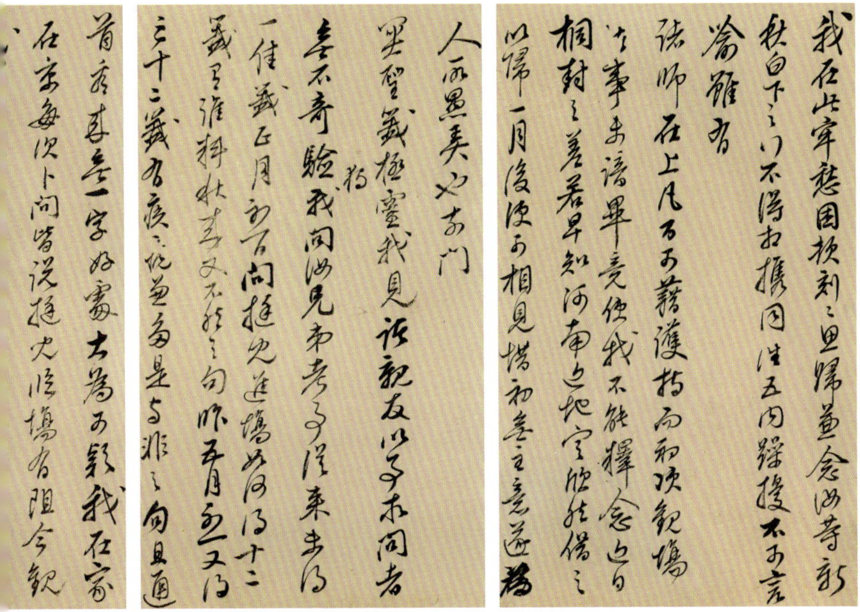

撰儿身体壮健复元否？我悬念之极，可速寄慰。

方封家信，适陆居实来送揭帖，其本昨已上过，观其语意咆哮恣肆，意尚未已。□□后疏皆已草就，陆续上去，不但乡绅，索性把吴中利弊人所不敢言者畅言一番，即碍上司，郡县亦说不得，不知他倚何墙壁，遂敢跋扈如此，真可怖也。将来事尚未可知，社中交游切宜疏远，至嘱至嘱！

考：

此札书于崇祯九年（1636）五月十四日，王时敏为诸子考事焦虑不安，不停嘱咐他们“临期每事周详慎重”。附言，他又谈陆文声案，叮嘱诸子复社交游务必疏远。

按，周履时，字娄滨，江苏太仓人。诸生，讲求兵农经世之学，忧

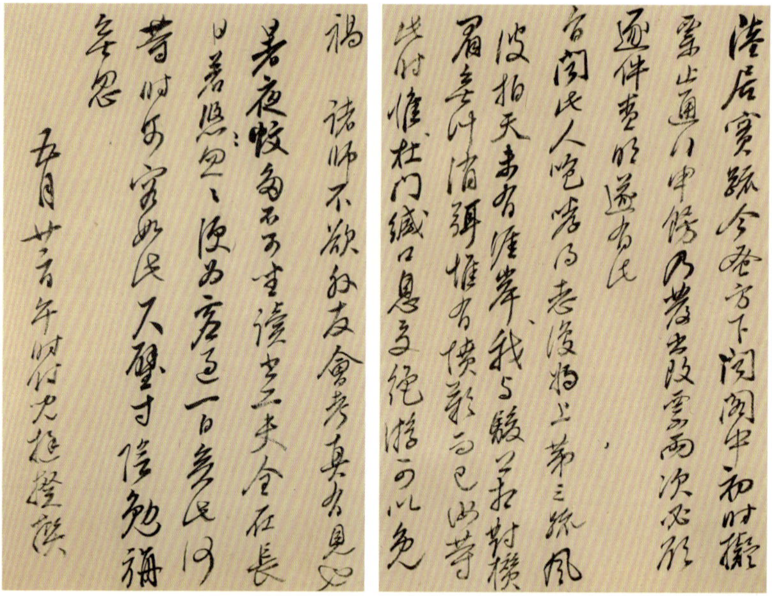

图24　《付子挺、揆、撰家书》，1636年5月22日，纸本行书，28cm×18—19.4cm×2，苏州博物馆藏

心国事，万历末为王象乾（1546—1630）记室，熟知蓟辽边略；崇祯中荐任抚夷通判，归居近四十年而卒。

又按，张幼祷，江苏太仓人。陆世仪 (1611—1672)《桴亭先生诗文集》卷六《张幼祷先生像赞》有提及。[1]

第十五通　付子挺、揆、撰家书（图24）

陆居实疏今蚤方下，闻阁中初时拟票止通行，申饬乃发出，改票两次，必欲逐件查明，遂有此旨。闻此人咆哮得志，复将上第三疏，风波拍天，未有涯岸。我与骏公相对攒眉，无计消弥，惟有愤叹而已。汝

① 陆世仪:《桴亭先生文集》卷六,《张幼祷先生像赞》, 清光绪二十五年 (1899) 唐受祺刻陆桴亭先生遗书本, 第 33 页。

等此时惟杜门缄口，息交绝游，可以免祸。诸师不欲外友会考，真有见也。暑夜蚊多不可坐，读书工夫全在长日，若悠悠忽忽，便为虚过一日矣。此何等时，尔穷如此，尺璧寸阴，勉旃无忽。

五月廿二日午时，付儿挺、揆、撰

考：

此札书于崇祯九年（1636）五月二十二日，王时敏为陆文声案叮嘱诸子“此时惟杜门缄口，息交绝游，可以免祸”。

第十六通　付子挺、揆家书（图25）

场期逼近，方谓汝等在家必肆力用工，寝波无暇。乃屡接家信，知四五月间每借端出游，强半道路，今日看龙舟，明日看戏，绝不以大事经怀，即三篇五篇之作，至今未尝一试，不知汝等是何肺肝？纵无大志，独不欲遮世人眼目耶？昨从杨子常所乞得题目二纸，乃倪鸿宝、许石门所拟，特抄付归。然今距入闱仅余一月工夫，即日课不缺，能做得几首？可求诸师酌选最切要者，于场前作二三十篇，再三改润熟记，或亦未必无益也。闻陈师以母病，朱师以患毒暂归，今不知曾至馆否？此是汝己身关切事，岂待人劝勉？若两师不至，只王师桥梓与汝兄弟三人，仅可互相考业，何必人多！至于进场规矩，与夫写卷款式，如庙讳当避、一二抬头等项，虽有刻定规程，亦宜预先讲问明白。事事万分详慎，努力竣事，免资乡里笑谈，亦不枉此一番科举也。陆居实第二疏红本在吏垣，我曾借观，果御笔逐款标出。彼得志猖獗，初五日复投第三疏，通政袁汉阴驳出不为上。初九投进，又复驳出。其狂谋略不衰止，反对人云：“我此一疏，期必上而后已。若以后通政仍复阻抑，我必身怀此疏自到长安门，不虑不达圣听也。”渠前两疏稿皆先示人，独此番甚秘，不知疏出何语？大为可疑。两日细察其踪迹，实馆一大珰家，彼倚恃墙壁，故敢恣横如此，将来风波正未可知耳！汝等年已长，当知事机，此时世界，满地尽是坑堑，在南中惟闭门攻苦，慎勿见一人、开一

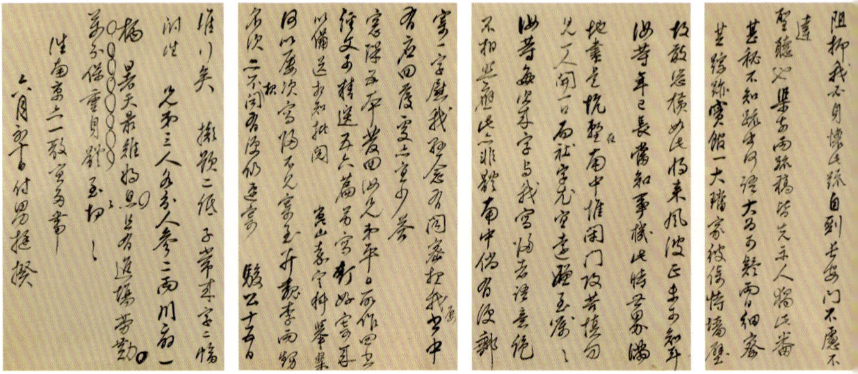

图25　《致某翁札》，纸本行书，29cm×11cm，中国台北何创时书法基金会藏

口，而社字尤宜远嫌，至嘱，至嘱！汝等每次来字，与我写归者，语意绝不相照应，此亦非体。南中倘有便邮，寄一字慰我悬念。有闻密报，我屡书中有应回覆处，亦宜少答。窗课五本发回，汝兄弟平日所作四书经文，可精选五六篇另写钉好寄来，以备送相知批阅。昆山、嘉定科举案，何以屡次写归，不见寄至？并魏、李两甥名次，亦不报闻，有便仍速寄。骏公十五日准行矣。拟题二纸，子常来字二幅，附往。兄弟三人各分人参二两、川扇一柄。暑天最难将息，且有进场劳勚，万分保重身体，至切，至切！

往南京，六一散宜多带。

六月初十日，付男挺、揆

考：

此札书于崇祯九年（1636）五月二十二日，王时敏先为诸子学业叮嘱有加，附上倪元璐、许士柔所拟题目以为参考："事事万分详慎，努力竣事，免资乡里笑谈，亦不枉此一番科举也。"因陆文声案如炽，故又嘱咐诸子"社字尤宜远嫌"。

按，袁汉阴，即袁鲸，字汉阴，号石麟，湖南汉寿人。万历四十七年（1619）进士，授丹阳知县，累官都察院左副都御史。

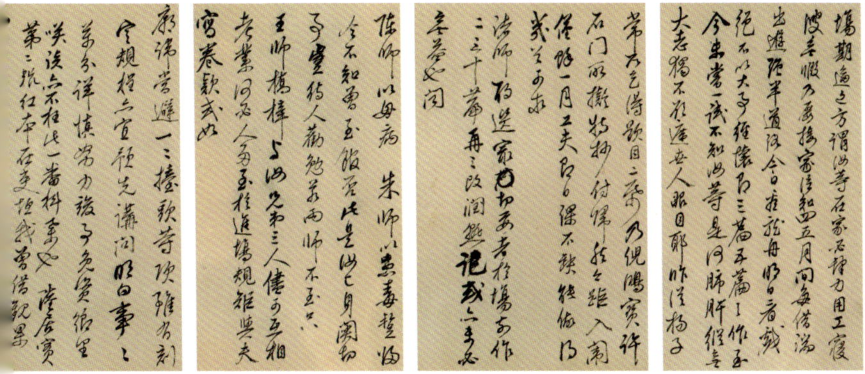

第十七通　付子挺、揆家书（图26）

知汝等自报科举后，悠忽懒数如昨，全不以大事置怀，殊为叹恨！昨王宰携归拟题并前寄经题，不知曾作几首否？若家中不及，南京寓中尚可作几十篇也。枚卜三奉，再推之。旨且先有不拘资序及词林语，外论皆疑圣意于外署中有所专属，及昨第三疏，上次日忽点用三员，皆一时人望，又俱在初次廷推中者，外廷揣摩尽属虚妄。因知三公才品久在圣明洞鉴中，屡次迟回，特以爰立大典不妨慎重，且欲示人以不测，非有他也。孔公平正通明，贺公端方诚悫，黄公坦夷笃实，皆培养元气之人。而贺公待人接物，不论贵贱老幼，一惟温恭尽礼，毫无异视，且清素绝俗。寓中惟一苍头，自随布帐，垢秽、寒暑不易，每日饮食之费不出二十钱，尤为人所难能。制下之日，长安儿童、妇女无不相庆，以为宰辅得人，太平可俟，此亦近日可喜事也。陆居实昨十五日又投第三疏，仍复驳还，盖通政署篆者为旧丹阳袁汉阴，宋令申曾托之。我同僚仇庸足与袁公同门，亦曾托转致，业已许定，虽百次，必不为上。虽此人意尤未已，而通政之路一断，其技已穷，纵咆哮恐吓，云欲伏阙声冤，投诉东厂，然皆口头说话，未必实实能行，即行亦未必有用，不须过虑，但不知学台回奏疏何以措辞耳。兹因便邮寄此，将往南都前，必

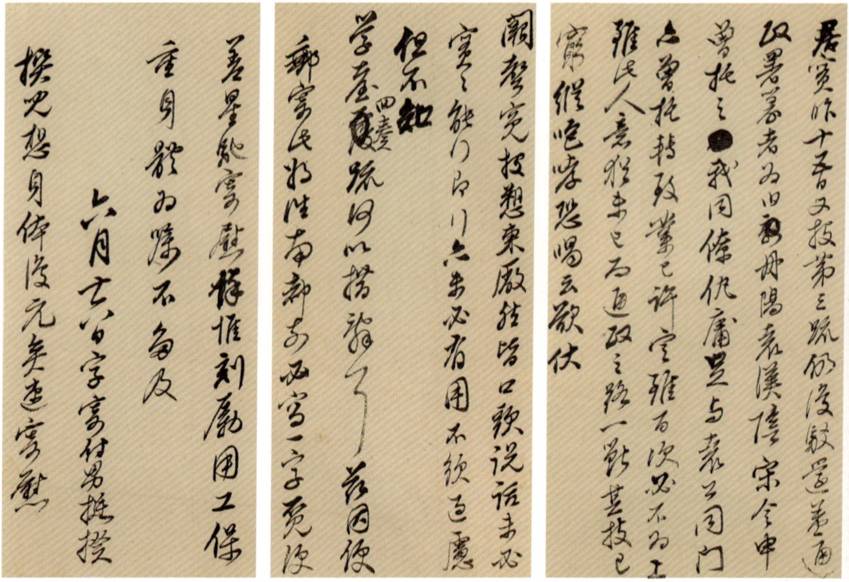

图26 《付子挺、揆家书》，1636年6月16日，纸本行书，28cm×13.3—16.1cm×6，苏州博物馆藏

写一字觅便差星驰寄慰，余惟刻励用工、保重身体为嘱，不多及。

六月十六日字，寄付男挺、揆

撰儿想身体复元矣，速寄慰。

考：

此札书于崇祯九年（1636）六月十六日，王时敏在叮嘱诸子学业后谈论朝堂内阁人事变迁与陆文声疏案进展及咨询倪元珙回奏事。

按，孔公，即孔贞运（1574—1644），字开仲，号玉横，安徽东至人。万历四十七年（1619）榜眼，授翰林院编修，累官南京礼部侍郎，转吏部左侍郎；崇祯九年（1636）六月，入阁，官至首辅，宽复社狱，寻引归。贺公，即贺逢圣（1587—1643），字克繇，一字对扬，湖北武汉人。万历四十四年（1616）探花，授翰林院编修；崇祯九年（1636），以礼部尚书兼东阁大学士入阁；崇祯十四年（1641），再入阁，次年告

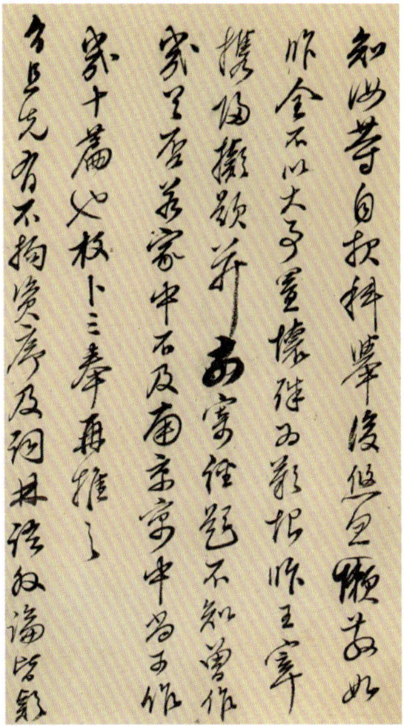

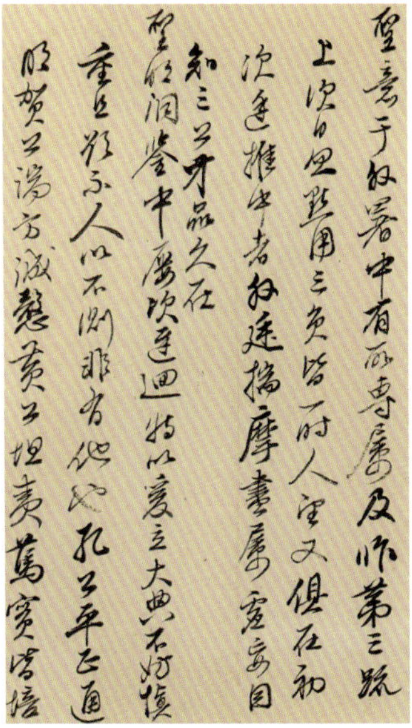

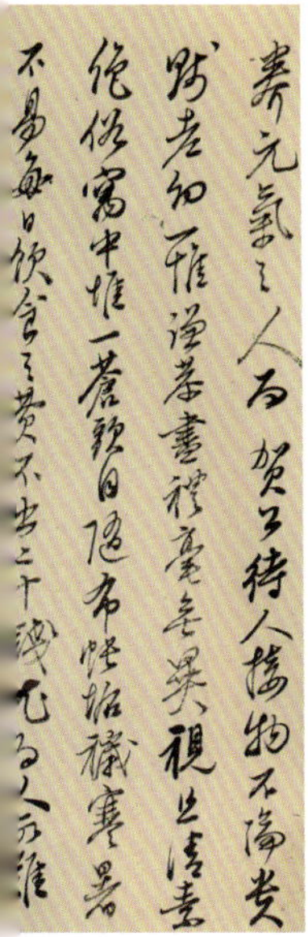

归；张献忠攻陷武昌，投湖殉节。黄公，即黄士俊（1570—1661），字亮坦，一字象甫，号玉嵛，广东顺德人。万历三十五年（1607）状元，授翰林院修撰，累官礼部侍郎；崇祯九年（1636）六月，升礼部尚书兼东阁大学士入阁，两年后罢去归乡。

再按，仇维祯（1577—1652），字庸足，山东淄川人。万历四十七年（1619）进士，未授职，归乡侍母；崇祯年间，先后任礼、刑、户、兵四科给事中。

又按，宋学显，字令申，江苏苏州人。崇祯元年（1628）进士，授武陵知县，累官通政司参议。

又按，学台，即倪元珙（1584—1639），字赋汝，号三兰，浙江上虞人。天启二年（1622）进士，授祁门知县，累官广西道御史、苏松学政，崇祯九年（1636）奉旨查办陆文声疏劾复社案。

第十八通　付子挺、揆、撰家书（图27）

十七日蚤始见《南录》，登善襄魁，城中所中皆英少，又多宗亲好友，甚为喜慰。但昆山、嘉定与吴家表兄，我望之甚切，乃下得一人。朱师大才暂屈，王师不与乃郎同榜，殊属缺□，深为怏怏耳。汝等学尚未成，我此番原不作痴梦，但观近年得隽者大约少年英锐，如朝花新锷，鲜色精光，当机适售，稍一蹉跎，恐成钝置。汝等年方十八九，正宜文澜变化、笔锋铦利之时，弹指光阴，难得易失，若不及之淬砺荏苒，老大追悔何及？况读书作文全赖心志纯一，若不沉潜，纵极聪明，终无进益。如吾家圣乘，及吴纯祐、王登善，皆平日研心诵习，绝无他好，故虽资性各别，总底于成，用功之效灼然可见矣。汝等从学十有余年，矻矻课程未尝旷废，且明师训迪、良友观摩不为不久，而学业未见日新者，皆繇未能笃好，心不沉潜之故。汝等所寄窗课，间以示在京相知，皆云挺儿笔甚秀劲，但嫌单薄；揆儿时有佳语，惟笔重，不善转，故欠融洽；撰儿甚俊爽，惜腹中空疏。伯叙沈师所言亦然，则知汝等天资皆可成就，只是不肯下苦工夫锻炼成器耳。城中近来风俗炎凉险薄，

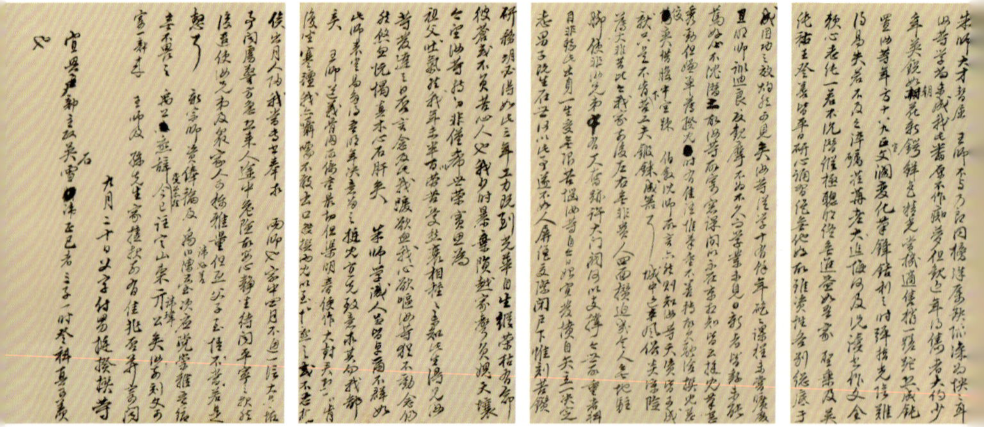

图27　《付子挺、揆、撰家书》，1636年9月20日，纸本行书，28cm×15.1—17.1cm×4，苏州博物馆藏

大非昔比，今我家前后左右无非贵人，四面攒迫，几令人无地驻脚，使非汝兄弟中有一人奋迹，许大门阀何以支撑？今世所重者科目，非繇此出身，一生受无限苦恼。汝等自今日始，宜发愤自矢，立一决定志。男子既生在世，何以此事遂不如人？屏绝交际，闭户下帷，刻苦钻研，务期必得，如此三年，工力既到，光华自生，纵荣枯有命，彼苍或不负苦心人也。我少时暴弃陨越，家声负愧天壤，今望汝等持□，非仅希世荣，实思为祖父吐气。然我年未半百，以劳苦忧愁，衰相种种，未知此生得见汝等发达之日否？言念及此，我泪欲血，我心欲呕。汝等犹不动念，仍然悠忽忨愒，真木心石肝矣。朱师学识、人品皆卓尔不群，如此师表，岂易多得？吾明年决意留之。挺儿宜先致意，求其勿我鄙弃。王师道义，骨肉所倚重最切，但渠明春便作大封君，恐不肯复坐寒坛，我亦嗫嚅不敢出口。揆、撰两儿以至□恳之，或不忍□，俟出月人归，我当专书奉求两师也。家中四月不通一信，大是怪事，闻虏警方急，恐来人途中危险，故安心静坐，待闻平宁之报，然后遣使。汝兄弟及众家人可称雅量，但恐父子至情不当若是恝耳。新宗师资俸轮及禹旧漕台（讳好善），次应党崇雅，吾乡无不畏之。禹公恳辞，党公亦然，今已注定山东亓公（讳玮）矣。汝前刻文可寄一部来。王师及孙先生家捷报前，有佳兆否？并寄闻。

九月二十日，父字，付男挺、揆、撰等

宜兴户部主政吴石雪讳正己者，三子一时登科，真可羡也。

考：

此札书于崇祯九年（1636）九月二十日，王时敏告知十七日在清江所见《南录》发榜情况，以太仓王发祥、王御、吴国杰等少年英才激励学业，不断教育诸子发奋攻读，因为他们三人当年或领乡荐，或中举人，进而分析所寄窗课，谈论为子聘师的若干安排。当时，他从《南录》中得知王揆中式，悲喜交集。[1] 最后，他又述及朝廷关于苏松学政的

① 王宝仁：《奉常公年谱》，见《王时敏集》，第768页。

人事安排。

按，登善，即王发祥，字登善，号长源，江苏太仓人。弱冠有文名，崇祯九年（1636）举人，顺治十二年（1655）进士，除刑部广西司主事，转员外郎，兼摄湖南学政，后以事解任还原职赴都候补。著《砚园集》《斯与吟》等。后札所谓“王师桥梓与汝兄弟三人，仅可互相考业”，就是指王日新、王发祥父子与王挺兄弟当年同时乡试。

再按，吴纯祐，即吴国杰（1607—？），字纯祐，号襄威，江苏太仓人。崇祯十六年(1643)进士，官至永嘉知县。

又按，禹旧漕台，即禹好善（1587—1661），字存诚，号海若，河南荥阳人。天启二年（1622）进士，任河间府推官、武昌府推官；崇祯五年（1632）后，任山东道监察御史、管河御史等。

又按，党崇雅(1584—1666)，字于姜，陕西宝鸡人。天启五年(1625)进士，累官户部侍郎，入清后官至刑部尚书、户部尚书。

又按，亓玮，字信卿，号还浦，山东潍县（今山东潍坊）人。天启五年（1625）进士，任陈留知县，升苏松学政，官至江西道监察御史。

第十九通　付子挺、揆、撰家书（图28）

足足两个月，不见汝等一字，不知学业身体若何，□甚，□甚。比邻同学少年声光赫奕，贺客盈门，我家惟留朽木数茎，门可罗雀。汝等此时宜大发愤，键户埋头用工，切勿过一月两月仍复懈弛，在外闲游交际。如今城中人情愈薄，眼孔愈浅，我家门第尤为人所指目，不比他家。今我宅前后左右尽是贵人，红旗金匾随地皆是，汝等有何颜面更在外边□人前交际也？九月廿七日午前，我出西长安门，忽有儒冠青衣执揭揖于道旁者，接视之，乃吾州戴明延子戴月，为揭曹忍生而波及周父母，大为骇愕，随问其寓何处，云在前门玉河桥。因令人踪迹之，又复移去，细扣旧居停主，方知其兄弟两人在此半月，曾投疏通政被驳，故复至朝门递揭，然据其揭中所陈，不过田土佃事，而擅入国门诬讦官长，彼已自干三尺，何能为害？但吾州止我一人在此，不能坐视，次早即谋之吴来之，托傅寄老转嘱通政，复令钱山松特往拜之，晓以利害，劝其亟寝南归，遍觅两日，不知其寓何在。总之，有傅寄老诸公在此极力护持，彼若复有举动，徒自取祸，万万无虞也。陆人之子至京，颇苦口劝其父，乃其父子间素不相合，每事秘防，不使子知。昨所上疏，大率听人捉弄，全非已意。今疏上已十余日，未见下。问之内阁中书，云并未见送票，想已留中不发矣。月内陈明卿答拜，其子适有此见，凡在坐，陆人出疏稿示之，故得与观，疏中赞颂内官之语十居八九，不及旧话，其意但欲迎合上意，不知上意中之事原不容人揣摩，今久留不发，必已大拂圣心。此人或因此得祸亦未可知，但愿如此，则吾乡之福耳。

十月初三日，付男挺、揆、撰等

考：

此札书于崇祯九年（1636）十月三日，王时敏就京师所见太仓戴月为揭曹讷而殃及太仓知州周仲琏做了介绍，借由吴昌时、傅冠等人转圜而晓以利害，并说明陆文声疏案的若干进展。

按，吴来老，即吴昌时（1594—1643），字来之，号竹亭，浙江嘉兴人。崇祯七年（1634）进士，官至礼部主事、吏部郎中等。

再按，傅寄老，即傅冠（1595—1646），字元甫，号寄庵，江西进贤人。天启二年(1622)进士，授翰林院编修；崇祯十年(1637)，升礼部尚书兼东阁大学士入阁；崇祯十一年(1638)，引罪归乡；顺治二年(1645)，福王时以原官职督师江西，后因事被劾致仕。著《宝纶楼集》。

又按，陈明卿，即陈廉（？—1637），字明卿，号无矫、湛六，上海松江人。善画山水，馆于王时敏家。[1]

---

① 关于陈廉卒年，见万新华《明末画家陈廉卒年之发现》，《荣宝斋》2021年第10期，第148—151页。

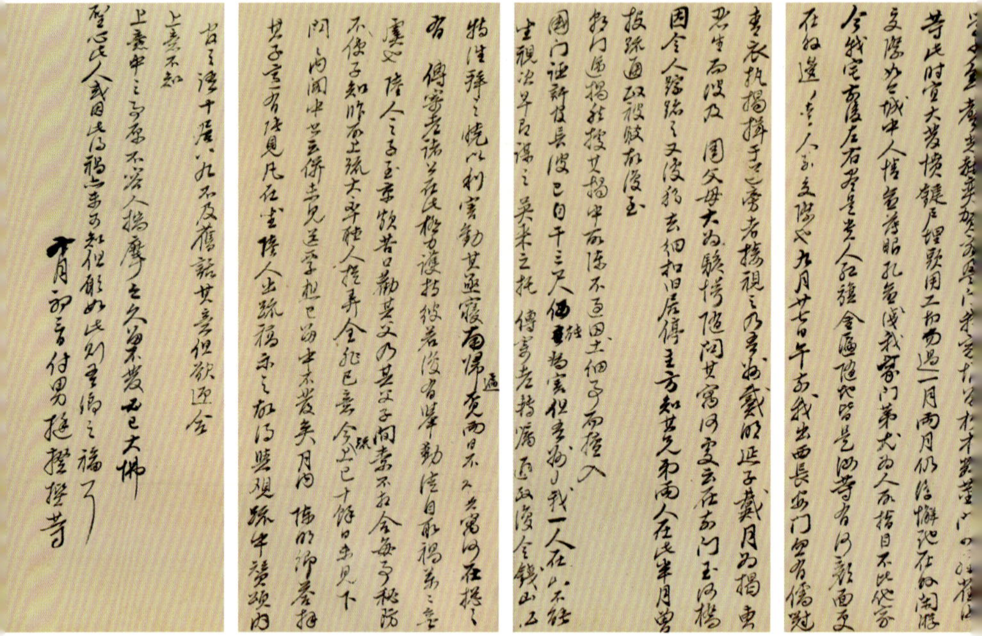

图28 《付子挺、揆、撰家书》，1636年10月3日，纸本行书，28cm×11.7cm—10.8cm×4，苏州博物馆藏

第二十通 付子挺、揆、撰家书（图29）

三郎来，知汝等皆勉完场，幸不出丑，差慰悬念。寄来闱中之作，曾以视沈师，据云挺儿文亦清快，但稍单薄，而于揆儿不置可否。吾犹记少年读书时，闻之先文肃云，大凡场中得隽之卷，虽其中不能尽无疵，然其工力必深诣，气势必畅满，所谓羽毛不丰满者不可以高飞也。此前辈论文之法，虽非所论于今时，然亦未有单薄而幸售者。至于得失之数，天人参半，岂谓全无命运？然必学问充足，人事克尽，如王、朱两师之不遇，方可云命。汝等初学未成，讵宜便作此语。若谓文章不过为媒，非有定价，则凡惰游浅学之士皆可登科，尤为谬妄。譬之农夫，穮蓘待丰，未有不耕而望逢年也。汝等平日读书尚如小学子，每日只图苟完工课，未尝苦心研求，安望进益？今看世态如此，汝等发达不容再

迟，须奋志肆力，更勿仍前悠忽，自误终身。撰儿笔资，诸名家第一称赏，惜胸中无物以副，宜刻厉用功以期有成，勿自暴弃，嘱之，嘱之。新学台平和开爽，且有莱阳一脉于吾乡，声气当不至河汉。昨拜我时曾问及上书陆文声为何如人，深虑倪学台覆疏难措词，且恐未得就结局。我先陈陆人生平过恶，固言吴士好修之概，与此人诬诋之私，求其主持公论。学台亦深悉其故，且云朋友会文，天下皆然，岂可指为罪案？但交道太广，未免贤、不肖混杂。观其语意，亦持平秉正者也。沈师场后十三日先归，然甚得意，其文脍炙人口，人皆以魁名期之，乃揭晓又复见遗□□为悒怏。然北闱此番南中名士入彀者寥寥，四府共五□□郡惟赵文度子赵士锦，松江则王宗熙（王徵美子）、吴永孚□□刘显芳、显傅、白尔玉、鲁道鲲，皆长班之子，鲁之父现在吏部，来□□宅守门，闻报方去，吾视三长班，真如天人之不可企及矣。汝等经学曾否淹熟？可不须再从师否？如不可少，宜速送聘，聘定沈师。但撰儿《易经》更须一师讲解，万一王师不肯留，朱以发又为徐锡余家留住，代□难其人□□。家中年来费孔百出，日渐不支，汝等在家凡□节俭，书务实读，笔取充用，不必多买，虚费徒滋蠹坏。汝等年已长大，世务应知，凡家中里中有关系事，家信中亦宜略及，如何兄弟三人依样画葫芦，大家只此几句？至如各庄典，家人见主人衰落，各有妄想，渐生异心，惟软虚体统相维，撑住门面，乃若王焕抗违主命，唤之年余不到。黄美中移居郡中，其父现在宅内，绝无一字告知，此皆显然蔑视名分，渐不可长。乃汝等不一查谕，家信中亦不及一字，甚且如王焕之子反为掩饰，是何心也？明年粮长勘合差，大司农已许定，且许正月即题，屈指二月，初旬领敕，月尽便可到家。但三四月光阴，如累劫之难度耳。计偕诸公纷纷北上，家信宜访觅频寄。王、朱两师前，谆致我意。天气严寒，汝兄弟惟避风善摄为嘱。余俟邮便再寄。

十月二十日，父字，付男挺、揆、撰

陆家事初时甚难，我亦疑未必成，乃为委曲用力，遂得全典，机会辐辏，亦其家夙生福，缘非偶然也。

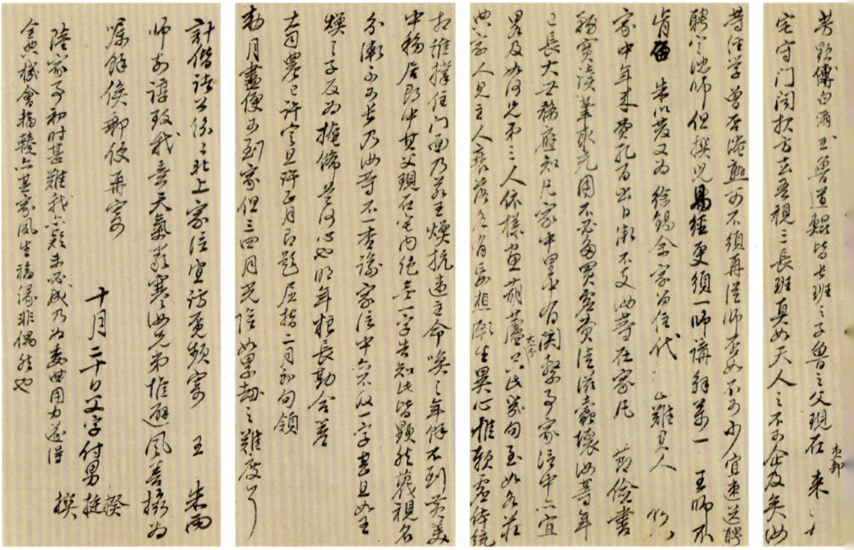

图29 《付子挺、揆、撰家书》，1636年10月20日，纸本行书，28cm×11.8—20cm×6，苏州博物馆藏

考：

此札书于崇祯九年（1636）十月二十日，王时敏就诸子秋闱未成而以王锡爵之语再加鞭策，介绍自己与倪元珙交流陆文声疏案情况，又以北闱南人入彀情形继续叮嘱学业、唠叨家事：“家中年来费孔百出，日渐不支，汝等在家凡□节俭，书务实读，笔取充用，不必多买，虚费徒滋蠹坏”，并略及明年运粮差事。

按，黄美中，字彦宜，江苏太仓人。崇祯六年（1633）举人。

再按，大司农，即程国祥，字仲若，号我旋，安徽歙县人。万历三十二年（1604）进士，累官户部侍郎；崇祯九年（1636）冬，拜户部尚书，崇祯十一年（1638）改任礼部尚书、东阁大学士。

第二十一通　付子挺、揆、撰家书（图30）

前月三郎来，知汝等于闱报后亦悒悒累日，似知向往，然惭愧愤激

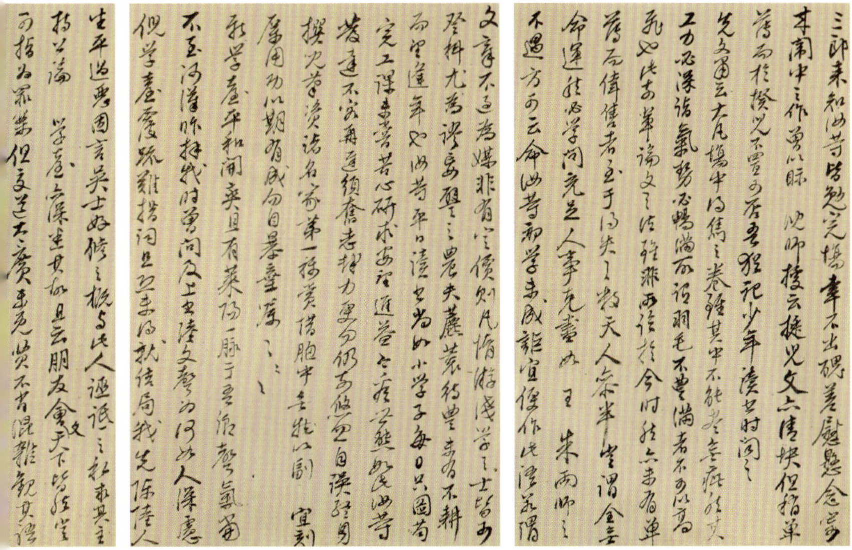

之志当时时存于胸中，勿但因一时触发，日久渐忘，则学问自然进益，不忧不成矣。山东解元赵进美才十七岁，里中原有神童之称，十三岁便有文集。汝等虽赋资不同，然同一读书人，何智愚悬绝如此！其年虽不可及，其学可以力勉。汝等见世态如此凉薄，为父者如此期望，可不思奋励迈往而仍前悠忽，自甘退堕耶？黄家姑夫廿七日已到京，但保举一事初奉明旨，甚严，不得不举。今窥上意，似亦不复如前，而铨部亦视之甚缓，无人言及，据举朝之论，皆谓海内州县缺有限，即尽尽科甲寅三途尚虞壅塞，今顿增荐举一二千人，位置何所？此断断难行，即使必行，亦必待各省到齐，吏部议定题请，或廷试，或部考，就中量拔十之一二以信明诏，非一登荐牍即通仕籍者。今他处无一来，在此者尽去，独吾郡诸公人人自谓方州花县之选，联翩并至，真堪一笑。使将来未必果得，长途之跋涉空劳，穷旅之资斧渐罄，于举主不见德而反以为怨，亦势所必至耳。陆人十月内人前一口说选次赴部画卯，黄赞伯以甘言诱之，相呼仁兄小弟委曲苦劝，渠亦唯唯谢诺。廿三日姓名已上叙单，选

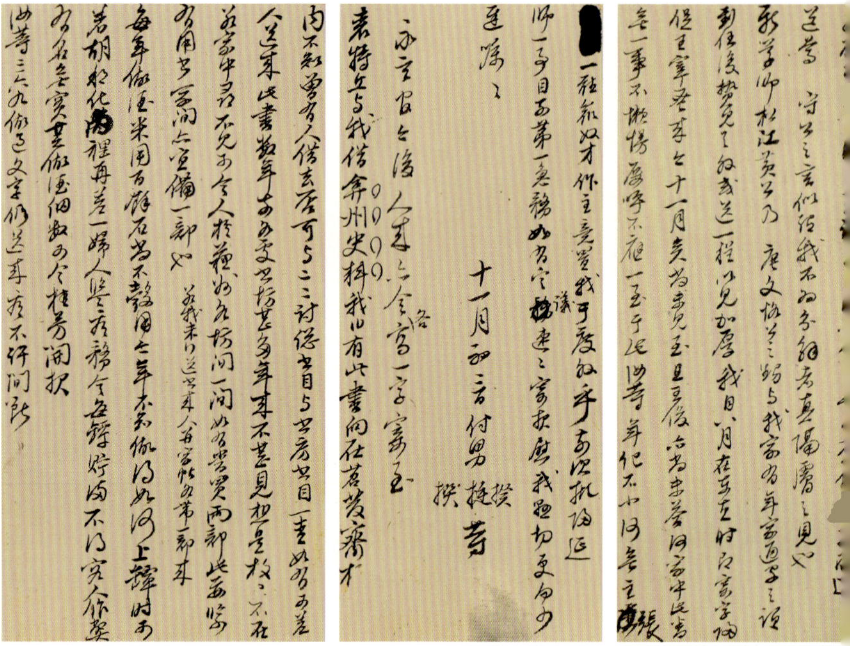

图30　《付子挺、揆、撰家书》，1636年11月3日，纸本行书，28cm×12.1—13.9cm×6，苏州博物馆藏

司叙单即大选草榜，一上此单万无不选者，故同乡之人无不信其真选。乃廿五日临期仍复避出不与掣签，黄赞伯差人四出寻觅，终不可得。此人过后反扬扬对人曰：“他们急要我选，我故愚弄之，许多神通被我哄得他转动不得。”此人狡猾异常，莫可捉摸，况奥援有人，机锋甚毒。同乡在此者皆畏之如虎，即吴来之肝胆作用，乡邦推为砥柱，初入都时锐然欲收致之，后见其诡幻叵测，亦付之无可奈何。乃子羽述道尊、守公之言，似谓我不为分解者，真隔肤之见也。新学师松江黄公，乃唐文恪公之甥，与我家有年家、通家之谊，到任后贽见之外或送一程以见加厚。我自八月在东直时即寄字归促王宰蚤来，今十一月矣，尚未见至，且王俊亦尚未答，何家中此番无一事不懒慢？屡呼不应一至于此！汝等年纪不小，何无主张？一听众奴才做主，竟置我于度外乎？前次批归延师一

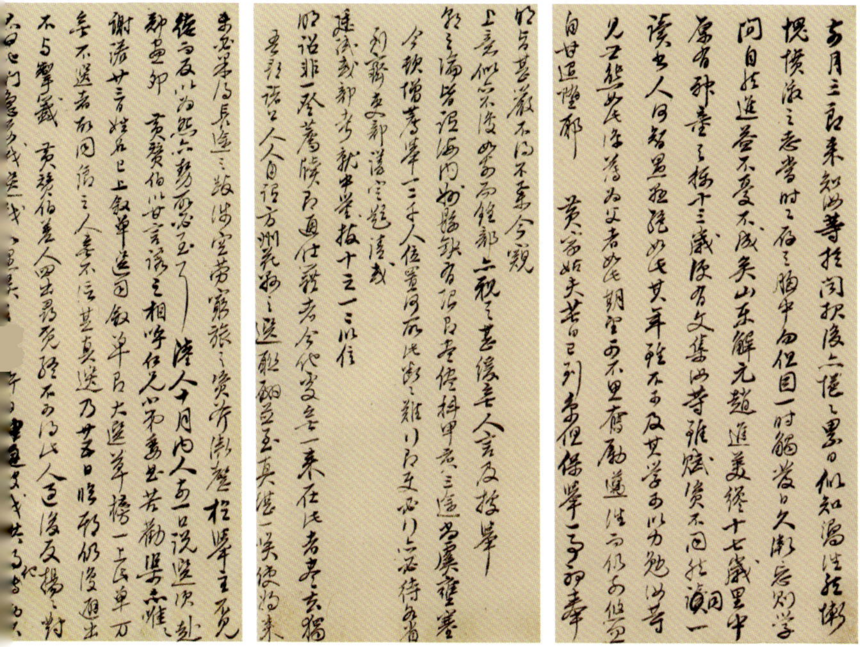

事，目前第一急务，如有定议，速速寄报，慰我悬切，更勿少迟，嘱嘱。

十一月初三日，付男挺、揆、撰等

永、玄官，今后人来，亦令各写一字寄至。袁特丘与我借《弇州史料》，我旧有此书，向在茗发斋□□内，不知曾有人借去否？可与□□讨总书目与书房书目一查。如有可差人送来，此书数年前各处书坊甚多，年来不甚见，想是板已不在。若家中寻不见，可令人于苏州各坊间一问，如有当买两部。此要紧有用书，家间亦宜备一部也。（若我未行，送书来人并家帖各带一部来。）每年做酒米用百余石尚不够用，今年不知做得如何？上坛时可着胡和化内里，再差一妇人监看，务令每坛贮满，不得容人作弊，有名无实，其做酒细数可令桂芳开报。汝等三、六、九做过文字仍送来看，不许间断。

考：

此札书于崇祯九年（1636）十一月三日，王时敏以山东青州赵进美年十七中解元事激励诸子，介绍自己举荐黄翼圣经过，再回说陆文声疏案，述及吏部黄襄诱导诸事，附言吩咐为袁彭年查找《弇州史料》，等等。当年，黄翼圣因荐得授新都知县。

按，赵进美（1620—1692），字嶷叔，一字韫退，号清止，山东益都人。有夙慧，年十四补博士弟子；崇祯九年（1636），乡试第一。崇祯十三年（1640）进士，授行人，入清后官至福建按察使。著《清止阁集》。

再按，黄家姑夫，即黄翼圣（1596—1659），字子羽，号摄六，江苏常熟人。王时敏五姐夫。崇祯九年（1636），以贤良方正荐授四川新都知县，崇祯十三年（1640），因护城有功升安吉知州。

又按，黄襄（1594—1639），字赞伯，号率行，江苏武进人。崇祯元年(1628)进士，授宛平教谕，官至吏部文选司郎中。[①]

又按，新学师黄公，即黄泰颖，字长源，上海松江人，崇祯九年（1636）任太仓州学训导。[②]唐文恪公，即唐文献（1549—1605），字元徵，上海松江人。万历十四年（1586）状元，授翰林修撰，累官至礼部右侍郎，掌翰林院事，赠封礼部尚书；天启元年（1621），补谥“文恪”。著《占星堂集》。

又按，袁特丘，即袁彭年，字介眉，号特丘，湖北公安人。崇祯七年（1634）进士，授淮安推官，后官礼部主事，南明时官左都御史，入清任广东学政署布政使。

① 孙瑞和、包立本、马奔：《江苏武进工地挖出明朝墓碑主人系进士黄襄》，《现代快报》2014年5月29日，第CZ04版。此文介绍，家谱记载“字替伯”，应是刊刻错误。

② 王祖畲等纂：《太仓州志》卷十一，职官，民国八年（1919）刊本，第15页。

第二十二通　付子挺、揆、撰家书（图31）

数日内连接家信，不得汝等一字，不知撰儿体中健旺如常否？甚念甚念。昨始闻沈师场前已先受嘉兴徐氏之聘，汝兄弟维旨未明，恐尚不可无师。今城中无人，郡中他人亦不妥，汝等维学明年遂至废阁，甚为忧念。沈师前两年原以一身处两馆，今可以此意谆恳之，或上下半年，或嘉兴解馆归暂过一月半月，讲解几次，谅沈师相与旧谊，必当见从也。虞山之疏已奉旨封进，初闻阁票仅拟该抚按查问具奏，继复改票，秘密无从知，今八日未下，大是可忧。而吾城陆人之疏通政已收，亦请圣裁，恐准封进分数十居八九。盖诸凶聚集一处，狡谋日深。数日前，大司礼曹公进外署，群棍各具疏揭。近谒马首，似如簧惑，听陆人疏揭外，复以天老家墓志朕字刻文、图表序文目录，姚深书、周司李诸揭复社十罪檄、讨受先檄，一并送曹公收讫，且闻曹公召至案边与细谈良久。自此之后，张与陆遂作蜚语中伤银台。袁公惧祸，遂为请旨，然闻诸刻已先达御览，将来祸机竟不可测。昨吴人抚至，极力劝解，几欲下拜。此人以通政之疏既入，不能自主，略不回心，昨戴月又刻揭广布，款款伤守公，滔天风浪，渺无津涯。而尤可骇者，曹忍生入都，深结陆人以求自免，反携周司李揭六十本并讨受先檄授之，人心险幻一至于此，可怖哉！黄子羽以虞山守公之故，为群小所侧目，流言谤帖种种不一，子羽此时急宜引避，乃恋恋不忍舍，我又不好劝之南归，将来祸必及我，奈何！奈何！此时长安一日百态，一夕数惊，真成称一夜头堪白，何况经年！我悔不就沈府之差，早出国门，今步步危机，正不知两月光阴得以折度否也。世态危疑至今日已极，汝等在家闭户读书，闲事纤毫勿与，语言举动万万分谨慎，至嘱！至嘱！有公车者来，可作一字寄报。

十二月廿二日，父字付男挺、揆、撰等

考：

虞山之疏，是指常熟人张汉儒疏告已革职里居的钱谦益（1582—

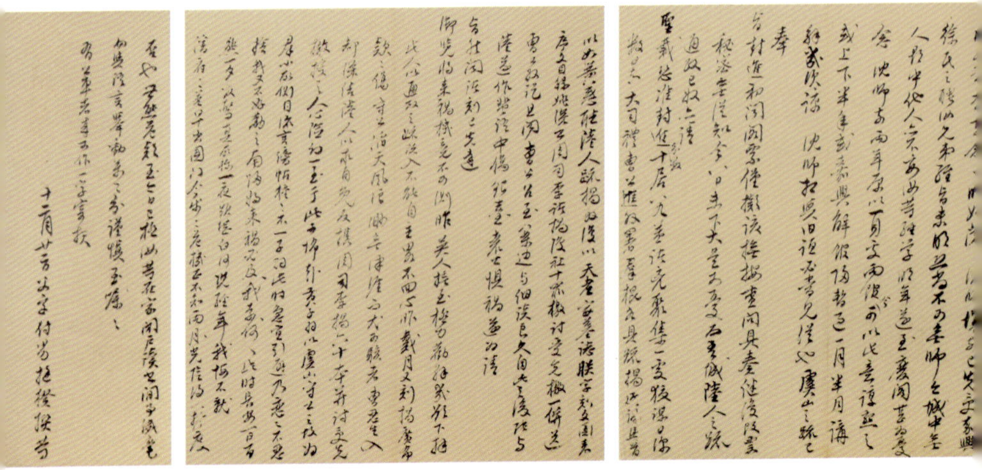

图31 《付子挺、揆、撰家书》，1636年12月22日，纸本行书，27.5cm×21.2cm×3，美国波士顿美术博物馆藏

1664）及门人瞿式耜（1590—1650）不法案，成为温体仁与以钱谦益为中心的东林党人政治斗争达至白热化的标志。“陆文声奏劾复社案”“张汉儒疏告钱瞿案”，引起皇帝朱由检（1611—1644）高度警觉，下旨严查。最后，钱谦益在曹化淳（1589—1662）干预下化险为夷，而温体仁在皇帝严斥下于崇祯十年（1637）六月称病辞职。

此札书于崇祯九年（1636）十二月二十二日，王时敏向诸子交代了沈伯叙解馆后延聘业师事宜，再次介绍了发生在京城的张汉儒、陆文声、戴月疏劾案进展细节，表达出种种隐忧：“此时长安一日百态，一夕数惊，真成称一夜头堪白！”目睹势态的发展，处于政治旋涡中的王时敏忧心忡忡。同时，他也为黄翼圣因常熟知县之累表达了担心。

按，周司李，即周之夔（1586—?），字章甫，福建合县人。入复社，才高自负，后张溥仇怨。崇祯四年（1631）进士，授苏州推官，因事弃官。陆文声疏案发，也揭疏复社。南明时，授兵科给事中，兵败遁入佛门，书画自给。著《弃草集》。

再按，袁公，即前及袁彭年；守公，乃前及周仲琏。[①] 大司礼曹公，即曹化淳，字如，号止虚子，天津武清人。早岁入宫，后陪侍信王朱由检，天启初年受事被逐出京；朱由检即位后被召，先后任司礼秉笔太监、东厂提督，总提督京营戎政等。

又按，吴人抚，乃吴克孝（1592—1672），字人抚，号鲁冈，江苏太仓人。崇祯十年（1637）进士，除刑部主事，进员外郎，备兵保定；崇祯十七年（1644），荐补嘉湖兵备道佥事，因目疾归里。

又按，虞山守公，即杨鼎熙（？—1644），字伯元，号缉庵，湖北京山人。崇祯元年（1628）进士，授常熟知县，官至湖西兵巡道按察司副使。著《礼记敬业》。

第二十三通　付子挺、揆、撰家书（图32）

徐孝若入京，见家信，知家中师友多至六七人，供亿束脩之费。且不必论宅内那得有许多学堂，汝等自初上学至今，一切延师赴考总计费用不下万余金，乃单单资助别人变化，与自家一毫无与。汝等此时犹不知惭愧，不知奋发，做真实工夫，以期日长月进，惟思依附时流，借景取乐，无志若此，安得不使我气死、恨死也？我在此无一刻不悬念汝等，故令学堂人逐日登记，要见汝等学业有无荒废，交游有无滥杂，以慰远怀。汝等既无过举，何畏人记，乃以傒仆钤制主人为言耶？北场磨勘六卷，革者一人（刘砥中），罚科三人，覆试一人（吴惟孚），榜首部议已两次，拟罚五科，上犹不允，复令再议，恐将来亦不免革。盖因陈启新论其失旨，圣意主于先入也。南场榜首卷亦不惬与论，礼部已阅过，选科中多涂乙，未知得免议否？戴月狠狡异常，既屡揭中伤周父母，复欲阻曹忍生进场，狂逞不已。昨正月廿八日，忍生重赂戚畹周明源（皇亲长子），于黄昏时突差数十人，假称厂卫，拥入戴生寓，擒其

① 因资料所囿，笔者早先关于袁公、守公的考证有误，特此更正。见万新华《画家之外——新见王时敏散佚家书七通考释》，《美术学报》2021年第6期，第77页。

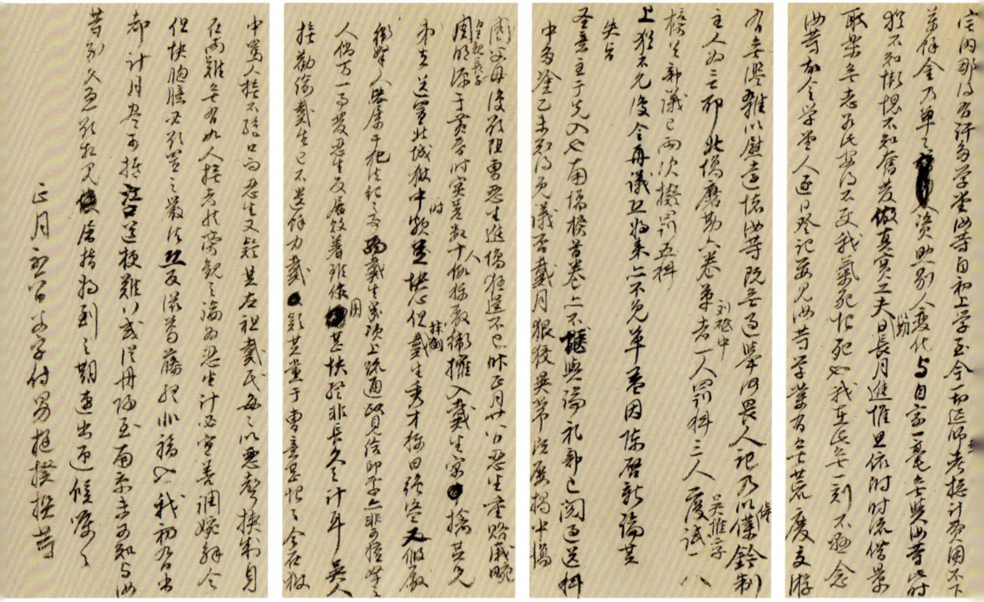

图32　《付子挺、揆、撰家书》，1637年2月6日，纸本行书，28cm × 11.5cm × 4，苏州博物馆藏

兄弟去，送置北城狱中，时颇足快心。但抹倒戴生，秀才称曰强盗，又假厂卫拿人，皆属于犯法纪之事。而戴生几次上疏，通政见，给印票，亦非可擅拿之人，倘万一事发，忍生反居败着，虽作用甚快，终非长久之计耳。吴人抚劝谕戴生已不遗余力，戴疑其党于曹，意甚恨之，今在狱中骂人抚不绝口，而忍生又疑其左袒戴氏，每每以恶声挟制，身在两难，无有如人抚者。然旁观之论为忍生计，必宜善调婉解，今但快胸臆，必欲置之严法，恐反滋葛藤，终非福也。我初九日出都，计月尽可抵江口，道梗难行，或从舟归至南京未可知。与汝等别久，急欲相见，屈指将到之期，速出迎候，嘱嘱。

正月初六日，父字，付男挺、揆、撰等

考：

崇祯十年（1637）二月九日，王时敏题差得粮长，领敕出都，一路南下，二十九日从宿迁下船，顺流而下，一日进口，三月五日抵达淮安，溯江至南京，完差。[1] 就信中叙述，“正月初六日”实为笔误，应为“二月初六日”。

因此，此札书于崇祯十年(1637)二月六日，王时敏以科举未成责令诸子后介绍了戴月疏劾曹讷、吴克孝周旋详情，情节曲折，并告知自己行程安排。

按，徐孝若，即徐缵高，字孝若，上海松江人。首辅徐阶(1494—1574)玄孙。崇祯九年（1636）举人。

第二十四通　付子挺家书（图33）

赐茔役事恐非无为而起，或有人导之，欲以此甘心我家献媚要人未可知。我若持之太急，彼必借为兵端，决宜慎重，即书手亦勿轻告，恐彼谓我以上司压之，愈激其怒，事愈不可收拾。此系朝典，谅彼决不能湮废，且从容俟之，彼久久亦当自悔也。近日州县诸公趋时之念最急，若辈但计呈身，宁惜涂面？我方为时人所不忘情，凡事宜万分谨慎，如役事□□不可轻求宽减，书帖尤不宜轻投，此时人情难测，万一稍有隙，便执此为罪端，星星之火可致燎原，不可不加意慎防家人辈。但顾目前，那有远见？譬如下棋者，着着当先手，勿落人后，为人所掩袭也。城中修学之举，闻两张公之意，责望吾家甚奢，欲副其意则苦无力，不副又恐召衅，处此孤茕之势，千难万难，然亦仅可比他家加倍，或与管家熟商，看有可缓之产，真弃一主，以价应之，使人知我家窘迫之状，非繇矫饰，亦一策也。家中告示与呈词之类极要妥贴，杨玄之见识甚老成，人亦忠厚，每事有关系者宜与之商，年终亦宜稍馈之以结其心，此际正用人时也。我候汝母，故至扬州，待汝母一至，即仍开至宿迁度岁，人前只说我在彼，切不可言曾至扬州。道尊若问，说在郯城，一候信即当北上；亲戚中有问汝母者，瞒他不得，说闻我

[1] 王宝仁：《奉常公年谱》，见《王时敏集》，第763—764页。

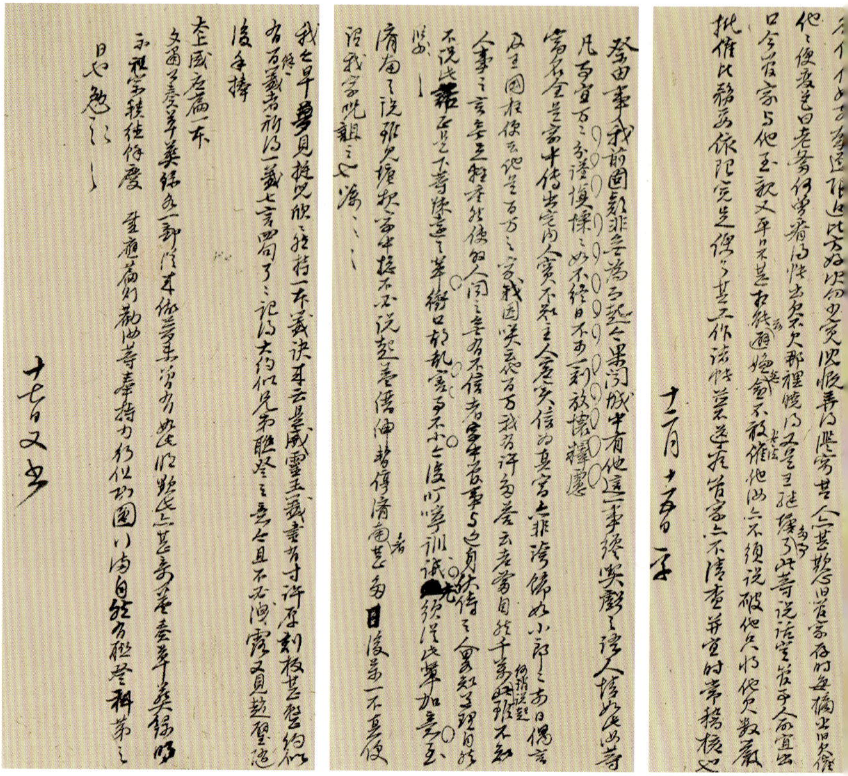

图33　《付子挺家书》，1638年12月15日，纸本行书，28cm×11.6—15.3cm×5，苏州博物馆藏

略有小恙，心上放不下，故复赶去耳。以上诸款俱有关系，汝可与两弟密看，并以此意与管家说知，一一留之胸中，此纸即付之火，不可使人见，并不可使人知也。嘱嘱。大凡官府处干求之书，切不可轻出，至紧，至紧，至紧。商道尊处，汝兄弟非有所干，特以年家之谊，况昔年曾蒙冢宰提携，今道台到任，礼不可不修，谒叩谢贽见之礼，恐宪司无此体，到道门上问明后行。若不可少，汝兄弟总一揭帖，如无此例，竟已之为妥，但文章当各送一册。王德前到横林烈帝庙求签，求了茗诀七言，俚韵粗浅，乃香堂中人所为。今后人来，须令仍求四言旧签诀，不要差耳。前桥上三叔祖与南行叔祖临别时，以讼事相托，

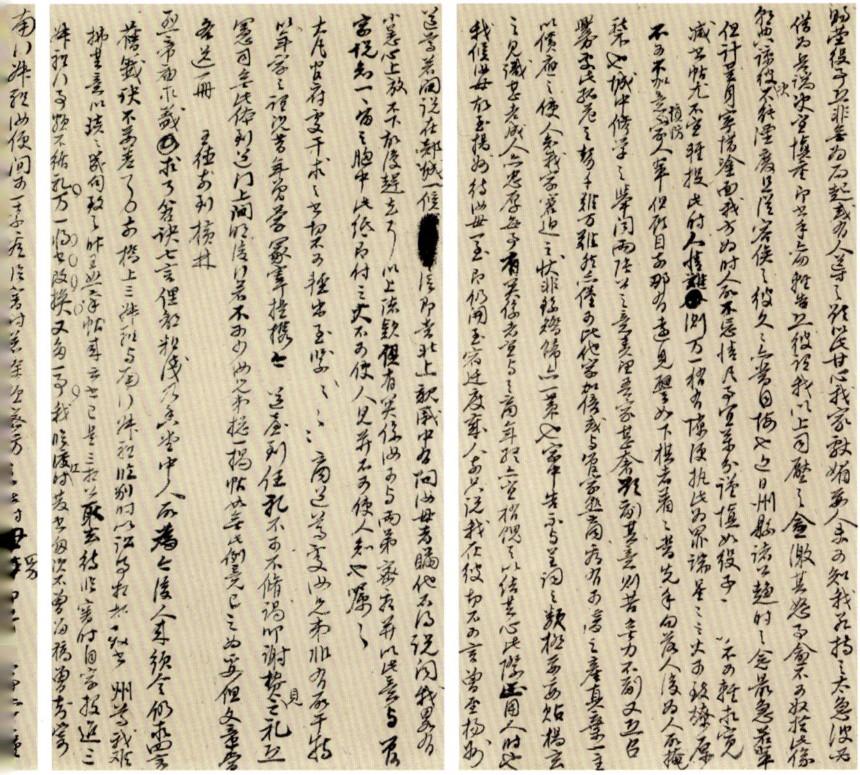

致书州尊，我难拂其意，以琰琰几句致之。昨王恕禀帖来，云书已是三相公取去，待临审时自寄投进。三叔祖行事，颇不循礼，万一将书改换，又多一事。我临渡江时发书匆次，不曾留稿，曾封寄南行叔祖，汝便间可一索看，临审时着徐桓密访之。此时世男即芥子，大事亦宜谨慎，不可有分毫差错，贻人以口实也。（见南行叔祖，只说书在三叔祖处，原是写两家事，恐怕更换，偏重了一家，因未曾见稿，所以问声，他便不疑，自然与你看耳。然此意亦须秘密，勿使桥上知。）奇旱百年未有，明岁尚未可知。我家年来耗费百端，日渐罄乏，计一年所入不足供所出之半。内既无藏，外又无进，百口坐食，乃立致干索之道，如

何措处？各庄典花租、房租、稻租，须立限严催，仍如前岁逐限返比方好，决勿少宽沉慨，弄得滥穷其人，亦甚欺心。旧管家存时，每摘出旧欠催他，他便变色曰："老爹何曾看得帐出欠不欠，那里晓得又是王继塘多事耳。"此等说话岂管事人所宜出口？今管家与他至亲，又平日不甚相能，要避嫌怨，愈不敢尽法催他。汝亦不须说破他，只将他欠数严批催比，务要依限完足，便了其工作。诸帐并不送看，管家亦不清查，并宜时常稽核也。

十二月十五日字

祭田事，我前固疑非无为而起，今果闻城中有"他这一事才吃亏"之语，人情如此，汝等凡事宜万万分谨慎，栗栗如不终日，不可一刻放怀释虑。富名全是家中传出，宅内人实不知主人虚实，信为真富，亦非夸饰，如小郎郎前日偶言及王国柱，便云他是百万之家，我因笑云："他百万，我有许多。"答云："老爹自然千万。"何消说起？此虽不知人事之言，无足轻重，然使外人闻之，无有不信者。家中管事与近身伏侍之人略知道理，自然不说此话，正是下等疏远之辈冲口胡乱，害事不小。今后叮咛训诫，尤须从此辈加意，至紧，至紧。济南之说虽见塘报，家中总不必说起。盖缙绅暂停济南者甚多，日后万一不真，便谓我家咒诅之也。嘱嘱，嘱嘱。我今早梦见挺儿欣欣然持一本签诀来，云是威灵玉签书，有寸许厚，刻板甚整，约似有百余签者，祈得一签七言四句，了了记得，大约似兄弟联登之意。今且不必泄露，又见赵璧随后手捧《太上感应篇》一本、文肃公《奏草葬录》各一部。从来做梦未曾有如此明显，此亦甚奇，盖《奏草葬录》明示祖宗积德余庆，《感应篇》则劝汝等奉持力行，但功圆行满，自然有联登科第之日也。勉之，勉之。

十七日又书

考：

崇祯十一年（1638），苏州赐茔差役本系优免，时渐更张，王时敏力请当事仍以朝典；十一月初，王时敏自家北行，抵达郯城时因水陆堵塞，又重回宿迁，路途艰辛。[①]一路上，他又连篇累牍，谆嘱诸子料理家务，尤为细致详尽。

此札书于崇祯十一年（1638）十二月十五、十七日，王时敏对赐茔役事、二张倡导城中修学、王挺母侧室孙氏（1601—1683）[②]北上、拜见新道尊商周初、桥上三叔祖与南行叔祖讼事、祭田等诸事都做了事无巨细的交代，叮嘱“凡事宜万万分谨慎”。他最后说梦境，勉励王挺“奉持力行，但功圆行满，自然有联登科第之日也”。关于赐茔、祭田事，崇祯十二年（1639）四月廿五日付诸子札有详细说明。

按，商道尊，即商周初（1575/1576—1638/1639），字恒仲，号谌轩，浙江会稽人。崇祯元年（1628）进士，授商城知县，后擢兵部给事中；崇祯十一年（1638），任常镇兵备道，未已病卒，年六十四。冢宰，即商周祚，字明兼，号等轩，浙江会稽人。万历二十九年（1601）进士，授邵武知县，历官都察院右佥都御史、兵部尚书等。[③]根据《康熙会稽县志》记载，崇祯九年（1636），陆文声疏案发，商周祚曾帮助转圜。或许如此，王时敏则有“况昔年曾蒙冢宰提携”之叹。

再按，州尊，即钱肃乐（1606—1648），字希声，号止亭，浙江鄞县（今浙江宁波）人。崇祯十年（1637）进士，授太仓知州，摄事昆山、崇明二县；崇祯十五年（1642），任刑部员外郎。

第二十五通　付子挺家书（图34）

偶谐庵内铜佛一龛，约值数百金，无人专管，虑有疏虞，可令张阿二点明，交付徐桓看管，或即令张阿二专司启闭，早晚焚香供养，亦

① 王宝仁：《奉常公年谱》，见《王时敏集》，第764页。

② 同上书，第802页。

③ 王元臣修，董钦德纂：《康熙会稽县志》卷二十，选举志，清康熙二十二年（1683）修民国二十五年（1936）绍兴县修志委员会校排印本，第20页；《康熙会稽县志》卷二十三，人物志，第12页；冯士仁修，周高起纂：《崇祯江阴县志》卷三，兵宪题名，明崇祯十三年（1640）刻本，第2页。

可。我有要紧话当面分付王恕，可令暂来，随即遣归。闻唐昌祖异常不学好，可严治之。身边人不学好者，自宜严加钤束责治。其日在左右，谨畏得用者，宜善待之，不可反以得用之故，一刻不可少，反多纤责苛窘，使人不堪。我少年待左右之人亦有此病，然今成得甚器，毕竟宽厚乃福德之相。撰儿气度似得之天，挺、揆皆宜省改也。陆元所欠本利，据云有会艮可以抵偿，诸人理应清还，何得推阻抵赖？可立限比之。年岁如此，明年二三月间便要平粜，我家只得以新籴籼米与仓中所存者仍在门首发粜。但往年管粜与量升斗人多用私情，或以亲故通融，或容铺行贱籴，即有零星来籴者，亦诡悍者多得，而孱弱者不前，真正穷苦之人原未得实惠，徒为家人生利。明年发粜，众家人谁无私心，与他商量亦没用。陈眉老在戊申年救荒，凡粜米煮粥，一一有良法。今其规条见在，若粜时可特写书问之，并抄我家书送览可也。仓厅出进，管家不经目，俱托家人收放，中间不能无弊。当此米贵之时，宜不时简查稽核。宅内无用人口粮宜革，不则减半。如我身边人，我不在家，查安坐不差使者，亦宜照旧革减，酒米断断不必发矣。酒间做酒（蒸饭下作时亦须人严切监看，可与娘子说，差几的当人轮流监看）住淮安又一日，不得北边确信，诸大老转回者甚多，如大宗伯林季老亦从桃源问信而转，今见在淮安。汝母至今无消息，不知赶得转否？家中人速速差来，恐我一闻北信稍平，就要北行，汝母未必能同去，有人来便于护归耳。有福橘、衢橘等类，可付人带些来。郯城王公与我索文集，如今再去得一部送他便好。《先集》四种，《沥部课孙》，艺人来可各带一本来。

十二月廿六日字

考：

此札书于崇祯十一年（1638）十二月二十六日，王时敏已在宿迁，向王挺交代偶谐庵打理、来年发粜济民诸事，拟想以陈继儒救荒之法施行，嘱咐王挺以宽厚之心待身边之人：“我少年待左右之人亦有此病，然今成得甚器，毕竟宽厚乃福德之相。”

按，林季老，即林欲楫（1576—1662），字仕济，号季翀，又号平

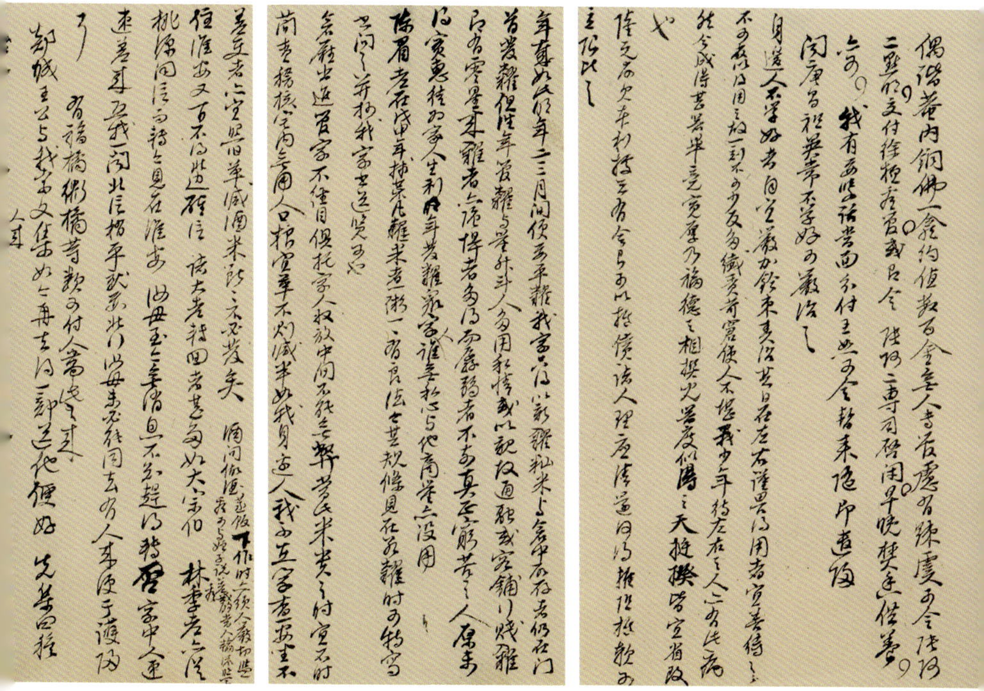

图34 《付子挺家书》，1638年12月26日，纸本行书，28cm×12.8—16.1cm×3，苏州博物馆藏

庵，福建晋江人。万历三十五年（1607）进士，选庶吉士，授编修；天启元年（1621），升礼部右侍郎；崇祯初，擢礼部尚书，因忤阁臣假归；崇祯十一年（1638），起掌部职；隆武立，应召入阁，任文渊阁大学士兼礼部尚书。著《易经勺解》《学庸注补》《道德经注》《友清堂文集》等。

第二十六通　付子挺家书（图35）

我平日于作家事茫然，所以家计日落，而第一大病，乃以利权归之家人。如旧管家王俊三十年来，可谓勤慎，远近亦共称其忠赤。但当帐内资本，汝祖母所遗，与历年租利所积，几及万金，我意要留作根本，故积在他处，逐年盘利，不令交纳。四五年间多费，闻稍移动，曾一诘之，渠在我面前，犹□不得已用去二三千，尚存五千之数，及死后查算，荡然无存。年来家中窘迫，止因失此根本。□日渐憔悴，虽开销皆有头项，不尽繇他侵年入己，然违我初谕，曲徇人情，就中那移撮借，不能无弊。彼素著忠诚者尚如此，况今管家精勤不及前人，兼衰病相寻者乎！其田房租利出入帐目宜不时查点，汝登记总簿上，仍照样录一册以备查览。如付出各处赋役等用艮，必须精核，勿听虚滥。沉慨已大坏不可收拾，初时犹貌为勤干，希图委任，今见我意甚疏之，渐渐不顾行止。如管新宅工作，何等重大，我出门三个月，才寄一字禀报，不知他帐目如何开写？宜分付管家，一一查核之。家用既不足，工宜暂停，勿逐日延磨，徒滋侵冒，以上诸事汝方用工，何暇及此？宜与诸母说知，

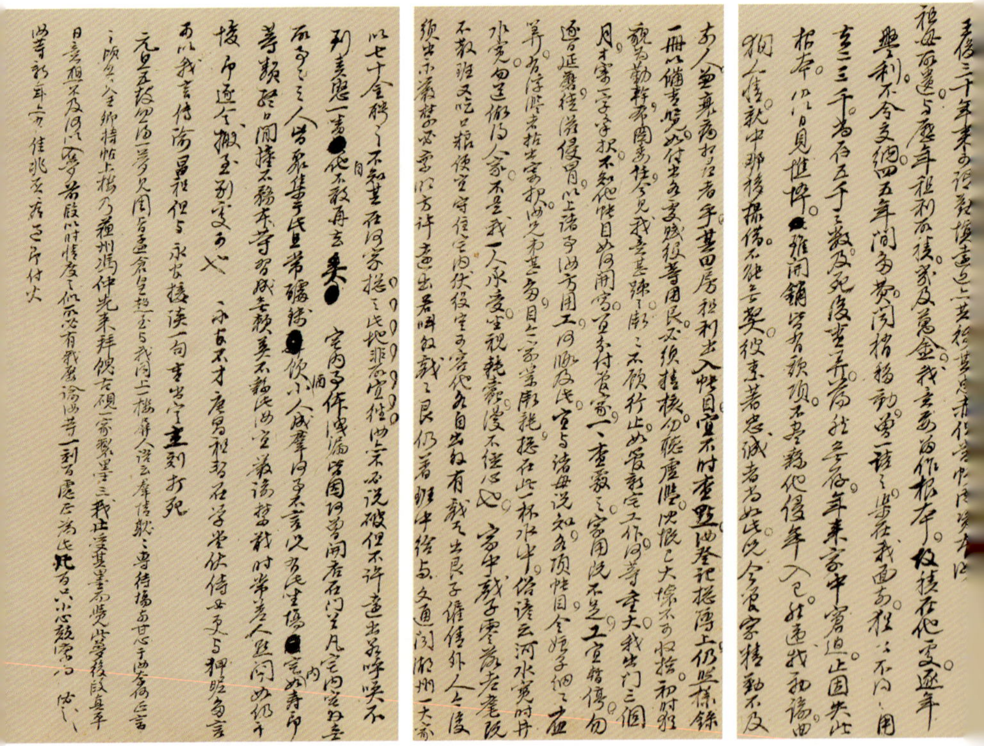

图35 《付子挺家书》，1639年1月，纸本行书，28cm × 12.8—16.1cm × 3，苏州博物馆藏

各项帐目，令娘子细细查算，有浮滥者拈出寄报。汝兄弟甚多，目今家业渐耗，总在此一杯水中，俗谚云河水宽时井水宽，勿道做得人家，不是我一人承受，坐视耗蠹，漫不经心也。家中戏子零落老耄，既不散班又吃口粮，便宜守住宅内伏役，岂可容他各自出外，有戏反出艮子雇倩外人？今后须出示严禁，必禀明方许远出。若叫外戏，戏艮仍着班中给与。文通，闻湖州一大家以七十金聘之，不知其在何家？总之此地非所宜往，汝亦不必说破，但不许远出。若呼唤不到，责惩一番，他自不敢再去矣。宅内事体泄漏，皆因阿曾开吞在门首，凡宅内宅外无所事事之人皆聚集于此，且常醵钱饮酒，小人成群，何事不言？况有此坐场。宅内如寿郎等类，终日闲撞，不务本等，习成无赖，奚不繇此？汝宜严谕禁戢，时常差人点□，如仍□悛，即逐令搬至别处可也。永官不才，唐昌祖暂在学堂伏侍，必更与狎昵多言，可以我言传谕昌祖，但与永官接谈一句，查出定立刻打死。元旦五鼓忽得一梦，见周旨孟仓皇趋至，与我同上一楼，屏人语云："群情耽耽，专待场前，甘心于汝？"奈何正言之顷，□全卿持帖上楼，乃苏州冯仲先来拜，馈古砚一、家制墨三，我止受其墨而觉。此梦后段真平日意想不及，何以入梦？前段以时情度之，似所必有。我屡谕汝等一刻百虑，正为此。凡百，只小心兢兢，奈何，奈何！俟之，俟之！汝等新年亦有佳兆否？看过即付火。

考：

此札虽不完整，然结合上札文字，再依据"我出门三个月，才寄一字禀报""唐昌祖暂在学堂伏侍""汝等新年亦有佳兆否？"等判断，应书于崇祯十二年（1639）一月，王时敏就家族经济管理、戏班维养、四子王持学习诸事一一交代，涉及人物多是家中仆人。

第二十七通　付子挻、揆、撰家书（图36）

十九日闻李使将行，特附一信，既闻其行期后改，故复索回。阿莲已于廿二日到京，见管家禀帖言，家中渐不能支，且欲托疾远避，彼虽真病，然疑其意。必见家中头绪繁多，事权不一，公要馄饨婆要面，有许多难处，故急思卸担耳。家计如此，自然日落一日，即无事，亦不过两三年间。泮膏渐竭，倘更有意外事扰之，立时扫地无疑。然田产房业依然如旧，未曾有所减损，何以昔有余而今不足，昔米盈仓而今无半粒。纵云婚嫁兴作所费不资，亦何至遽见萧索如此？究其病源总繇，利权归于家人，主人漫不简括，听其出入消算，日久，情缘私弊漏孔日多，遂至散耗不可收拾，言之真可浩叹。我前写归一字，亦几呕尽心血。惟汝等方读书，不知治生之事，然见之亦当动念，或与诸母极言，或与管家转筹，何竟无一字回答，若漠计耶。此犹为家用言之，若论外边时势，千危万险，无地可避，欲求自全之策良难。我家窘乏已极，而门面张大，不能骤敛，且家人中复有浪得富名者，颇为人所垂涎，其间花诡之弊，恐不尽无，亦足为家长之累。汝曹皆童稚，未经世事，无深计远虑，而内外上下，又人各一心，多不肯体谅，将来无穷蠹隙，外衅乘之。家门之祸，真有不可言者。我比来数得异常恶梦，恐征验非远。然管家衰颓丛脞，欲令彼为我深筹利害，实实做一事体，另换一局面，断然不能。而以外诸人，如王贞辈，又皆不谙世事，且念头亦未必与主人关切，我虽唇焦舌敝，亦复何益？如大厦将倾，阖家人束手视坐，无一为支撑援救者。念之心如火烧，恨不能即死，免睹此恶光景也。徐宅姻事我前书甚明，前在吴门原说待我归后再处，何曾许以秋冬为期？若

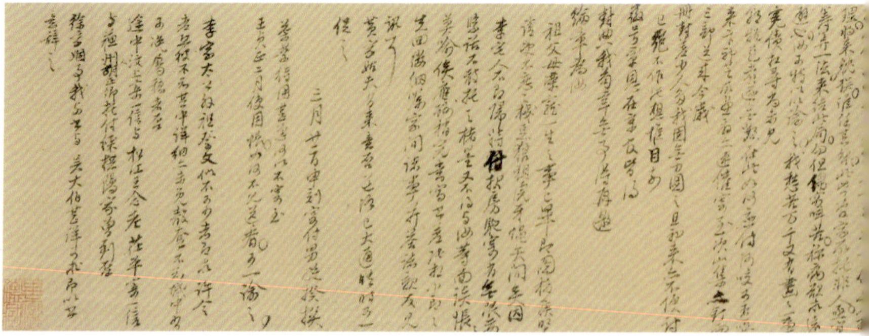

图36　《付子挺、揆、撰家书》，1639年3月22日，纸本行书，37.5cm × 92.1cm，美国纽约苏富比拍卖2013年9月19日，NO. 717

果有此言，汝等皆在，吴大伯系大媒，岂有不□者？此皆朱维岳热掇之语。此君最不近人情，且好滕口说，若与往覆，彼必频频催促，此原非彼事。今后只以前书意坚辞之，不但妹年未及期，且如此大事，家中亦断不敢专，总待我归后再商可也。若彼家四月间行礼，不妨从之，答礼赏赐亦酌量从省，不必照旧。我不在家，即有不周到处，可以推辞，他家亦自难责备耳。家中租利俱用完，交际费用甚多，何从设处？且我盘□不勾几月，又有两批粮运事未完，望接济甚急。二项将何措办，若昆山一批丁人竟不来，弃掷无人料理，将来耽误，谁任其咎？此皆管家所托非人，亟背筹算一法，来结此局，勿但称穷叫苦，称病欲求远避也。汝可特以以谕之。我愁苦万千，又有画画一事冤债相寻，尚未见朝，物色者遂无数在此，如何应付？阿咬可速唤来，卞神芝所画扇亦速催寄，至《次山集》亦钉两三部送来。今岁册封差少人多，我固无力图之，且初来亦不便讨，已绝不作此想。惟目前徽号覃恩，在京官皆得封典，我苟幸无事，得再邀纶章，为汝祖父母荣宠一生之事已毕，即图移疾坚请，决不恋恋栈豆，狼狈虎牙蝇矢间矣。因李宅人不即归，特付报房驰寄，有无限要紧话不敢托之楮墨，又不得与汝等面谈，怅怅莫喻。俟应酬稍完，当写书差张相小郎郎先回，缕细嘱家间诸事，并答诸亲友见讯耳。黄家姑夫有来意否？道路已大通，晤时可一促之。

三月廿二日申刻，寄付男挺、揆、撰

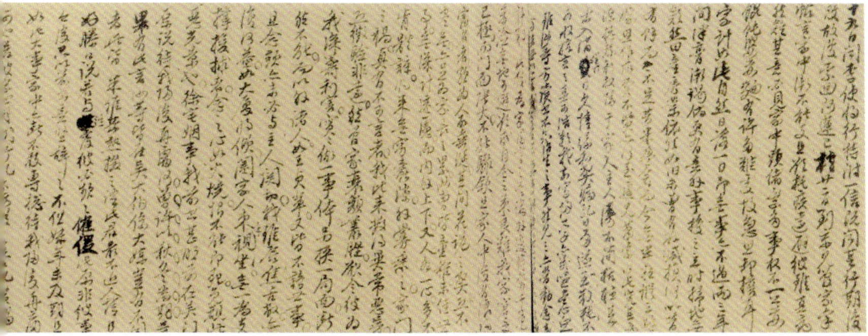

茶叶待用甚急，何以不寄至？王贞正二月使用帐，如何不见送看？可一谕之。李家太公外祖祭文似不可少者，即求许令老，恐彼不知其中详细，亦未免壳套。不知城中有可浼属稿者否？途中汶上寄一信与松江王念老，茌平寄一信与苏州人胡正卿，托付练拱阳家，曾到否？徐家姻事我前书与吴大伯甚详，可求即以书意辞之。

考：

此札书于崇祯十二年（1639）三月二十二日，王时敏首先谈了对家业、生计的忧虑，为种种事项说教诸子，“汝曹皆童稚，未经世事，无深计远虑，而内外上下，又人各一心，多不肯体谅，将来无穷釁隙，外衅乘之”；最后则表达奉旨北上等候差事时的种种想法，并伴有退隐之心，还难得提及绘画应酬事，“我愁苦万千，又有画画一事冤债相寻，尚未见朝，物色者遂无数在此，如何应付”，如此等等。

崇祯后期，江南地区灾荒不断。《启祯记闻录》卷二记载，崇祯十年（1637）到崇祯十五年（1642），苏州府每年发生旱灾，崇祯十一年（1638）后则累发蝗灾，致使王时敏田产歉收，生计日蹙，故发出了“家中渐不能支”的感慨。

附言，王时敏交代了昆山李同芳祭文事，可拟求松江许经撰稿，也谈到了三女儿的婚期问题，在后札中也有涉及，即所谓“徐宅姻事我前书甚明”“三妹婚期今冬，万万不能。徐姑夫书中，我已直截辞了”。或许因为时间，也或许因为经济，奉差在外的王时敏断然否定：“如此大事，家中亦断不敢专，总待我归后再商可也。”他抱怨朱维岳从中作梗：“此君最不近人情，且好滕口说，若与往覆，彼必频频催促，此原非彼事”“平空添捏，从中播弄，亦甚可怪”。言及吴大伯是其三姐夫吴鸣珙，乃婚配大媒；徐姑夫即其二姐夫徐本高（1591—1645），三女即婚配徐家公子徐佐（?—1665，字羽明），婚期后来定于次年正月。

按，卞神芝，即卞久，字神芝，号大拙，上海松江人。工山水。

再按，李家太公外祖，即李同芳，字济美，号晴原，江苏昆山人。万历八年（1580）进士，授刑部主事，累官广东按察使、副都御史、山东巡抚，著《视履类编》。李同芳长子李胤昌（字文长，号集虚），是王时敏岳丈。①

又按，王念老，即王陛，字超之，号念生，上海松江人。万历四十四年（1616）进士，由知县升工部主事，改兵部职方司；崇祯元年（1628），进太仆寺少卿，首辅薛国观（？—1641）怨其不附己，擢山西、湖广巡抚皆不用，遂谢病归。

第二十八通　付子挺、揆、撰家书（图37）

初三日标上人回，寄一信，嗣后数思再寄，而因见家事大坏，渐渐不可收拾。每一举念，便不胜焦闷，故懒于提笔耳。我初无乞差意，因衙门例有册封一差，同寅赵二瞻公祖先已讨定，后不果行，其余诸公又无愿往者，我遂得以承乏。近地便道，非冷署所敢望。楚中四差，闻吴骏老先讨吉府，荆府亦先有所属，襄阳又流氛方炽，惟岷藩在湖南，又不过洞庭，可免波涛、寇盗之患。初未详审其道里，遂从宗伯、仪郎乞定。及昨，马素老至，云去年以御书差至彼，其地最僻远，为楚之极南，直与粤西接壤，距吾乡五六千里，往返须数月，方始悔之，而已无及矣。至彼有两路，一从南京安庆入黄州，一从浙河历袁州而上，然必取道浙中为稳。今我已决计从浙，吴门乃必经之地。初意枫桥暂泊，不敢过家。今早晤户垣熊约生、中舍傅惕庵，皆江右人，与我同使楚者。两公皆决意归家，过暑后行，云从来如此，不必致疑。且我副差余中舍乃四明余文敏公之曾孙，年方十八，择七月二十日毕姻，约定到家完娶，八月初方启行。我先去无益，亦只得暂归。只是近来驿递、夫马自张天石条陈之后，奉旨比原额裁省几倍，四品止夫十名，马八匹，而执事、禀给俱革。入楚不必言，即京师至吴，约计雇夫马之费，便须百余金，设处殊艰难耳。文宗丁艰，继之者定属秦中张慰堂（讳凤翮），

① 连德英纂：《民国昆新两县续补合志》卷十二，文苑补遗，民国十二年（1923），第13页。

俟报到，即当具题。此公我素与相识，颇见和平，然任后另换面孔未可知。且闻科举必须覆考，汝等利钝，犹在未定之天。有杭人徐文若者，灼龟得洪范九畴之法绳，与流俗不同，判断吉凶，种种奇验。昨望日，为汝兄弟卜科场事。据断，皆不甚利，甚至说揆儿必不终场。虽其言未必尽准，然汝等自我出门后，强半在送路、酬酢，实未尝一日用功如平时。窗课屡催，不寄一篇，岂数月以来从未握管？如此荒疏，覆考便大可忧，何论大事耶？道尊尚未有人得，借方府尊甚妙。但闻之少宰云，迩来功令倍严，凡有降级戴罪者即不便升转，何况数十余级。虽两台疏至，自当为委曲题覆，但恐未必得之主上。嘉兴守郑公，首在拟议之列。若方公，毕竟不可得，或当属之耳。十六日黄家姑夫已到，项仲展一路与之同来，入京次日即感寒疾，不三日，遂作故人。人命浮脆如此，真可怖也。承吴来老美意，必欲与我连姻，今已议定。但来老一代名贤，指日且据津要，而我以式微谫劣攀接之，其如齐大非偶之愧荷。廿六日册封领节，尚有冠服在御用监制办，月初可以领。出行期择初十、十二两日，钱、吴两公亦相约先后出都。兹先遣阿莲、小郎郎周元

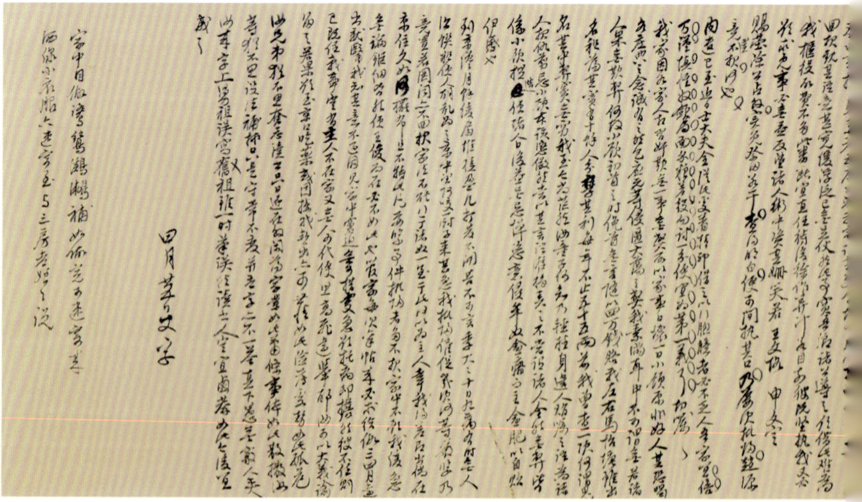

图37 《付子挺、揆、撰家书》，1639年4月25日，纸本行书，27.5cm×22.4cm—16.2cm×6，南京博物院藏

归报，俟有定期，当再差一二人归。家中船只，待二十后打发出来接，至淮安可也。我既出京，书帖等类不必寄至，若尚在近，断宜追回，若追不及，宜寄信船上，回南时千定带归。切记切记。

四月廿五日，付男挺、揆、撰

三妹婚期今冬，万万不能。徐姑夫书中，我已直截辞了。但朱维岳平空添捏，从中播弄，亦甚可怪。可语吴大伯，一如我言复之，勿半字游移也。昨从冯仲先乞得拟题一纸，付汝兄弟，可择最好者，场前做数十篇，我到家要看，不可仍前懒散取咎。祭田事，据马素老云，唐公怒我家沿其吏胥，故有成心。前曾有书与言，未见回报，观其语意，甚宽缓浮泛，已无足仗。然此事实吾乡诸公导之，欲借此难为我，柜役所费不多。此番断宜直任待后徐作算计。若目前，彼既坚执，我又必欲求免事，必无益，反堕诸人术中，资其姗笑。若王文恪、申文定赐茔，除公占外，实免祭田若干。查得明白，便可间执其口。乃屡次批归，赵源竟置不报，何也？内遣已至，近日士大夫全从此处着精神，借之以行胸臆者，必不乏人。吾家宜倍万谨慎，惟收敛局面，介粮差役，勿讨一分便

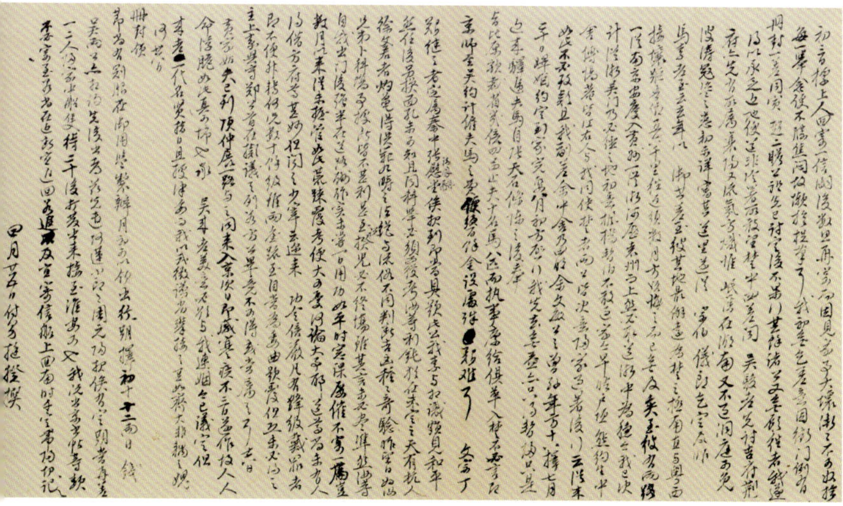

宜为第一义耳。切嘱切嘱。我家因各家人相习奸欺，无一事无弊，所以家事日坏一日。小顾原非好人，其恐喝各庄典之念诚有之，然包应元等侵匿大荡之弊，我素满耳中，不可谓无。若诸人果无欺弊，何故小顾初首之时俯首无言，随以四万钱赂我左右？马怡塘虽出名租荡，其实有十余人分享其利，每年不止五十五两，前我曾查一次。何谓鬼名，其中弊窦无穷，我至今尚茫然，汝童子何知？乃轻听身边人贿嘱之语，为诸人报仇剪忌。小顾本该惩儆，然当以其言语游移责之，不当谓诸人全然无弊，皆系小顾捏造，使诸人日后益无忌惮，恣意侵牟。奴愈瘠而主愈肥，以自贻伊戚也。到京才月余，绫扇堆积盈几，打发不开，苦不可言。季大大十日九病，有时无人治馔，粗使人胡乱为之。京中望阿咬厨子来，甚急，我托归催促几次，何等严紧，乃竟置若罔闻，亦不回报。家法不能行于诸奴，一至于此，何以为主人！幸我得差即出，倘在京住久，如何摆布？且不特此，凡要紧事件托归者，多不报家中，不顾我缓急，无论巨细皆然。使王俊而在，必不如此也。管家每次拿帖来，必求给假三四月，远出就医。我知其意，不过因见家中窘迫，无可措处，急欲托病卸担。然彼不任则已，既任我事，岂有主人不在家又无人可代，便思高飞远举耶？汝可以大义谕留之，若果欲至京口吃药，或因接我暂出，亦可。世情如此险薄，处势如此孤危，汝兄弟犹不思奋志读书，只日逐在外闲荡；家业如此萧条，事体如此散撤，汝等犹不思设法补救，只是守常不变，并吾字亦不一答，真下愚无穷人矣。汝来字上“漫祖”误写“旧祖”，虽一时笔误，然读书人岂宜卤莽如此！今后宜戒之。

四月廿五日，父字

家中自做鹭鸶、鸂鶒补如做完，可速寄来。洒线小衣服亦速寄至，与三房老娘娘说。

考：

此札书于崇祯十二年（1639）四月二十五日，时王时敏已知晓朝廷授办册封领节仪式的大致安排：“廿六日册封领节，尚有冠服在御用监制办，月初可以领，出行期择初十、十二两日”，故即书报若干细节。他谈到了自己奉差湖南的一些路途情况、随行人员以及各种打算等，感叹吴伟业讨得吉府奉使前往河南册封行路方便。他提到同僚间无人前往，而赵志孟得旨未成行，得听马世奇描述路途艰难心生畏惧而懊悔，等等不一。

按，张天石，即张若麒（？—1671），字天石，山东胶州人。崇祯四年（1631）进士，授清苑知县，历官刑部主事、兵部职方司郎中等；入清后，官至太常寺卿。著《诗经课》《礼记课》《止足轩集》等。赵二瞻，即赵志孟（1579—？），字浩衷，号二瞻，陕西扶风人，天启五年（1625）进士，擢浙江道御史，迁尚宝丞。马素老，即马世奇（？—1644），字君常，号素修，江苏无锡人。崇祯四年（1631）进士，选庶吉士，授翰林院编修；崇祯十一年（1638），奉差湖广、江西封藩，迁左谕德。因其父马希尹曾任太仓儒学训导，王、马两家颇有交谊。余中舍，即余长粲（1622—？），浙江鄞县（今浙江宁波）人，以祖荫官中书舍人。[1]钱、吴两公，乃钱增、吴伟业，皆有奉敕封藩之差。

因科举复考在即，王时敏道及二十四日请杭人徐文若为占卜科场不利，反复叮嘱诸子加强学业，不可荒废，细小处如错别字，也近乎苛刻，特别指出需要时加注意，苦口婆心，并谈及苏松学政亓玮因丁忧去张凤翮接任的人事消息。功夫不负有心人，次子王揆是年秋闱中式，仍在差途中的王时敏与之相遇，悲喜交集。同时，王时敏还透露了朝廷关于苏松督粮道之职的人事安排，诸如方岳贡、郑瑄等人选。

按，文宗，是明清时期对提督学政的代称。张凤翮（?—1643），字建中，号慰堂，陕西城固人。天启五年（1625）进士，任云南巡按；崇祯十二年（1639）六月，任苏松学政，后官浙江按察使、江西巡抚等。

再按，方府尊，即松江知府方岳贡（？—1644），字四长，号禹修，湖北谷城人。天启二年（1622）进士，授户部主事，进郎中；崇祯元年（1628），任松江知府，后因首辅薛国观贿赂案牵累；崇祯十五年（1642），升山东副使兼右参议总督江南粮储（苏松督粮道），官至左

---

① 汪源泽修，闻性道纂：《康熙鄞县志》卷十一，选举考二，清康熙二十五年（1686）刻本，第54页。

副都御史兼东阁大学士。当时，方岳贡受薛国观弹劾案之累。

又按，嘉兴守郑公，乃郑瑄（约 1602 — 1646），字汉奉，又字鸿逵，福建侯官（今福建福州）人。崇祯四年（1631）进士，授南户部主事，历官嘉兴知府、浙江副使、绍兴兵备，官至应天巡抚；弘光时，任工部尚书。①

又按，项仲展，即项声国（？—1639），初名鼎爱，安敉公，浙江秀水（今浙江嘉兴）人。崇祯七年（1634）进士，例授雅州知州，后补太平府推官，未任殁于京师。

另外，王时敏述及与吴来之议定儿女联姻事："承吴来老美意，必欲与我连姻，今已议定。"他观察朝政，似早有判断："来老一代名贤，指日且据津要。"崇祯十四年（1641）九月，周延儒复任首辅，吴昌时获得重用，任文选清吏司郎中；崇祯十六年（1643）四月，周延儒因假传御清捷报案获罪自尽，吴昌时亦因"紊制弄权"被弹劾，十二月问斩。随着吴氏处斩，王、吴联姻不了了之，遍查《奉常公年谱》《王巢松年谱》无任何蛛丝马迹。② 也正因此事，王时敏后来提心吊胆："宜兴相国赐自尽、吴来之被法后，朝议籍其家，闻有牵累吾家语，忧危之极。"③

在又及中，王时敏对三子着重谈论"祭田"之事。所谓祭田，是专门为了保证祖先祭祀延绵不绝而设立的公地，一切免征，属于族田义产的一种。其管理有受田分管、专管、轮管等多种形式，轮值制度是较为普遍的一种。在轮值制度下，祭田按照房支的次序，依次在族人中间轮流值管、收益，值年的房支或子孙也相应地担负该年的祭祀。崇祯十年（1637）至崇祯十一年（1638）间，江南连发旱灾、蝗灾，田亩歉收。当时，苏州赐茔差役本系优免，时渐更张，王时敏请当事以仍朝典。④

---

① 袁国梓纂修：《康熙嘉兴府志》卷十四，官师上，清康熙二十一年（1682）刻本，第 11 页。

② 赵青：《浩魄不随风落去》，《嘉兴日报》2018 年 12 月 13 日第 11 版。该文详细记载了吴昌时诸儿女的情况，值得参考。

③ 王抃：《王巢松年谱》，见《王时敏集》，第 16 页。

④ 王宝仁：《奉常公年谱》，第 764 页。

崇祯十二年（1639），朝廷筹措军饷而加派赋银增多，士绅百姓负担加重。在京期间，王时敏数次寄书诸子告诫："我正坐疏忽之病，所以多尤悔，汝等宜切戒之""我直肠快口，机心尽忘，于世遂多尤悔，然旅中朝夕自念，人生在世间，一言一动，当有轨则，岂可率行胸臆，草草乃尔。自今已后，痛自刻责，一以含容浑厚为主，将平日躁言浮气尽行锄洗，自拈二联云：宁人负毋我负人，宁我容人毋人容我""吾家素为德于邻，钱粮从来清楚，可以无虑。但此后更宜百倍收敛谨慎，每事务从宽厚，不可得罪乡曲"。[1]结合前述，王时敏谈论着围绕"祭田"之事而展开人情纷争："唐公怒我家沿其吏胥，故有成心……然此事实吾乡诸公导之，欲借此难为我"，嘱咐诸子谨慎行事，先行查证吴门王鏊、申时行赐茔样例可作参考。正因知晓"祭田"内缘复杂，王时敏晚年一直对"祭田""祭祀"与王锡爵赐坟茔事宜耿耿于怀，接连二三书写《预嘱》《再嘱》《终事》《祭问》《西田嘱兼答祭田公议》《书祭田公议后》《祭田申训》等，连篇累牍地嘱咐诸子和睦友善、同心同德。

对于诸如小顾、包应元、马怡塘等家仆，王时敏满腔怨气，时时不忘叮咛，告诉诸子要小心提防，但也要注意分寸，张弛有度。

第二十九通　付子挺、揆、撰家书（图38）

……因欲带客兵至苏，为吴幼洪论劾，已不复来。此说似妄，亦稍有影响否？李大母舅就选入京，周子俶、穆苑先同清臣在骏老寓曾一晤否？张无近亦于今日来京矣。汝兄弟三人皆有科举，城中眼孔逼窄，必更有许多议论，正当风波之际，复增人胸中一番栗棘。汝曹见人，不可露一毫矜色，滋人忌嫉。漕粮改折五分，据守公云，淮折三分，部折二分，共合五分之数。而众口则谓淮折在外，不当混入部折之内，总因部文未曾开明，故总书得以蒙混，然此弊各邑皆然，不独吾州。但未知部议果是如何，可托曼老问明，速寄书册，以间执奸胥之口。部中事即慧

① 王宝仁：《奉常公年谱》，第764—765页。

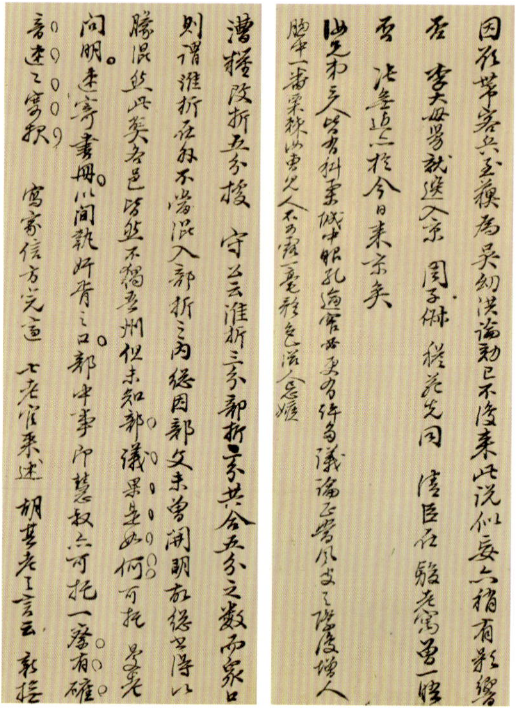

图38　《付子挺、揆、撰家书》，1639年4月至5月，纸本行书，28cm×10.2—11cm×2，苏州博物馆藏

叔亦可托一察，有确音速速寄报。写家信方完，适七老官来，述胡其老之言云，新抚……

考：

此札不完整，首尾皆失，依据文字内容，书于崇祯十二年（1639）三月十五日抵都至五月初奉差封藩出都前，王时敏大致涉及昆山妻舅李盖函、家乡人张王治等人的近况，还谈到了自家因白粮触沉后交纳补偿改折之事，嘱咐诸子可向钱增、慧叔请教等。

按，吴幼洪，即吴适（1614—1663），字幼洪，号静斋，江苏苏州人。崇祯十年（1637）进士，授衢州推官；弘光朝，官户科给事中，转兵科右给事中，因左良玉（1599—1645）起兵犯阙，被诬下狱，后归隐，自号南国废人，奉母以终。

再按，李大母舅，即李胤昌长子李盖函，字大函，号三一，江苏昆山人。以恩荫中崇祯己卯（1639）副榜，奉旨准贡考授知县，未任卒。[①]周子俶，即周肇，字子俶，号东冈，江苏太仓人。负隽才，师从张溥，顺治十四年（1657）举人，康熙十年（1671）官青浦教谕，后升新淦

① 连德英纂：《民国昆新两县续补合志》卷十二，文苑补遗，第13页。

知县。穆苑先，即穆云桂，字苑先，江苏太仓人。张无近，即张王治（1608—1673），字无近，号敉庵，江苏太仓人。幼从兄溥学，弱冠贡入太学。顺治四年（1647）进士，授桐庐知县，擢工科给事中，疏论时事，皆切时要，以峭直为众所忌，家居十八年而卒，著《敉庵奏草》。周肇、穆云桂、张王治，都是复社成员。

又按，慧叔，即张侪（1577—1645），字慧叔，号韵家，江苏太仓人。与张采同宗，早以诗文名，值四方多事，习韬略，入都游杨涟之门，天启初以布衣上“保障东南”“培植人心”二疏，历号定海、宁绍戎幕，弘光元年（1645）授兵部札付，纠义旅勤王，南都失守，潜迹回乡，后闻芜湖之变，一恸而绝。著《三游集》《幻草》《佛儒庵诗集》等。

又按，胡周鼐，本姓周，字其章，号卣臣，江苏太仓人。崇祯十三年（1640）进士，官刑科给事中；负气节，康熙十八年（1679）举博学

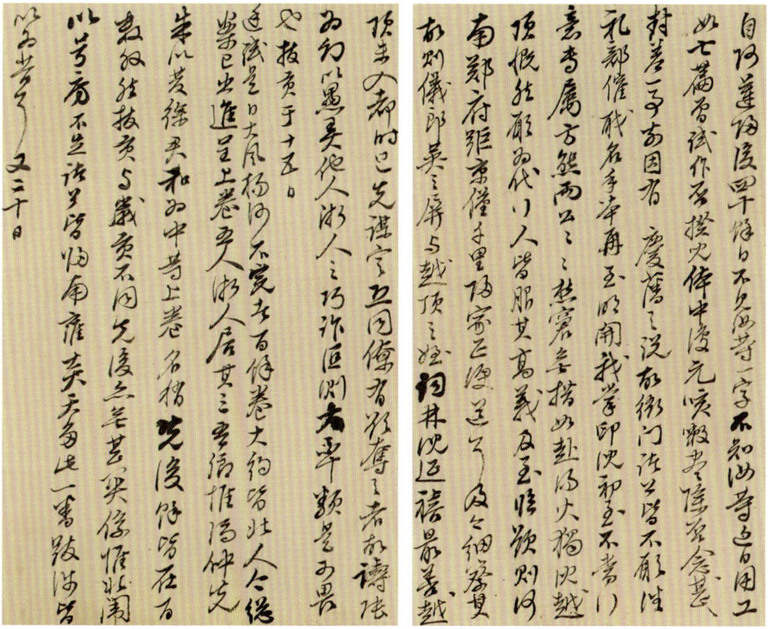

图39 《付子挺、揆、撰家书》，1640年3月20日，纸本行书，28cm×16.5cm×2，苏州博物馆藏

鸿儒，力辞不赴。著《葵锦堂集》《恒素堂集》。

第三十通　付子挺、撰、撰家书（图39）

自阿莲归后四十余日，不见汝等一字，不知汝等近日用工，如七篇曾试作否？揆儿体中复元，咳嗽尽除否？念甚，念甚。封差一事前因有庆藩之说，故衙门诸公皆不愿往礼部催职名，手本再至，明开我掌印，沈初至，不当行，意专属方、熊两公，两公一愁窘无措，如赴汤火，独沈越顶慨然愿为代行，人皆服其高义，及至临题，则河南郑府距京仅千里，归家正便道耳。及今细察其故，则仪郎吴之屏与越顶之侄词林沈延禧最善，越顶未入都时已先谋定，恐同僚有欲夺之者，故诪张为幻以愚弄他人，浙人之巧诈叵测大率类是，可畏也。拔贡于十五日廷试，是日大风扬沙，不完者百余卷，大约皆北人。今总案已出，进呈上卷五人，浙人居其三，吾乡惟冯仲先、朱以发、徐君和为中等上卷，名稍先后，余皆在百数外，然拔贡与岁贡不同，先后亦无甚关系，惟北闱以号房不足，诸公皆归南雍，炎天多此一番跋涉，皆以为苦耳。

又二十日

考：

《崇祯实录》卷十三记载，二月，“丁丑令会试贡士先廷对日校射，戊寅谕曰日者风霾大作，土田亢旱，麦苗将槁甚至伤折南郊树木，天心仁爱警示频仍，非政事之多失，即奸贪之纵肆，或刑狱之失平抑，豪右之侵虐，诸如此皆干天和……三月戊戌赐贡士魏藻德以下三百人进士及第出身，有差先是召贡士三十余人于文华殿，上问……”[1] 所谓“会试贡士”，也就王时敏所言“拔贡”，贡士选拔上乃赐进士及第。

当时，吴县冯仲先，即冯士骅（？—1642），崇祯十三年（1640）二甲五十七名，通政司观政。由此判断，此札书于崇祯十三年（1640）三月

① 《崇祯实录》卷十三，第1—3页。

二十日，但不完整。王时敏主要说明了当年封差之事与崇祯十三年(1640)庚辰科殿试情况。但是，他介绍进士情况时，误记为吴县徐鸣时，实为宣城徐律时。

按，方公，即方拱乾（1596—1666），初名策若，字肃之，号坦庵、甦庵等，安徽桐城人。崇祯元年（1628）进士，选吉士，后丁忧南归；崇祯十三年(1640)授编修，历左春坊、左中允、左谕德等。崇祯十四年(1641)，奉差册封楚藩。[①]而熊公，即前揭熊奋渭。

再按，徐君和，即徐鸣时(？—1639)，字君和，一作君初，江苏吴县（今江苏苏州）人。崇祯八年(1635)拔贡，后试北闱，除武宁知县，有善政，以劳瘁卒于任，私谥“贞隐先生”。著《横溪录》《四书疑辩》等。徐律时（1615—？），字乾若，安徽宣城人。崇祯十三年(1640)二甲三十九名，都察院观政，授胶州知州。

又按，吴之屏（1596—1666），字邦维，号澹生、谔斋，浙江桐乡人。天启二年（1622）进士，授建昌新城令，迁礼部侍郎，官至副都御史、福建巡抚。沈项越，即沈泰藩，字长世，号越顶，浙江鄞县（今浙江宁波）人。内阁首辅沈一贯（1537—1615）子，以荫授宝司丞，官至太常寺卿。沈延禧，字孔皆，浙江鄞县（今浙江宁波）人。以祖荫授中书舍人，迁刑部郎中。[②]关于沈泰藩封差，王时敏有诗《送沈越顶册封郑藩》相赠。[③]

第三十一通　付子挺家书（图40）

别后连日风雨，不知汝何日到京，甚为悬念。倪□府初二日从江阴

① 周乔木：《方拱乾父子流贬文学研究》，博士学位论文，黑龙江大学，2018，第51—52页。当时，庶吉士胡世安、弟子陈式分别有《送方坦庵宫谕册封楚藩》《坦庵师奉命册封楚藩》赋诗赠行。

② 汪源泽修，闻性道纂：《康熙鄞县志》卷十七，第18页。

③ 王时敏：《偶谐续草》，见《王时敏集》，第22页。

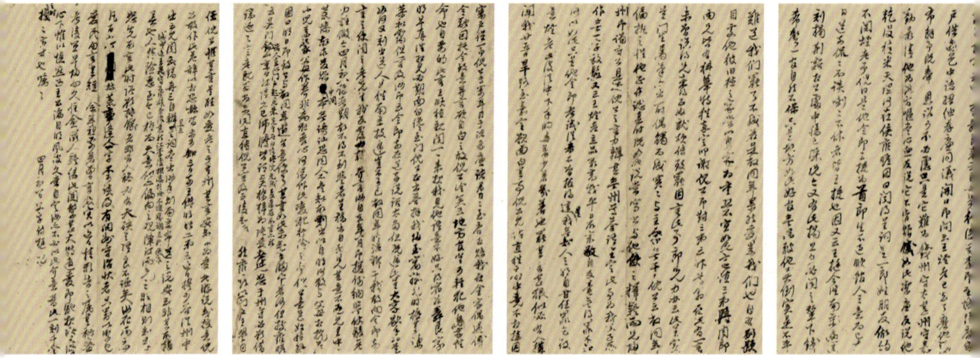

图40 《付子挺家书》，1642年4月8日，纸本行书，27.5cm×21.2cm×4，故宫博物院藏

归，过娄，泊西关，少顷即去。我不及出晤，次日特过练川，以布解事求之，随即归家。初四日，李舜良来云：自母舅行后，司李即至，城隍庙审户供邀邑中诸缙绅孝廉同议，开口即问云：王烟老已去了么？他□布解事，既奉恩诏可不必虑，只是它难为钱州守太甚。州守严勤最清，他为地方呕尽心血，反说它不肯赈饥，如此洁廉，反说他干没积米，天理何在？侯雍瞻因曰：闻得呈词是一郎姓朋友做的，不关烟老事。倪曰：是他令郎王挺为首，郎生不过顺馆人之意而已，□日道前侃侃而谈，喇喇不休者皆王挺也。因又云，王挺今往南京，遍送刻揭荆溪相公处，中伤已深，况今又有此揭，旦夕必闻之辇下，钱希声一官自然不保，只是地方如此好官无端被他弄倒，实是不平，难道我们罢了不成？若是敝同年果然受累，我们也自有别题目处，他彼旧往之家，当心身家为重，恐不宜如此。适值三弟与周、郎两兄皆有科举，特往嘉定叩谢倪公，即对三弟云：昨尊翁在此有一言未曾说得，兄来得正好，就烦传致罢。因言此事，郎兄力辩云：此呈实是门生属笔，亦出一时偶触而成，实实与主家无干。倪公云：敝同年偏执之性，他正在认真时，既如此说，当写书与他，使之释疑；而兄归州即谒守公，具述倪公之言，力辩其无州尊誉语，坐定此事为我父子所作，无一字放松。又云：王烟老立品最高，我平日所最敬，自反毫无得罪，不知何以如此，只是他令郎考

试从来不曾拔得，这是我无知人之明，自甘任罪，乞致意烟老。此后从中下手的毒着少着几着也罢，其言甚狠，似必有人构，闻我廿五日旱路至嘉定，欲面白其事。倪公见帖直往庙中，竟不相接。因审户供一事，倪公专寄耳目于诸孝廉，诸君日日至庙想赔我，在金家偶遇传令融因，托令致意并言欲自白之，故倪公冷笑云：地方官岂可轻犯他身家性命也。自要的此言，王顺往亲闻一一来报，我见他语意不好，只得宿留舜良家，明早再往相见，必期面白。才至门，倪公正出誉拜我，归至寓，接见时极其谦恭和蔼，但言及汝即云：令郎前在道前说话太多，但既递此呈，大家歇手为是如何？又刻书送人，且往南京投递，岂不可已。敝同年昨泣诉于我，故向令郎前言之，便闻之老先生。我反复力□并言，汝自去年八月即授例纳盟，仗骏老力注假。今四月初八系考期，故不得不到盟，若呈稿出自郎兄其意不过见□中荒惨，故求发赈。中间本无谤讪，恐同人不尽知，故刻出以自明。何敢与父母相抗□小儿素蒙父母作养，非病狂丧心何缘作此凌犯行险之事。倪公意色始稍解，因曰，明日即致书与敝同年道台，意便了其言，如此未知其胸中若何。但据雍瞻云，吴门、锡山、京口、江阴久已沸腾皆谓矣（诸人直以门户起见，朱先生在江阴晤沈元成、夏孝存所言亦然），桥梓为张受老迁怒于州守，必欲借端逐了定。老亲翁尚未闻，直待倪公言及而后知□，然雍瞻似门户主盟自任。倪公惟其言是听，如受老之于吾州，其言安知不为受老游说或授意倪公，故作此危辞以相恐吓，皆未可知。三日前，王鉴明晤二弟云，近日穆少谷从州中出，云见周武镐再三自辨且云呈词尽出汝手，则南京布送之说，安知非其所播弄也。城中近来畏守公虐焰益复嚣，然江、李复推诿于汝不惟嫁祸，且欲挟作，人情险恶至今已极，而天意似亦偏向之观。陈、江两兄之□相，则知季恕先所言，此时增欲救饥者，非有人祸必有天殃之终良不诬矣。汝在南京凡□□□救荒事，逢人一字不可谈及，有问州守治状者，只对以洁己爱民，勿言其短。余年祖处若曾言及□以近日情形告之，嘱其秘密。考后宜早归，勿久住，愈滋人疑。缘此关系甚大，特遣爱郎驰报。汝只潜心下惟以慎默为主，公谕自明，风波久当自定。汝亦不必以此介意。当此一刻千金之时，扰扰方寸也。嘱之。

四月初八日父字，付挺儿

考：

崇祯十年（1637）以来，苏州府连年旱灾，又每年发生蝗灾，江南饥荒严重。崇祯十四年（1641），太仓知州钱肃乐倡导发起同善会、常平仓赈灾。[1]王抃《王巢松年谱》记：

初夏直至深秋，涓滴不雨，低乡木棉，间或微有所收，至于种稻者不留一寸，真所谓野无青草也。斗粟千钱，遂至道殣相望。父亲施粥赈饥，买米完课，内帑为之一空，守公为钱希声。[2]

崇祯十五年（1642）春，王时敏发起同善会，撰《一家同善会引》，呼吁一家眷属节省包括口粮在内的日常费用来行善。《奉常公年谱》“崇祯十五年（1642）”记：

长子挺入南雍，挈家白下。钱州守丐公同张受先管理积米，公辞以书……州中以积米宜速赈饥，有郎玄翊星纬，具呈道尊，时郎馆公家，钱州守疑公与子挺主之。又有匿名单痛詈州守及张受先，粘州学墙上，数其十大罪，字字切实，且文辞华畅，逐款援引圣旨，极其明确，似一通达世务者所为，州守见之大怒，持以泣诉道尊，有人亦以公家为言，公寄长子札及之。[3]

札中所及“郎姓朋友”“郎生”，便是郎玄翊，即郎星玮（？—1648），字玄翊，江苏太仓人。崇祯十四年（1641），由吴伟业推荐馆王家，师授王抃。[4]

由此判断，此札书于崇祯十五年（1642）四月初八，时王挺入南京

① 陈永福：《明末清初乡绅经济生活的变迁——苏州府太仓州王时敏的事例研究》，见北京大学历史学系编《北大史学》第15辑，北京大学出版社，2010，第160—161页。

② 王抃：《王巢松年谱》，第15页。

③ 王宝仁：《奉常公年谱》，见《王时敏集》，第769—770页。

④ 王抃：《王巢松年谱》，第16页。

科举应试，叙述的就是《奉常公年谱》“崇祯十五年（1642）”所记。王时敏为人为官谨慎，在信中向王挺介绍了日前因赈灾而引起的种种瓜葛，梳理了与倪长圩、钱肃乐、侯岐曾、周延儒、张采等诸多人事网络。因崇祯九年（1636）陆文声奏复社案在前，又钱肃乐、张采关系密切，王时敏顾虑重重，一再交代，叮嘱王挺考后早归，不可不谓小心。

按，倪□府、倪公，即倪长圩，字伯屏，浙江平湖人。崇祯十年（1637）进士，崇祯十五年（1642）任嘉定知县，历官苏州推官、兵部主事。这里的司李，即倪长圩。钱州守，即钱肃乐，与倪长圩同科进士，故札中有“敝同年”之说。

再按，李舜良，即李陟（？—1645），初名拱，字舜良，号瞻慎，上海嘉定人。崇祯六年（1633）诸生，崇祯十五年（1642）恩贡，是王时敏四姐与嘉定李宗之夫妇之子。侯雍瞻，即侯岐曾（1594—1647），字雍瞻，号广线，上海嘉定人。

又按，穆少谷，即穆云栋，字少谷，江苏太仓人，顺治间举人，《太仓州儒学志》列入介宾。[①] 周武镐，即周京，字武镐，江苏太仓人。张采曾为其母作《潘孺人节孝略》[②]。穆、周两人，虽不是复社成员，但与二张关系密切。

又按，所谓“余年祖”，是浙江鄞县（今浙江宁波）余有丁（1527—1584）之孙辈：余诗训、余绳训、余维训三人之一。余有丁与王锡爵同为嘉靖四十一年（1562）一甲进士，官至礼部尚书兼文渊阁大学士，谥“文敏”。申时行（1535—1614）任首辅时，余有丁、王锡爵同居内阁。余、王两家是世交。在后一札中，王时敏也反复叮嘱王挺有事时请教“余年祖”。

---

① 俞天倬：《太仓州儒学志》卷二，清康熙四十七年（1708）金陵吕仲荣到清雍正元年（1723）增修本，第 29 页。

② 葛麟：《葛中翰遗集》卷十二，《周母潘孺人寿诗四首》，清光绪十六年（1890）敦本堂刻本，第 12 页。

第三十二通　付子挺家书（图41）

十三晚周元归，得信，知汝到京平安，甚慰甚慰。州中事，日来无所闻，我前练川归即欲拜之，因彼语周俶文致意我决勿来拜，纵来亦必不敢奉迎。因与曼老诸公商量，皆谓此人全无委曲，面目可憎，倘当面有几句说话，便有形迹，反属不便，且此事与我无干，何必汲汲暴白，况彼既有不敢奉迎之语，落得不去，故我亦未曾往拜。但今初十日复有匿名单，痛詈彼与南门粘州学墙上数其十大罪，字字切实且文辞华畅，逐款援引圣旨，极其明确，似一通达世务者所为，非书生辈所能办。彼见之大怒，即持以泣诉道尊，闻江、李两人在外，复以我家为言，尤为可恨，又闻郎玄翊亦暗托人于守公前剖白，将呈词尽推于汝。此系穆少谷出向人言，而城中巷传皆云实有，郎兄虽极口抵赖，然此时人情何所不至，亦安能保其必无也。道尊为门户做事，真不顾头目髓恼，向在四

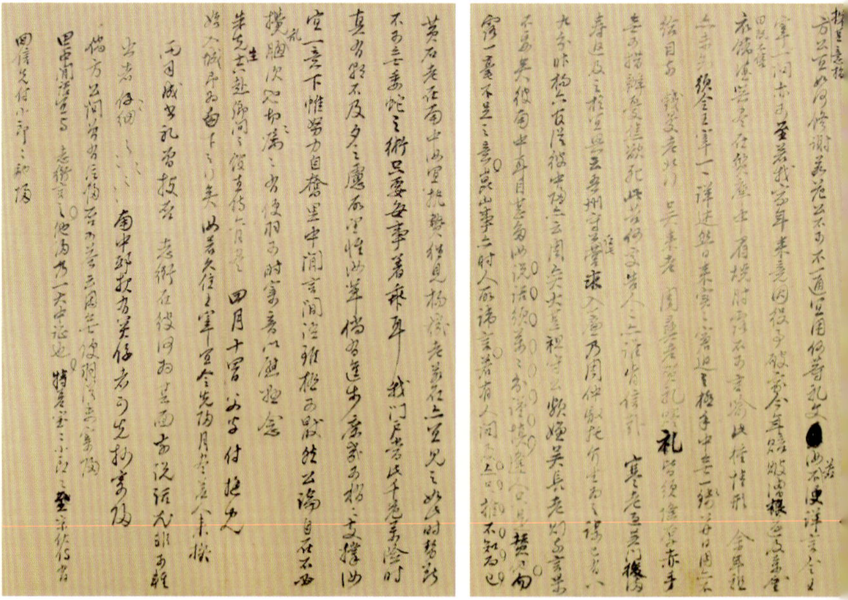

图41　《付子挺家书》，1642年4月14日，纸本行书，27.5cm×21.2cm×4，美国波士顿美术博物馆藏

府内奔驰结纳，初九才到家，积米一事尽反前说，不但赈米停给，并平粜亦不行，其惟南门言是听，甚于守公。又闻近过尝熟，瞿稼轩授以锦囊，将欲甘心于乡绅之别调者。顷以崇明寇警出巡刘河，临行时发朱票令听事官传致合城，春元约于归后会晤于我家东园，商略时事，闻亦出南门之意，不知有何深机？其锋距甚锐，真可畏也。吴约老与子彦叔皆云，家乡风波正恶，汝若乍去即归，彼益以谗言为实然，且江、李辈又必有一番乱扯，不若且住南都，待场后归来为妙。我思此言甚有理，况吴宗师又有美意谆谆留汝多考几次，汝不乘此读书作文，磨练三四月，为闱中文战基地？况家中上下安好，可无挂怀。若放心不下，且迟一两月，待里中口语渐冷，潜归一看可也。方公素与我落落，范公从未识面，去秋忽皆作诗寿我，亦岂无所为？方好莠自口，大可怖畏，其在汝前如此居功，意不在小，昨送礼物太轻，恐反触其怒，且范与方同作诗，而有谢有不谢，恐因此反生事端，不可不虑，汝见余年祖可与细商

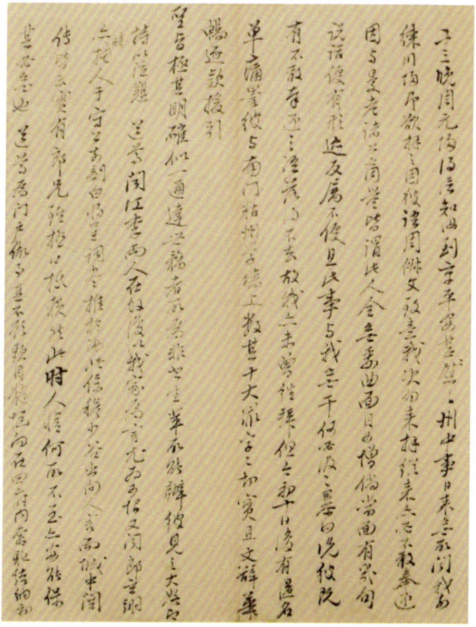

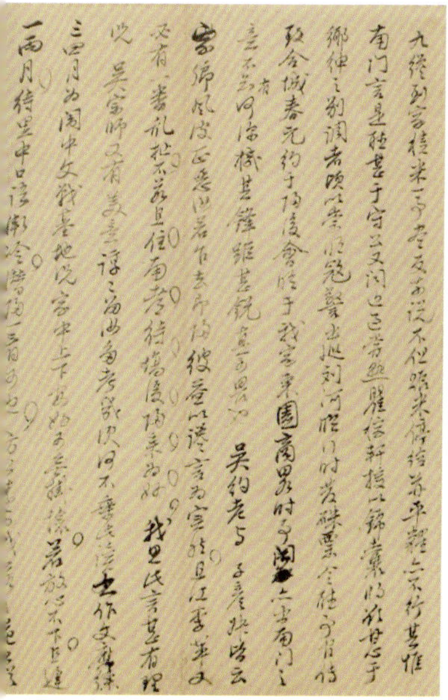

（前因余年祖曾与王宰言，故此番作书通之），探其意指，方公宜如何修谢？若范公不可不一通，宜用何等礼文？汝若不便详言，令王宰一问亦可。至若我家年来竟因役事破家，今年赔赎漕粮遂及万金，衣饰（田既不售）、酒器尽在质库中，眉烧肘露，不可言喻，此种情形，余年祖亦未知，须令王宰一一详述。然日来实实窘迫之极，手中无一钱，并日用亦不给。目前，钱曼老北行，吴来老、周彝老贺礼、赆礼皆须隆厚，赤手无可措办，忧焦欲死，此苦何处告人？人亦谁肯信哉！寒老过吴门后，满寿返，及之于宜兴，云吾州守公在此营求入帘，乃周仲驭托介生为之谋，已有八九分。昨杨六官从彼中归，云周奕大甚祖守公，颇嫌吴长老，则前言果不妥矣。彼南中耳目甚多，汝说话须万万分谨慎，逢人只是赞他，勿露一毫不足之意。昆山事，亦时人所讳言，若有人问及，亦只推不知而已。黄石老在南中，汝宜执贽往见，杨机老若在，亦宜见之，如此时势，断不可无委蛇之术，只要每事著乖耳！我门户当此千危万险时，真有朝不及夕之虑，所望惟汝辈倘有进步，庶几可稍稍支撑。汝宜一意下帷，努力自奋。里中闲言闲语虽极可餍，然公论自在，不必搅乱胸次也。切嘱，切嘱！有便羽，可时寄音，以慰悬念。朱先生十六赴乡间之馆，直待六月尽。

四月十四日，父字付挺儿

始入城即为白下之行矣。汝若久住，王宰宜令先归，月尽差人来换。两司成书礼曾投否？志衍在彼何为？其面前说话，尤非可轻出者，仔细、仔细、仔细、仔细。南中邸报，有关系者可先抄寄归。倘方公问曾有信归否？可答云，因无便羽，从未寄归。里中闲话宜与志衍言之，他归乃一大中证也。特差宝二小郎郎至京伏侍，有回信先付小郎郎驰归。

考：

此札书于崇祯十五年（1642）四月十四日，王时敏还是就“州学匿名疏揭”一事表现出十分不放心，以钱增、吴琨、王瑞国、盛敬等人的诸种意见嘱咐王挺在外暂避风头，并事无巨细地叮咛他有机会拜访当朝要员。这里，他体现出一贯的谨慎圆融、八面玲珑的处世哲学。

王时敏主要向王挺梳理此番事件的人物，周俶文、陆之裘、瞿式耜以及前揭的穆云桂等。这里的道尊，应是官署太仓的苏松督粮道台，依据前札倪长圩“敝同年道台”，故也与钱肃乐同年进士，故王时敏有“道尊为门户做事”，但其姓名无从考。[1]

按，周俶文，少负才名，江苏太仓人，与盛敬同门，与陆世仪、陈瑚交契，陈瑚曾为之撰诗序。[2]瞿稼轩，即瞿式耜，字起田，号耘野、稼轩，江苏常熟人，早年拜从钱谦益，万历四十四年(1616)进士，官至户科给事中，后罢归；南明时，累官吏部右侍郎，长期率兵抗清，被俘慷慨赴死。南门，即陆之裘，字象孙，江苏太仓人，贡生，官景宁教谕。

另外，王时敏道及家中因崇祯十一年（1638）白粮触沉赔偿而经济拮据[3]，以致钱增、吴昌时、周镳北行无力送礼，焦虑万分。最后，他特别提及两位重要人物：黄道周与杨廷麟，建议必要时可以拜访。

再按，周仲驭，即周镳（？—1645），字仲驭，号鹿溪，江苏金坛（今江苏常州）人。崇祯元年（1628）进士，历官南京户部主事、礼部主事，进郎中；弘光元年（1645），因从逆案自尽。黄石老，即黄道周（1585—1646），字幼玄，又字螭若，号石斋，福建漳浦人。天启二年（1622）进士，改庶吉士，历官翰林院修撰、詹事府少詹事。弘光时，任吏部尚书兼兵部尚书、武英殿大学士，抗清兵败殉节。杨机老，即杨廷麟（1596—1646），字机部，晚号兼山，江西清江（今江西樟树）人。崇祯四年（1631）进士，改庶吉士，授翰林编修，后任兵部职方主事；隆武时，任吏部右侍郎，加兵部尚书，抗清兵败殉节。

又按，寒老，即盛敬（1610—1685），字宗传，号寒溪，江苏太仓人。不事举子业，矢志存诚主敬之学，笃于孝友。盛敬等人都为当时的

---

① 胡克诚：《明代苏松督粮道制考略》，见《明史研究》第十四辑，黄山书社，2014，第 11—26 页。

② 陈瑚：《确庵文稿》卷十二，《周俶文诗序》，清康熙间毛氏汲古阁刻本，第 5 页。

③ 王宝仁：《奉常公年谱》，见《王时敏集》，第 767 页。

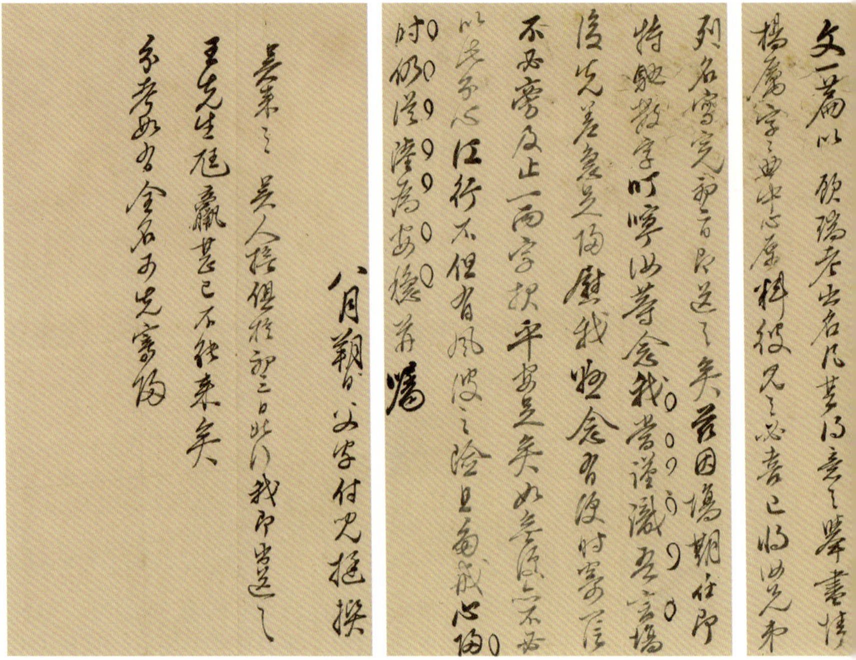

图42 《付子挺、撰家书》，1642年8月1日，纸本行草，28.2cm×16cm左右×6，香港翰墨轩藏

赈灾同善会而引起的种种矛盾出谋划策。吴宗师，即吴伟业，时任南京国子监司业。因为王挺科举，王时敏谈及州守钱肃乐当阅卷官之事，乃周仲驭作介。因同善会与“州学匿名疏揭”，钱肃乐心生间隙，因此，王时敏十分担心。

又按，范公，或是范景文（1587—1644），字梦章，号思仁、质公，河北吴桥人。万历四十一年（1613）进士，授东昌府推官；崇祯七年（1634），任南京右都御史；崇祯十七年（1644），拜工部尚书兼东阁大学士。所谓“去秋忽皆作诗寿我”，是指崇祯十四年（1641）八月王时敏五十初度，时携王挺、王揆、王撰至吴门避寿。[1]

又按，吴长老，即吴震元（？—1642），字长卿，江苏太仓人。万

① 王抃：《王巢松年谱》，第15页。

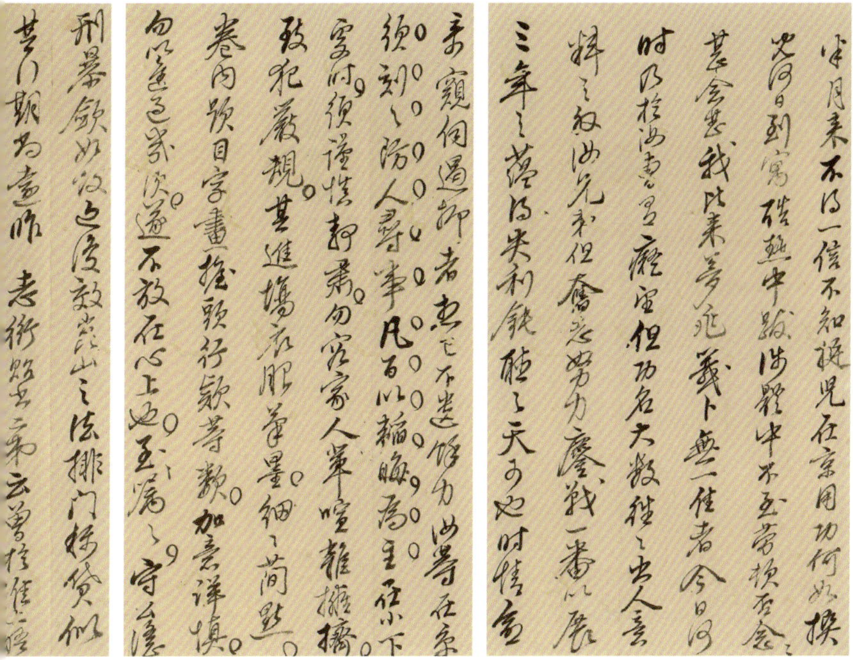

历四十年（1612）举人，天启二年（1622），授滦州知州，天启七年（1627），升衡州同知，后改任漳州；崇祯年间，丁父忧归杜门著述。

第三十三通　付子挺、撰家书（图42）

半月来不得一信，不知挺儿在京用功何如？撰儿何日到寓？酷热中跋涉，体中不至劳顿否？念甚念甚！我比来梦兆、签卜无一佳者，今日何时乃于汝曹有痴望？但功名大数往往出人意料之外，汝兄弟但奋志努力，鏖战一番，以展三年之蕴，得失利钝听之天可也。时情愈奇，窥伺遇抑者想已不遗余力，汝等在京须刻刻防人寻事，凡百以韬晦为主，在小下处时须谨慎静肃，勿容家人辈喧杂拥挤，致犯严规，其进场衣服笔墨，细细简点，卷内题目、字画、抬头、行款等类，加意详慎，勿以进过几次，遂不放在心上也。至嘱，至嘱！守公淫刑暴敛如故，近复效昆山之法排门称贷，似其行期尚远。昨志衍贻书二弟云，曾于淮上晤之，言及春间事，终介介不化，劝我于其行时稍为周旋以释其疑，故我特自制一轴托，今则作文一篇，以顾瑞老出名，凡其得意之举尽情扬厉，字字曲中心原，料彼见之必喜，已将汝兄弟列名写完，初二日即送之矣。兹因场期在即，特驰数字叮咛，汝等念我，当谨识吾言，场后先差急足归，慰我悬念。有便时，寄一信，不必旁及，止一两字报平安足矣。如无便，亦不必以此分心，江行不但有风波之险，且多戒心，归时仍从陆为安稳并嘱。

八月朔日，父字付儿挺、撰

吴来之、吴人抚俱于初三日北行，我即出送之，王先生尪羸甚，已不能来矣。分考如有全名，可先寄归。

考：

结合前札内容推定，此札当书于崇祯十五年（1642）八月一日，因秋闱在即，乡居的王时敏又致信王挺、王撰，叮嘱要刻苦用功备考，并嘱咐在京需韬晦谨慎，等等。他还述及知州钱肃乐暴敛称贷之事，印证前札所谓“昆山事”，另叙说与吴继善交涉为前揭与钱肃乐种种过节周旋之事。附言说明，王日新因病不能前往南都陪考。

按，顾瑞老，即顾锡畴（1575—1646），字九畴，号瑞屏、笋庵，江苏昆山人。万历四十七年（1619）进士，选庶吉士；历官国子监祭酒、詹事等；崇祯十五年（1642）任南京礼部左侍郎，署尚书事。弘光时，进礼部尚书，拜东阁大学士，加督师衔，与总兵贺君尧（？—1647）结怨被杀。崇祯十七年（1644）中秋，顾锡畴迎七十大寿，王时敏绘《仙山图》奉祝。[1]

---

① 王时敏：《题山中宰相图为顾笋翁年伯寿》，《王奉常书画题跋》卷上，见《王时敏集》，第365页。

第三十四通 付子挺家书（图43）

昨冬冬来家信中意已详尽，但不知汝果于何日出都。扼要几位曾得面别否？计满寿十五日必到，盼其回音，以日为岁，有便切须先寄。从逆一案前奉旨重定，未知有无成议，其中轻者当必加重，但不知遗漏者复须增入否？闻吾州刑政君俨然寓居都城，提提以待考选。旧岁按台在畷，彼往跪门投状，指名告檄逐之者，李舜良述其言，日后入京辨雪，必欲甘心于诸孝廉，而赵、陈两君尤所切齿，然使彼名在爰书，纵死灰再燃，犹不免稍有顾忌，若竟脱然事外，则其咆哮肆毒何所不至？诸君日来闻之人人自危，而又无处可申公论，感切忧愤，但思此君之名在复社四配中久已新著，近日得漏六等，全赖陈卧子之力，又今共知此时复社陈、夏皆非当路所喜，此君有何神术，独得免于评论，殊不可解。近来失意诸公，无刻不谋卷土。旧岁云间主谋，有敛金翻局之举，未知内中曾否知觉，然观人情如此，莽戎可不深防。此辈留在仕途，终为后害，我意欲寄数字于刘公，嘱其预备，而又恐溪径纷纷，人情难测，未敢轻形楮墨，汝晤间谈及，或可以微言提醒之，惜又先出，书到不相值也。日夏以他事入都，携有刻檄，意欲略申公论而未得要领，无可置喙，汝若知有门路，可与细商之。骏老归，悒郁之极，对人极赞首揆，

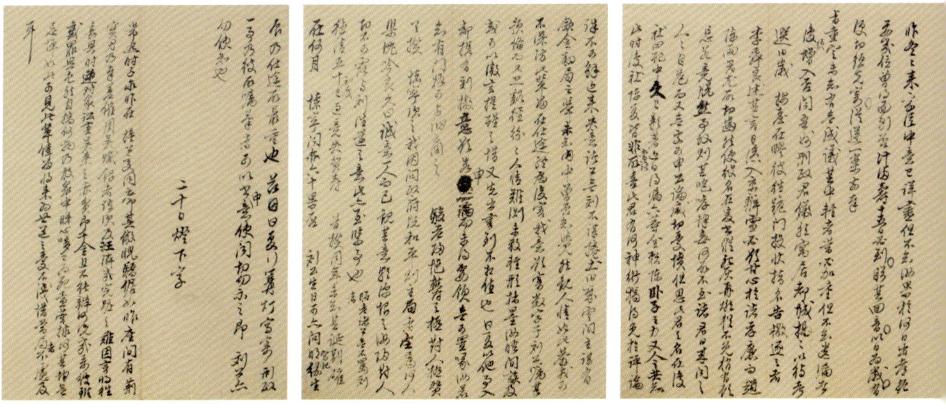

图43 《付子挺家书》，1645年2月20日，纸本行书，27.5cm × 21.2cm × 3，美国波士顿美术博物馆藏

怀宁次之，我因问政府既和平，则主局者定属何人？渠沉吟良久曰：诚意一人而已。观其意，颇深恨之。汝归，对人切不可露与刘往还之意，此亦至紧事也。（昭老诸公无不骂刘者。）德清五十初度已过，竟失贺寿。首揆同年，未知其诞期确在何月？怀宁闻亦六十，果否？刘公生日可亦问明写记，缘生辰乃仕途所最重也。兹因日夏行，篝灯写寄，刑政一事乃彼所嘱笔者，可以书中意使闻，切勿示之，即刘公，亦勿使知也。

二十日，灯下字

常熟时子求昨在抚公处同席，其傲睨骄倨人如昨，座间有荆实君乃奉差催周、吴赋银者，语次及汪邻几完赃之难，因言将往嘉兴，时逆对众讼圭，吴来之赤贫，即千金且不能办，何况几万！彼虽戴罪兴屯，然自揣何物，乃敢众中昧心哆口，为死党营救，何其肆无忌惮！如此可见，此辈悻留，将来为世道之忧不浅，惜当局者不虑及耳！

考：

崇祯十七年（1644）五月，福王朱由崧（1607—1646）称帝，礼部尚书高弘图（1583—1645）倡议惩治投降李闯诸臣。根据李清《南渡录》记载，北都降顺诸臣一案的处理情况大体如下：

崇祯十七年（1644）七月，朱由崧命定从逆诸臣以六等罪，革从逆诸臣职，礼部尚书顾锡畴纠从逆诸词臣；八月，逮从逆各官光时亨等，命三法司将从逆诸臣会同府部九卿科道限三日内议奏；九月，命从逆臣不得朦举；十月，命提从逆杨观光等；十一月，命速结从逆诸臣案；十二月，刑部尚书解学龙以从逆诸臣罪案请，命再议；弘光元年（1645）正月，刑部尚书解学龙再以从逆六等上；二月，命从逆各犯及雷缜祚一案着法司速从讯结；三月，命严讯从逆各犯，弃光时亨、周钟、武愫于狱。

北都从逆案，历时一年有余，至弘光元年（1645）四月初九光时亨（1599—1645）、周钟（？—1645）、武愫三人被斩而基本了结，余尽革职放还。因与周钟是堂兄弟关系，前揭周镳即在从逆案中被勒令自尽。

北都从逆案，也与阮大铖（1586—1646）有关。崇祯二年（1629），朱由检钦定阮大铖附从阉党逆案。从此，阮大铖落了个东林叛徒、阉党余孽的身份，与东林党、复社结怨。崇祯十七年（1644）五月，马士英入掌弘光朝内阁，阮大铖为兵部尚书，入阁办事。因自己曾被列入逆案，阮大铖愤恨不已，扬言“彼攻逆案，吾作顺案相对耳”，对东林党人、复社成员大肆报复。[①]

《南明史卷一·本纪第一·安宗》又记载，正月二十七日、四月初九，连续两次诏任王时敏为太常少卿，但他“深惟知止之义，且见尔时朝政混浊，党论分（纷）争，自分无可报称，遂引疾疏辞”。[②]对此，王抃说得甚为有趣，比较生动地反映了王时敏复杂的心理：

大人为台中疏荐，起补原官，几有出山之意，后见时事日非，遂尔中止。[③]

尽管王时敏自己退避三舍，但仍鼓励儿子们成就仕途。就在同年春，王挺得荫题补中书舍人，[④]王时敏专门致书友人请托关照。此札即书于弘光元年（1645）初，从从逆案谈起，评论复社与时局，并以生辰为例向王挺传授为官之道，“欲图左右逢源的心态与策略亦毫无保留”[⑤]，期冀在动荡之际能明哲保身。

所谓“复社四配”，是明末好事者对复社成员赵自新、王家颖、张谊、蔡伸等四人的戏称，另有吴伟业、吕云孚（1611—1645）、周肇（1615—1683）、孙以敬（1616—1694）等“十哲”之谓。[⑥]根据计六奇

---

① 李华彦：《阮大铖的交游网络与弘光朝人事》，见中国明史学会编《南明史学术研讨会论文集》，2015，第464—481页。

② 王宝仁：《奉常公年谱》，见《王时敏集》，第771页。

③ 王抃：《王巢松年谱》，第17页。

④ 王宝仁：《奉常公年谱》，见《王时敏集》，第771页。

⑤ 凌利中：《阀阅江南第一家——“娄东画派”研究三则》，见上海博物馆编《南宗正脉——画坛地理学》，北京大学出版社，2012，第117页。

⑥ 陆世仪《复社纪略》卷二有记载，关于复社的政治活动，见张宪博《复社的政党化趋向》；中国社会科学院历史研究所明史研究室编：《明史研究论丛》第六辑，黄山书社，2004，第414—443页。

《明季北略》卷二十二记载，从逆诸臣中，太仓籍人士有二人：孙以敬和鲁五典，其中孙以敬，号令修，号浣心，崇祯十年（1637）进士，官瓯宁、长垣知县：

集友人寓所，有同年亦与席，或言城破，尚不信，见街市狂奔状，友人仓惶辞去，孙了无惊色，徐步归寓，则贼将已拘家奴矣。问主人何在，不肯言，竟毙杖下。以敬竟投单为伪刑政府从事，负此仆矣……本州有请为讨檄，莫有应之者。[①]

王时敏身不在朝廷，十分关心时局，与王挺长篇讨论“吾州刑政君”孙以敬，感叹孙以敬“留在仕途，终为后害”，意欲致函刘孔昭留意，但误将所谓“四配”“十哲”混淆了。言中所及“按台”，乃苏松巡按御史祁彪佳（1603—1645）。王时敏千叮万嘱，先后点及数位南明朝中要员，如诚意伯刘孔昭、首揆马士英、阮大铖、蔡奕琛等，试图为儿指点迷津。

按，首揆，即马士英（约1591—1646），字冲然，号瑶草，贵州贵阳人。万历四十七年（1619）进士，授南京户部主事，累官至凤阳总督。福王立，升东阁大学士兼兵部尚书，后掌文渊阁印，充首辅办事。

再按，怀宁，即阮大铖，字集之，号圆海、石巢，安徽桐城人。万历四十四年（1616）进士，先后依附东林党、魏忠贤，崇祯时以附逆罪去职；福王立，官至兵部尚书、都察院右副都御史等。

又按，德清，乃蔡奕琛（1594—1654），字韫先，号即是庵居士，浙江德清人。万历四十四年（1616）进士，授工部主事，累官刑部右侍郎；福王立，晋礼部尚书，入清官礼部尚书兼文渊阁大学士。

当时，吴伟业“以为大明天下可图光复”旋即南下，十一月底抵达南京就任少詹事。然而，弘光朝廷内忧外患不止，政治争斗不断。次年正月二十日，吴伟业上《乞假省亲疏》，二十八日获准引去归乡，王时敏及时探视而有“骏老归，悒郁之极”之叹。

按，昭老，乃朱明镐（1607—1652），字昭芑，江苏太仓人。受知于

---

① 计六奇：《明季北略》卷二十二，第70页。

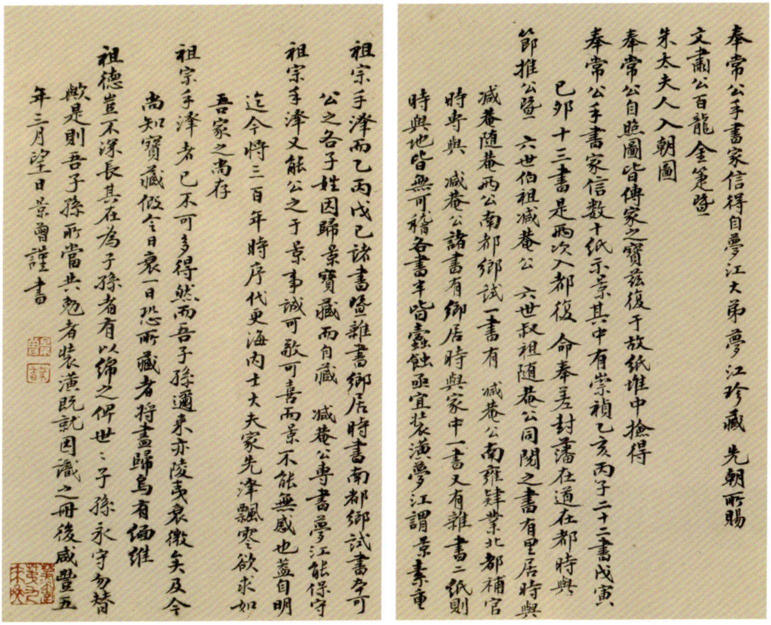
奉常公手書家信得自夢江大弟夢江珍藏 先朝所賜
文肅公百龍金箋暨
朱太夫人入朝圖
奉常公自題圖皆傳家之寶茲復于故紙堆中檢得
奉常公手書家信數十紙示景其中有崇禎乙亥丙子二十二書戊寅
己卯十三書是兩次入都復 命奉差封藩在道在都時與
節推公暨 六世伯祖減菴公 六世叔祖隨菴公同閱之書有里居時與
減菴隨菴兩公南都鄉試一書有 減菴公南雍肄業北都補官
時寄與 減菴公諸書有鄉居時與家中一書又有雜書二紙則
時與地皆無可稽各書半皆蠹蝕亟宜裝潢夢江謂景素重
祖宗手澤而乙丙戊己諸書暨雜書鄉居時書南都鄉試書尤可
公之各子姓因歸景寶藏而自藏 減菴公專書夢江能保守
祖宗手澤又能公之于景事誠可敬可喜而景不能無感也蓋自明
迄今將三百年時序代更海內士大夫家先澤飄零欲求如
吾家之尚存
祖宗手澤者已不可多得然而吾子孫邇來亦陵夷衰微矣及今
尚知寶藏假令日衰一日恐所藏者將盡歸烏有緬維
祖德豈不深長其在為子孫者有以綿之俾世世子孫永守勿替
歟是則吾子孫所當共勉者裝潢既就因識之冊後咸豐五
年三月望日景曾謹書

图44 《王时敏廿七通家书》册，王景曾题，1855年，苏州博物馆藏

张溥、张采，明亡绝意仕进。朱明镐，是吴伟业之舅，所以王时敏着重提醒，特别叮嘱："汝归，对人切不可露与刘往返之意，此亦至紧事也。昭老诸公无不骂刘者"，因为刘孔昭是东林党、复社的宿敌。

札中所及赵、陈、夏诸人，皆为复社成员，分别是：赵自新（1595—1647），字我完，号樽匏，江苏太仓人。崇祯十二年（1639）举人，入清后，避居松江会龙庵，后因案被捕，释出后病死。陈子龙（1608—1647），初名介，字卧子，号轶符，上海松江人。崇祯十年（1637）进士，选授惠州司理，升绍兴推官，南明时官至兵部尚书，谋变被捕，投水殉节。夏允彝（1596—1645），字彝仲，号瑗公，上海松江人。崇祯十年（1637）进士，任福建长乐知县，抗清兵败，投水殉节，谥"忠节"。

附及中，时子求，即时敏，号修来，江苏常熟人。崇祯十年（1637）进士，授安阳令，任兵科给事中、江西督漕，李闯克京归降，也是从逆案所及之人。荆实君，字廷实，江苏丹阳人。两人都是复社成员，与陈子龙交好。

又按，抚公，乃张凤翔（1577—1657），字稚羽，号蓬元，山东东昌（今山东聊城）人。万历二十九年（1601）进士，授广平府推官，官至工部尚书；福王立，复兵部尚书并巡抚苏松四府；[①] 顺治三年（1646），起户部右侍郎，升工部尚书。

而汪邻几，实为江邻几，即北宋时开封陈留江休复（1005—1060），“江邻几完赃之难”乃历史典故，与“完赃减等免罪例”有关，应指荆实君追缴周延儒、吴昌时两人赃银一事。[②] 对此，王时敏似乎表示忧虑。

结合以上种种，此札书当书于弘光元年（1645）二月二十日。《奉常公年谱》记载，弘光元年（1645）二月，王时敏曾前往苏州拜谒张凤翔，所谓“昨在抚公处同席”，书信时正在苏州。至于王时敏关心的“不知汝果于何日出都”之言，根据祁彪佳日记，迟至五月初五后，当时祁氏还书函王时敏。[③]

---

① 许重熙 :《明季甲乙两年汇略》卷二，清初刻本，第 29 页。

② 许重熙 :《明季甲乙两年汇略》卷二，第 21—22 页。有云 : 崇祯十七年（1644）十月初一，周延儒子奕封乞恩免赃，马士英拟旨 :“奕封赦免罪辅赃贿，系亲弟正仪指骗 ; 正仪既故，未完赃六万着于汪曙名下追入。”曙系徽商，最富 ; 士英先年假贷不应，故恨之也 ; 十月初四，减吴昌时赃银十之五。王时敏谈论的就是周延儒、吴昌时免赃事。

③ 祁彪佳 :《祁忠敏公日记》，乙酉日历，民国二十六年（1937）据远山堂原本铅印本，第 13 页。

四

致钱增札九通

钱增，字裒卿，号曼修，江苏太仓人。崇祯四年（1631）进士，授行人，奉敕封藩屏，后擢兵科给事中。[①]

《圣安本纪》卷一载，崇祯十七年（1644）五月，福王立，补兵科给事中；《明季南略》记，崇祯十七年（1644）十二月十九日，升兵科左给事中；弘光元年（1645）正月十六日，转刑科都给事中；五月十五日，清军兵临南京城下，由钱谦益等率领迎降；[②] 顺治十一年（1654）春，得江苏巡抚周国佐之荐，知朝议照品调用，不就南还。[③] 顺治三年（1646）三月，王抃娶钱增女。

---

① 钱增最迟崇祯十年（1637）九月已经任官兵科给事中，《崇祯实录》卷十记载，崇祯十年（1637）九月辛未，兵科给事中钱增上言："清兵渐驻沈阳内地，防边之局，不止防秋；己巳之入，非隆冬乎？防海之局，不止防登、莱，今已朝鲜。保毋乘风，以海为虚声，而或懈我各边之城守；以边为实着，而或乘我沿海之疏虞：所谓必防其隙也。"《崇祯实录》卷十一又记：崇祯十一年（1638）五月，兵科给事中钱增劾杨嗣昌主款非是，嗣昌引罪。

② 温睿临、李瑶《南疆绎史》卷十六，有云：南渡君臣岂不哀哉！大兵已逼，而朝堂嬉戏若无事然。及闻扬州破，文武大僚始仓皇丛集，窃窃偶语；百官后至，微闻其语曰："即降志辱身，亦所甘心！"盖群思卖国也。兵科吴适至兵部问防江守御计，职方王期升曰："长江之险，北军岂能飞渡？君何深虑！"于是一骑未至，君相先逃；总督京营戎政忻城伯赵之龙、礼部尚书钱谦益首先具启迎降。百官或降或窜，奔走恐后矣。其出降者，公侯则徐允爵、朱国弼、常延龄（延龄名，温氏误入，辨详"摭遗"世臣下；其次，顾鸣郊、唐世济亦误窜）、汤国祚、柳祚昌、徐弘爵、李祖述、顾鸣郊、张拱日、孙维城、邓文郁、方一元、郭永祚、焦梦熊、刘印吉、张承志、邹存义、黄中鼎、常应俊、齐赞元，大学士则王铎、蔡奕琛，都御史则李沾、唐世济、邹之麟，侍郎则李乔、朱之臣、梁云构，翰林詹事则陈于鼎、程正揆、李景濂、刘正宗、张居仁、陈之遴，给事中则钱增、陆朗、丁允之、王之晋，御史则张孙振、徐复扬、袁弘勋、王懩；其余部曹寺司下僚，不可胜计……

③ 王抃：《王巢松年谱》，第 23 页。又，根据《清世祖章皇帝实录》卷二十七记载，顺治三年（1646）七月壬寅，苏松巡抚按赵弘文疏荐故明詹事府少詹事詹事吴伟业、修撰杨廷鉴、都给事中钱增、御史李模等十五员，疏得入。时赵弘文滥举多员，徇情市恩，下所司议处。后来，赵弘文疏荐案中钱增无下文，而吴伟业得举北上入朝。

关于钱增生卒年，历来文献记载不详。关于生年，吴伟业于康熙四年（1665）应钱增弟钱陛作五十寿序[①]，提到钱陛比钱增小 12 岁。[②]钱陛生于万历四十四年（1616），由此推出钱增生于万历三十二年（1604）。至于卒年，其女婿王抃在自撰年谱中明确记载：

顺治十五年（1658）二月中，内父钱曼翁在淡远堂暖室中，独坐作札，忽然晕倒在地。余从老宅归，恰到州治前，彭城遣人来报，即邀去，但见痰声如据，手足俱不动。少顷，顾松翁（顾燕贻，1583—1667）暨先父皆至，无不失色，将午即气绝矣。[③]

如此，钱增生于万历三十二年（1604），逝于顺治十五年（1658），终年 55 岁。民国《太仓州志》有载："年四十二，乞养归里居，请开浚刘河条列八事，以议行，值国变未果"，也与其行迹相符。

第一通（图45）

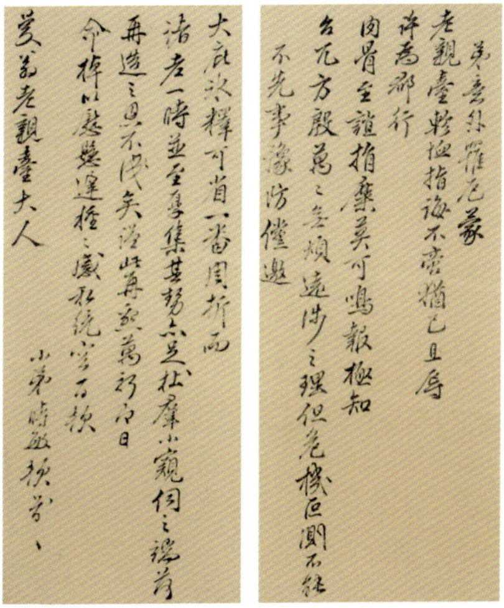

图45　《致钱增札》，纸本行书，20.1cm × 8cm × 2，南京博物院藏

弟意外罹厄，蒙老亲台轸恤指诲，不啻犹己，且辱许为郡行。肉骨至谊，捐糜莫可鸣报。极知台兀方殷，万万无烦远涉之理，但危机叵测，不能不先事豫防。倘邀大庇冰释，可省一番周折，而诸老一时并至，厚集其势，亦足杜群小窥伺之端，荷再造之恩不浅矣。谨此再恳，万祈即日命棹，以

---

① 顾师轼：《吴伟业年谱》卷四，见吴伟业《梅村家藏稿》附录，清宣统三年（1911）董氏诵芬室刻本，第 8 页。

② 吴伟业：《钱臣裒五十序》，见《梅村家藏稿》卷三十七，第 7 页。

③ 王抃：《王巢松年谱》，第 26 页。

慰悬迟，种种感私，统容百顿。

曼翁老亲台大人

小弟时敏顿首

第二通（图46）

连日未获晤侍为怅。弟移疾一事，尚欲求指诲，候老亲台清暇，当造膝咨请也。寒舍目前有昆娄北运三批，又各邑预摘练饷，催索甚迫，而年来婚嫁并叠，多费囊空，无从措办。闻令岳徐老太翁处可以缓急相告，持在戚谊，敢恳老亲台鼎吕吹嘘，暂移三千金以济燃眉，秋成即当如数加息奉还，不敢稽也。专此专读，贷券并上，万希曲赐垂神。诸容九顿，未一。

小弟时敏再顿首

左慎

考：

就仕途而言，以正五品尚宝司卿迁正四品太常少卿的王时敏尽管一

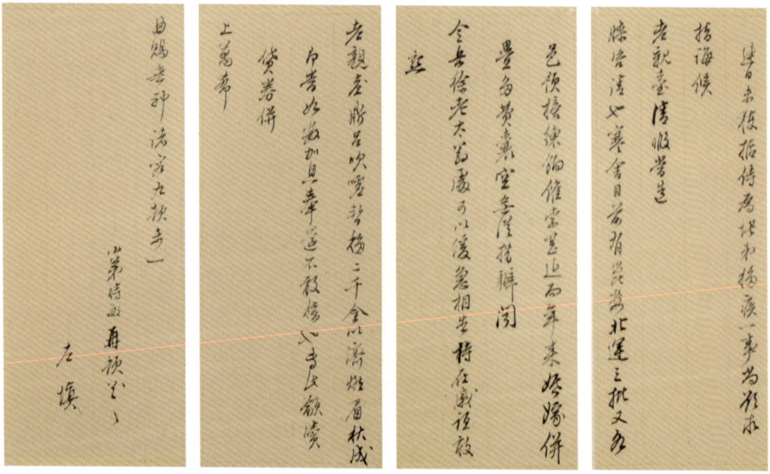

图46　《致钱增札》，纸本行书，20.1cm×8cm×4，南京博物院藏

向谨慎、处事周全，但无可避免地陷入了明末朝廷日益激烈的党争之中，周旋于温体仁、周延儒、东林党、复社之间，小心翼翼地处理着各种复杂的矛盾。

崇祯十年（1637）正月，王时敏被征为解运白粮的粮长北上，五月完差。当年六月，温体仁因太仓陆文声上书弹劾复社而罢官去职，王时敏也“奉旨归里”。崇祯十一年（1638）夏间，他拟上病疏，未得批准，冬间复命入都，至次年三月十五日再次解粮抵京，夏间奉旨赴湖广武冈持节册封岷世子，百苦备尝，勉完国事。[①]

“移疾”，意为移病，旧时官员上书称病，多为居官者求退的婉辞。核查王时敏行迹，此二札应书于崇祯十一年（1638），大致叙述“罹厄”“移疾”之事。他闪烁其词地向钱增谈及受温体仁罢官因素，萌生辞官之念，为得其帮助而致谢：“弟意外罹厄，蒙老亲台轸恤指诲，不啻犹己”“弟移疾一事，尚欲求指诲”，反映了王时敏在崇祯后期的为官心态。

第三通（图47）

春仲仰承缓急，铭勒高谊，时时在心。本拟即图归赵，而以多费囊空，遂至稽延。今括田租所入，先完其半，余尚有待，私衷悚仄，殆非可以言喻也。以薄税不能得精镠，谨加如色数，并子母奉纳，乞命纪纲简收。令岳徐老太翁前，幸为鼎致感悚之意，诸容面颂，未一。

小弟时敏再顿首

左慎

考：

《启祯记闻录》卷二记载，崇祯十年（1637）到崇祯十五年（1642），苏州府每年发生旱灾；崇祯十一年（1638）后，江南累发蝗

① 王宝仁：《奉常公年谱》，见《王时敏集》，第767页。

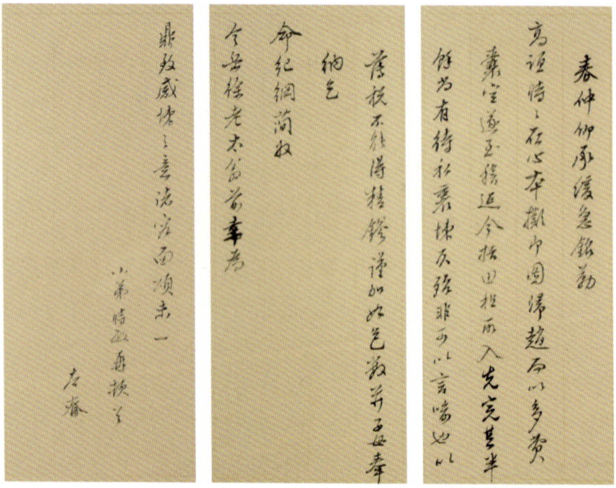

图47 《致钱增札》，纸本行书，20.1cm×8cm×3，南京博物院藏

灾。连年的自然灾害，使王时敏田产歉收，生计日蹙。

崇祯十一年（1638）十一月，王时敏再次运粮，历经艰辛，甚至通过私人关系动用军队协助搬运，次年三月抵京，然途中粮船触沉而赔偿，雪上加霜，经济更为窘迫，“交纳又不容缓，借贷补缺，几不能支”。[①]身在京城的王时敏曾寄家书：“我家从无实蓄，而体面虚张，比他家百倍，年来已大见捉襟露肘之状，外人终不见信，止因田产尚多之故。”[②]至崇祯十五年（1642）时，“衣饰酒器尽归质库，眉烧肘露，不可言喻”[③]。

需要说明的是，王时敏一生育有九子九女，抚养子女负担十分繁重。子女长成，婚嫁费用巨大，常令他倍感苦恼。《崇祯太仓州志》记载，明末太仓州有一个“婚多鄙文”的流习，[④]婚嫁费用高低与当事人家族地位息息相关，王时敏这样的宰相人家更加烦琐。

崇祯十年（1637），次子迎娶申氏、长女下嫁常熟陆廷保（？—1675，字定尔）；崇祯十二年（1639）末，次女下嫁松江董祖京；崇祯

① 王宝仁：《奉常公年谱》，见《王时敏集》，第767页。

② 王时敏：《戊寅由京中寄家书》，见《王时敏集》，第128页。

③ 王宝仁：《奉常公年谱》，见《王时敏集》，第770页。

④ 张采纂，钱肃乐修，张志华主修：《崇祯太仓州志》卷五，风土志，流习，有云：“娄轻冠礼，祭亦脱略。惟婚多鄙文，袁沿滥习。”

十三年（1640）正月，三女下嫁松江徐佐；崇祯十三年二月，三子王撰婚娶顾氏。

董祖京为南京礼部尚书董其昌四子，松江徐家也是首辅之家，门当户对，婚姻的礼节与排场，非比寻常人家，“云间风气更兼相国家声，仪节极其繁费。”[①]《奉常公年谱》记载，从崇祯八年（1635）三月长子王挺完婚，到崇祯十三年（1640）二月的六年之间，王时敏连续有三儿三女完成婚嫁。为了儿女的婚事，王时敏费尽心思，时常为花费而发出抱怨。

在第二札中，王时敏已经谈及因连年婚嫁而经济拮据拟委托钱增向其岳丈借款三千两，允诺秋收后奉息还上。此札书于第二札之后，也即当年秋冬之际，说明了因秋间收成有限只能奉还一半，请代为致意，反映了王时敏当时的经济生活状态。

第四通（图48）

献春一缄寄候，嗣此久隔音尘。时晤老太翁，恭询近履，知老亲台家邮中，必惓惓于不肖弟。自分，疏节既叨，恲庇复荷，眷存肺腑，肉骨之恩，向犹叹报称无从，今则并报称□敢言，几同草木，向荣春风，而终不能谢荣矣。弟赋性颛愚，不知世有荆棘坎陷。前岁在都，正值里中有极难处之事，自谓旅凫乘雁，飞泛往来于世间，枳径周行总无交涉，如他人阴阳翕张、权宜妙用，不但不能，亦且不谙，遂以硁硁落落之素，见疑于君子，而致怨于小人。因而谣诼横生，群目四射，此虽命运适然，亦繇识机不早，致来此灾咎耳。此番遣力入告，专为差满乞骸，盖知止知足四字久已书绅，但使长林丰草，获遂素怀，荣逾三旌，岂敢复有他念？惟是人情险巇，伏械惊机正未可测。无论金门非习隐之时，即岩薮亦有张罗之地，所□琅霄雅谊，曲垂援手，先事消弭，而默为保护，非老亲台与瑞翁之望而谁望也。小疏至日，上而纶篰之拟俞，下而铨司之题覆，总藉鼎力周旋。小仆愚不谙事，且风波之际恐蹈危机，嘱令万分谨慎，每事禀命而后

① 王抃：《王巢松年谱》，第15页。

行。万望老亲台一一指示，曲图万全。倘有应行事宜，并烦相机□决，至祝至祝。特此吁恳，伏冀垂慈，戋戋附寄，远忱曷胜皈命，曝诚之至。

仲春晦日，小弟名正具

左毖

考：

崇祯十一年(1638)十一月，王时敏自家北行，次年三月抵京，夏赴湖广武冈州(今湖南武冈)持节册封岷世子，一路颠沛流离十分艰辛，十月归里后遂不作还朝之想。崇祯十三年（1640）春，王时敏“具疏遣老仆王宰入都缴节，以病请辞，奉旨在籍调理，病痊起补，不复出山”。[①]

此札书于崇祯十三年（1640）二月二十九日，大致为了递交辞呈恳请钱增、瑞翁顾锡畴周全：“此番遣力入告，专为差满乞骸，盖知止知足四字久已书绅”“万望老亲台一一指示，曲图万全”。

所谓“前岁在都，正值里中有极难处之事”，应指崇祯九年（1636）三月太仓陆文声奏劾复社案。当时，王时敏曾寄诸子云：“我为陆人一事，虽绵薄不很排解，然数月以来，或当面痛切晓警，或托人婉持，自谓竭尽心力，不意里中反以为罪。京师此时，群小得志，滴水兴波。”[②]在这一政治事件中，他里外不是人，引起了种种误会与猜忌，为此一直心生余悸，萌生退志。此次请辞，王时敏从这个事件说起，以为铺垫，拜托鼎力相助。

结合前述，所及也是辞官一事，两者高度一致，故推断收件人也是钱增。钱父（熑），字叔弢，给事中，入清累赠中大夫通政使司左参议，[③]即札中的“老太翁”。

---

① 王宝仁：《奉常公年谱》，见《王时敏集》，第768页。

② 同上书，第761页。

③ 王士禛：《诰封中大夫通政使司左参议讷庵钱公墓志铭》，见《带经堂集》卷八十五，《蚕尾续文》十四，墓志，清康熙五十七年（1718）程哲七略书堂刻本，第10页。

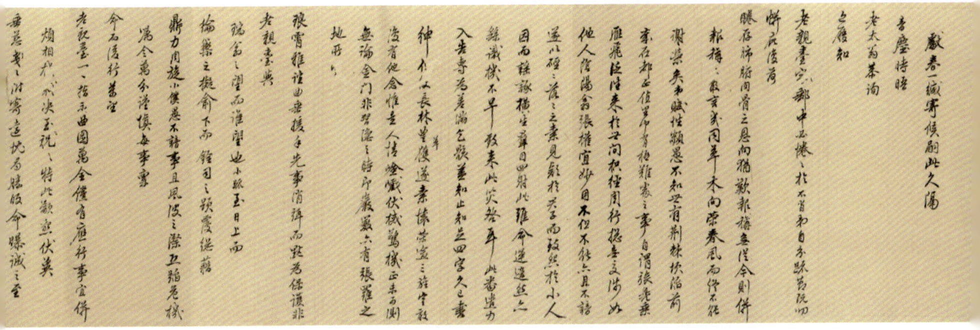

图48 《致钱增札》，纸本行书，24.3cm×29.5cmm×3，故宫博物院藏

第五通（图49）

侧闻珂绣首涂，已卜昌辰，弟夙依乔庇，顿尔暌违，不胜黯结。知老亲台概谢祖席，不敢复以相混，而衷肠万叠，尚冀请间略一倾吐。不揣拟十一之夕，烧灯夜话，不敢具启，亦不敢肃他客，聊促膝以罄别悰。想老亲台骨肉情深，自不能恝然也。谨此专恳，唯俯俞，至祷至祷。

曼翁老亲台大人阁下

小弟时敏再顿首

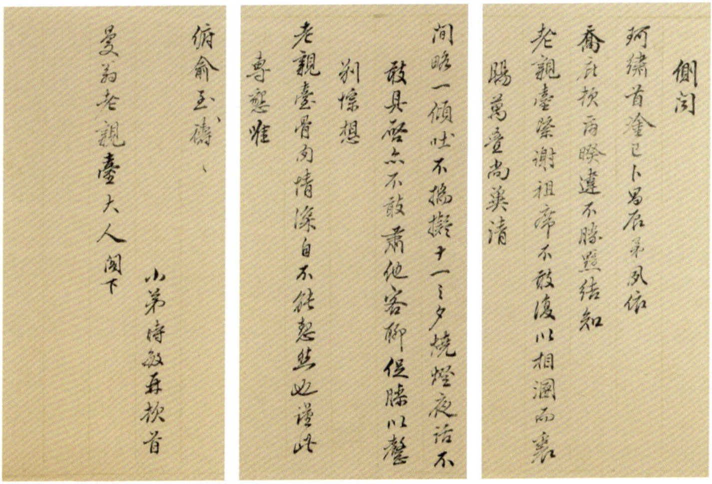

图49 《致钱增札》，纸本行书，20.1cm×8cm×3，南京博物院藏

考：

核对前揭钱增履历，此札当书于崇祯十七年（1644）下半年钱氏去南京赴任前夕，因钱增不办宴请，所以王时敏致信问候，并相约见面话别，多是一些寒暄之语。

第六通（图50）

早间承命后归，即料理公牍。适言夏兄至，遂与共商属稿，复送鲁翁删定，似亦详妥。但闻抚公已（方）为省会之行，恐已无及。即使尚留郡中，而铃阁戒严，投入亦甚不易。窃计旗鼓处或可婉转，然非仰藉宠灵，曷克有济也？领袖及与名，诸老均乞裁示，以便写帖。种种，统容面悉。

曼翁老亲台大人

小弟时敏顿首

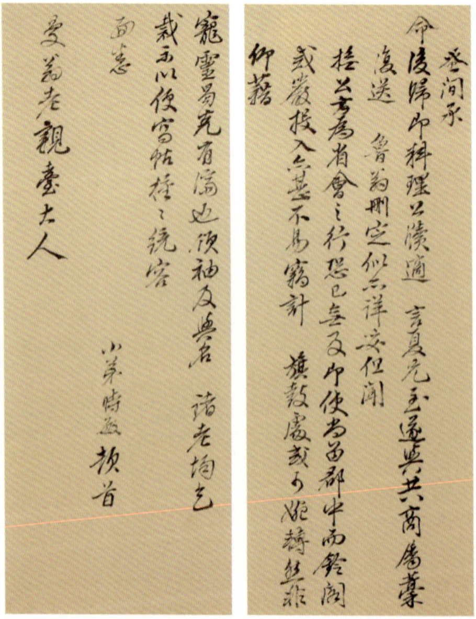
蚤間承
命後歸即料理公牘適　言夏兄至遂與共商屬藁
復送　魯翁刪定似亦詳妥但聞
撫公方為省會之行恐已無及即使尚留郡中而鈴閣
戒嚴投入亦甚不易竊計　旗鼓處或可婉轉然非
仰藉
寵靈曷克有濟也領袖及與名　諸老均乞
裁示以便寫帖種種統容
面悉　小弟時敏頓首
曼翁老親臺大人

图50 《致钱增札》，纸本行书，20.1cm×8cm×2，南京博物院藏

第七通（图51）

抚公之行谊，自不能恝然。正欲附申鄙忱，得蒙见挈，极感厚意。碑分幸示知，当即奉纳，先此草复，容明归躬颂，不一。

小弟时敏顿首

冲

考：

《奉常公年谱》顺治二年即弘光元年（1645）条记载：

二月初，入郡谒抚台张公凤翔……去秋被召已得请，复为台中疏荐起原官，仍不赴。南都皆旨，义阳王准太仓居住，该抚按照例给与禄粮。向例，郡王与亲藩体统辽绝，不啻天渊，其在本封，虽服王者之服，于地方官及士民交际往来，原与乡官无异。即其居室，会典开载，止平屋二十八间，自禄粮之外，一切宫室服用，皆自备办，与朝廷绝不

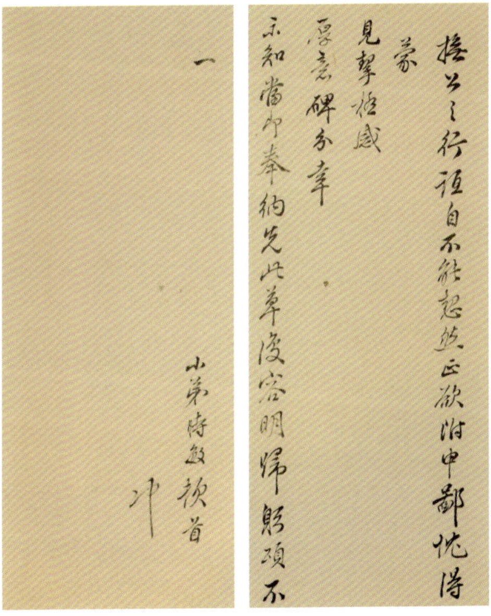

图51 《致钱增札》，纸本行书，20.1cm×8cm×2，南京博物院藏

相干，乃自有太仓居住之旨，州中乌龙会人与市棍衙役，居为奇货，倚为窟穴，煽惑州守，营建府第，遂集乡绅会议，供帐务极华侈，并出牌索纳绢疋数十，唤诸银匠制造各色器皿，种种骚扰，莫知底止，公寄札长子，嘱其速与钱曼修、吴梅村痛切一言，贻书州守，力为救正。[1]

按，抚公，即前揭兵部尚书张凤翔。弘光元年（1645）二月，王时敏前往苏州拜谒张凤翔。从文字判断，第五、六札即书于弘光元年（1645）春夏之间，时钱增任职南京，所说应是上书之事。根据《奉常公年谱》所述，所谓的公牍就是年谱中关于义阳王禄粮等事。“领袖及与名，诸老均乞裁示，以便写帖”，需要联名上帖，故有“适言夏兄至，遂与共商属稿，复送鲁翁删定，似亦详妥”之谓，便与钱增互通信息。当年五月初，南都失守，九月中旬，清兵水陆并驻太仓。所谓的义阳王事化为乌有。鲁翁吴克孝、言夏陈瑚等人，应该都是此事的参与者。

第八通（图52）

公事每荷见挈，感非言尽。昨承枉顾失迓，趋叩又未及面谢为歉。苍翁闻偶违和，想已勿药，弟以病目久阙修候，乞老亲台札中先为致驰念之意。秋片、新栗，皆山斋清供，过蒙辍惠，味德弗谖矣。适观获田间，卒尔草谢，明归尚图躬颂，不一。

小弟时敏顿首

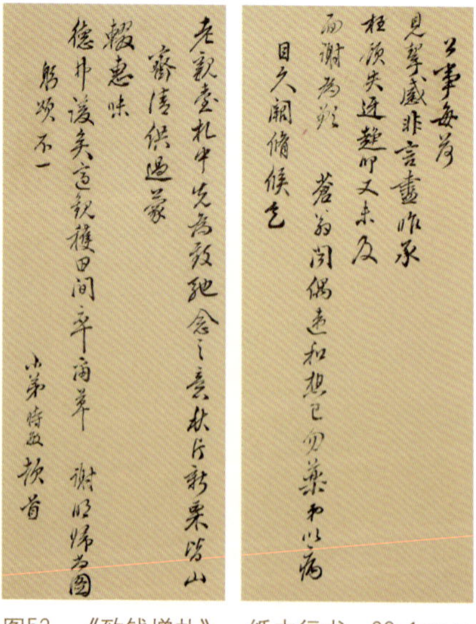

图52　《致钱增札》，纸本行书，20.1cm × 8cm × 2，南京博物院藏

① 王宝仁：《奉常公年谱》，见《王时敏集》，第770—771页。

第九通（图53）

知老亲台方有散冗，克期辰下，万无余晷可出，乃为弟一切摆拨于风雨中，远涉川涂，情谊高深，岂寻常骨肉所有？盛沁心脾，殆难言喻。但无端仰累亲知，回皇寸衷，又不胜转展悚灼耳。闻仙舟已泊新桥，即拟驰谢，而自城中放棹，恐到时已入深更，未敢唐突，空诘旦百顿称谢。苍翁寓斋闻亦不远，并当一图瞻对也。先此不一。

曼翁老亲台大人

小弟时敏顿首

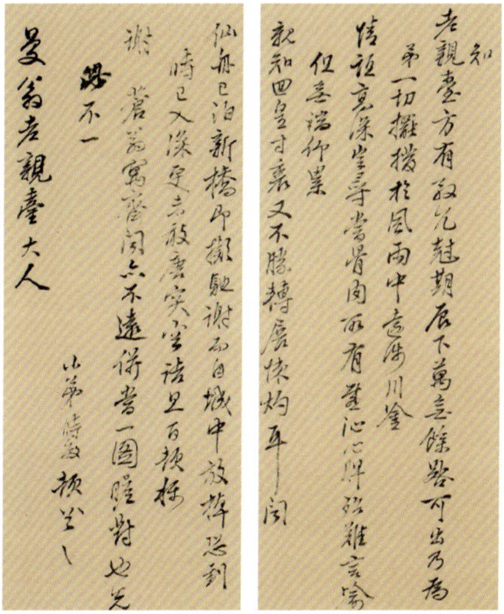

图53　《致钱增札》，纸本行书，20.1cm×8cm×2，南京博物院藏

考：

第八、九札，王时敏首先向钱增提供的帮助致谢：“为弟一切摆拨于风雨中，远涉川涂，情谊高深，岂寻常骨肉所有”“公事每荷见挈，感非言尽”，应该仍是为前面的“移疾”“上书”之类。二札大致书于前揭的同一时间段，可以说是首尾相连。

在信中，王时敏特别提及了当时的一位高僧“苍翁”：苍雪读彻。苍雪（1588—1656），俗姓赵氏，字见晓，号南来，云南呈贡（今云南昆明）人。少年出家，学习《楞伽经》《楞严经》义理，追求自证自悟，年十九始遍访名刹大德，天启四年（1624）独立竖席讲法，往来吴地，与董其昌、吴伟业等人皆有往来。

耿晶的研究充分表明，王时敏与苍雪过从密切，交游不断。[①]自崇祯三年（1630）始，苍雪寓居苏州灵岩山中峰寺，间有一二远游，崇祯十六年（1643）回到苏州。弘光元年（1645）春至顺治九年(1652)十二月间，苍雪至少三次过访太仓讲法，分别是（一）崇祯十七年（1644）春，（二）顺治四年(1647)秋，（三）顺治九年（1652）十二月。[②]王时敏笃信因果，勤行善事，曾云："吾十七岁持金刚经，至今年垂八十，未尝缺一日。每日持诵有定课，皆用铃记，非夙世勇猛修习乘愿再来能有此。"[③]崇祯甲申（1644）春初，苍雪"访道开于虎溪，因而留宿，寻往娄东海印庵，讲《法华经》"。[④]当时，王时敏与其他文人一样虔诚听讲，并有赋诗与苍雪唱和：

称讥涂割总无干，佛性空虚本自宽。

微妙胜莲生舌底，庄严宝刹现毫端。

旃檀析片香随染，雾露沾衣润未干。

何事迷人耽火宅，甘瞑长夜梦邯郸。[⑤]

这为此二札考订提供有力的依据。从"寓斋"一词来看，极有可能是苍雪崇祯甲申（1644）春讲法太仓之时。这里，王时敏听说苍雪小恙，而自己眼睛久病，请钱增写信时转致问候，捎带山珍等，皆是交游酬答。

---

① 耿晶：《道心惟微——王时敏遗民生涯考释》，博士学位论文，中国艺术研究院，2012，第144—149页。

② 冯其庸、叶君远：《吴梅村年谱》，文化艺术出版社，2007，第236页。

③ 戒显：《现果随录》卷三，"王奉常以累世修积科第蝉连"。

④ 陈乃乾编：《苍雪大师行年考略》，民国二十九年（1940）铅印本，第18页。

⑤ 王时敏：《和苍雪法师讲期解制诗兼谢法施》，《西庐诗草》卷上，见《王时敏集》，第26页。

五

致某翁札

恭惟老亲翁阁下，荣奉玺书，锦旋珂里。修禋祀于海若，舞莱彩于椿庭，光耀邦家，道兼忠孝，郅矣盛矣。不肖敏谊当抠迎道左，一望车茵。而适以旧苦漫发，方具疏恳请休致，不能自前。特肃数行，先一介代申鄙悃。俟八驺归第，即当竭蹶趋叩，以展积私。伏惟台鉴，临楮曷任瞻驰。

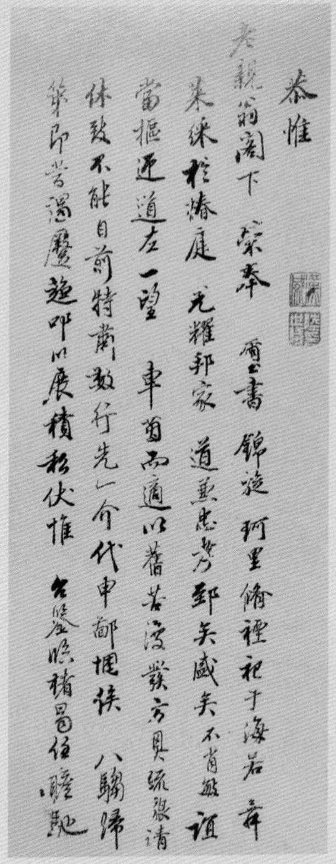
恭惟
老親翁閣下 榮奉 璽書 錦旋 珂里 脩禋祀于海若 舞
萊綵于椿庭 光耀邦家 道兼忠孝 郅矣盛矣 不肖敏誼
當摳迎道左 一望車茵 而適以舊苦漫發 方具疏懇請
休致 不能自前 特肅數行 先一介代申鄙悃 俟八騶歸
第 即當竭蹷趨叩 以展積私 伏惟
台鑒 臨楮曷任瞻馳

图54 《致某翁札》，纸本行书，29cm×11cm，台北何创时书法基金会藏

考：

何创时书法基金会初考收信人为吴伟业，云：崇祯十二年（1639），吴伟业归乡探母，后出任南京国子监司业等等[①]，大概不确。

一般而言，亲翁是亲家翁的省称，大多是姻亲关系的语境。“椿庭”，是父亲的代称。以椿有寿考之征，庭即趋庭的庭，所以世称父为椿庭。莱彩，即莱衣，相传春秋楚老莱子侍奉双亲至孝，行年七十，犹着五彩衣，为婴儿戏。后因以“莱衣”指小儿穿的五彩衣或小儿的衣服，着莱衣表示对双亲的孝养。“舞莱彩于椿庭”，意为孝敬父亲之意，因此，释为吴伟业归乡探母病，似乎有误。

前揭数札显示，崇祯十三年（1640）初，王时敏一直忙于拟疏休仕，后遣派家仆入都交乞。故此札当书于崇祯十三年（1640）二三月间，时某老亲翁荣奉归里，王时敏修书慰问。结合前揭，此老亲翁可能是钱增。

① 王时敏《与老亲翁书》解题，https://www.hcsartmuseum.com/projects/14346/，访问日期：2022年8月12日。

六

致某翁札

鄙诚积有岁月蹉跎，至今顾反，先承宠召兼复过郇厨，惭感曷喻，闻荣发涓老，岁初故亟求一叙。乃文老转致召命，谓诘朝有嘐水之行，且残岁多冗，欲□从容，敢不谨遵。然必确示定期，方敢如命，否则侦台驾嘐归，仍即躬恳，知道谊有，素必不恶终外之也。牧翁近文附上，想多翁兄所已见者，阅过幸即掷还。荷荷。

□翁老仁兄大人阁下

小弟时敏顿首

考：

从书法风格判断，此札应该书于崇祯中期某年岁暮，因缺字无法确定收件人为何，大致是因归昌世之召与某翁相约嘉定之行，并随札相附

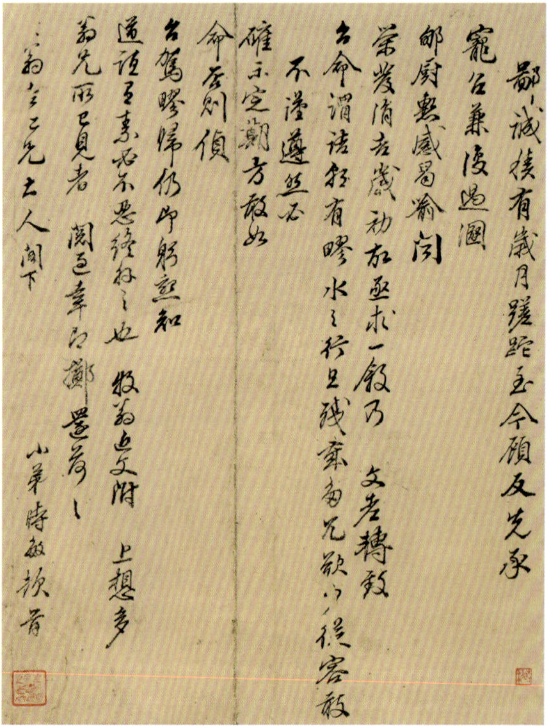

图55 《致某翁札》，纸本行书，27.5cm×21.5cm×2，故宫博物院藏

钱谦益近作。

按，文老，即归昌世(1574—1645，一作1573—1644)，字文休，号假庵，江苏昆山人，移居常熟。诸生，能诗文，与同里王志坚、嘉定李流芳时称“三才子”；擅绘画，山水师法倪黄，萧散疏淡；兰竹脱透空灵，意在青藤、白阳之间；兼工篆刻，取法文彭，自有创新。崇祯末以待诏征不应，著《假庵诗草》《假庵集》。

再按，牧翁，即钱谦益（1582—1664），字受之，号牧斋，晚号蒙叟，江苏常熟人。万历三十八年（1610）进士，授编修；崇祯元年（1628），任礼部右侍郎，后因阻止温体仁、周延儒入阁结怨反为浙江科考弊案而革职；弘光朝，升礼部尚书；入清后，官礼部右侍郎管秘书院事，充《明史》副总裁。

顺治十八年(1661)，钱谦益作《王奉常烟客七十寿序》曰：“余庚戌二座主皆出太原文肃公之门，次世谊，二公于辰玉先生辈行，而余于烟客奉常则兄弟也。奉常又命二子执经余门。盖余与王氏交四世矣。”[①]由此可见，王时敏、钱谦益颇有交情，五子王抃、七子王摅还从学于钱氏。晚年，钱谦益为目盲后的王挺题文稿，[②]多加勉励。信中，王时敏嘱咐王挺持文向里居的钱谦益请教。

① 钱谦益：《王奉常烟客七十寿序》，见《牧斋有学集》卷二十四，民国八年(1919)商务印书馆四部丛刊本，第12页。

② 钱谦益：《题王周臣文稿》，见《牧斋有学集》卷四十九，第13页。

諸氏兄霍與宣道嵩道合補 先兄
未作之應注疏中書錢識 趨補修
似為乞一言以備後是二天好事但
鞬瑞子君敢於甚冀行畢遂深謨
頓躬 章君

七

致慧翁札

万缄示之，至恳至恳。豚儿挺，学虽未成，然天资笔气尚可，望沿青箱旧业，何意遂玷冠裳。只缘新圣御极，万国晞光，寒家世受国恩，瞻天更切。弟既衰迟潦倒，不能趋走阙廷，而儿辈之能典谒者斋郎太祝，无一效执事于朝。自弃清时，亦非义所敢出，方尔踌躇。此儿宦兴适发，遂全补先兄未任之荫，往就中书试职，题补后，但得乞一差即归，便是一天好事。但呆孺子世故茫然，冥行畏途，深虞颠踬。幸有仁翁在，凡百可藉指南，知必不靳谆谆提诲，无俟弟勤祝也。兹因其行率尔，布候二金，聊佐酒资，幸勿哂其猎亵。黄伯老极承垂念，以林莽陈人，概不敢通长安之问，故不复具缄，希为致声，诸容嗣音不备。

腊月三日，小弟时敏顿首

慧翁老仁翁先生大人

冲

考：

《奉常公年谱》“崇祯十七年（1644）”条记：

会南都部院诸公拥立福藩，起升太常寺正卿，公深惟知止之义，且见尔时朝政混浊，党论分（纷）争，自分无可报称，遂引疾疏辞。[1]

《奉常公年谱》“弘光元年（1645）”条记：

去秋被召已得请，复为台中疏荐起原官，仍不赴……长子挺题补南都中书舍人。[2]

崇祯十七年（1644）三月十九日，李闯攻占北京，朱由检煤山自缢。随后，清兵入关，朱氏宗室及文武大臣纷纷南逃。五月初一，福王监国南京，五月十五日称帝，诏以明年改元弘光。

此札书于是年十二月初三，因王挺赴任在即，王时敏致函慧翁，恳请关照：“幸有仁翁在，凡百可藉指南，知必不靳谆谆提诲，无俟弟勤祝也。”

① 王宝仁：《奉常公年谱》，见《王时敏集》，第 770 页。
② 同上书，第 771 页。

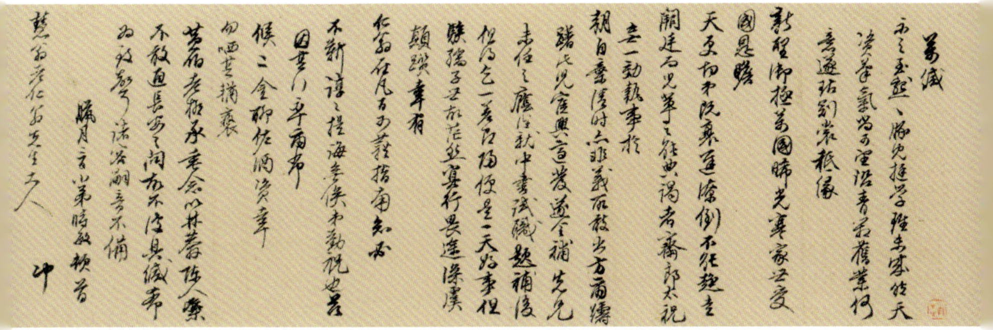

图56　《致慧翁札》，纸本行草，14.7cm×48.3cm，故宫博物院藏

因为当年有“起升太常寺正卿……引疾疏辞”之举，王时敏遂有“黄伯老极承垂念，以林莽陈人，概不敢通长安之问，故不复具缄”之谓，言下自己乃林下老人，已经不问京都之事了。

不能不取道东牟候搭火轮船即拟就东牟去

为江鼎臣借去实只亭牟

览晚帖士八专先附　寻至能阅法书移推

并亦执

乡举者若干亦为友人借观惟为东玉当揽

受上

诺容如如兄呼我道在履不但华谱矣取许

请安　人恬兄安并已　小弟时又顿

致意

八

致黄翼圣札

黄翼圣（1596—1659），字子羽，号摄六，江苏太仓人。王时敏五姐夫。崇祯九年（1636），以贤良方正荐授四川新都知县，崇祯十三年（1640），因护城有功升安吉知州。

连日恐妨下帷，不敢过东奉候，怀想殊甚。邸报新岁者为江鼎老借去，容即索奉览，晚帖并昨报十六本先附来使驰纳。诸省县惟浙粤者曾有，亦为友人借观，余尚未至，当总觅上记室也。见呼几近于虐，不但善谑矣，敢并请罪。人抚兄前兼乞致意。

子老仁兄大人

小弟时敏顿首

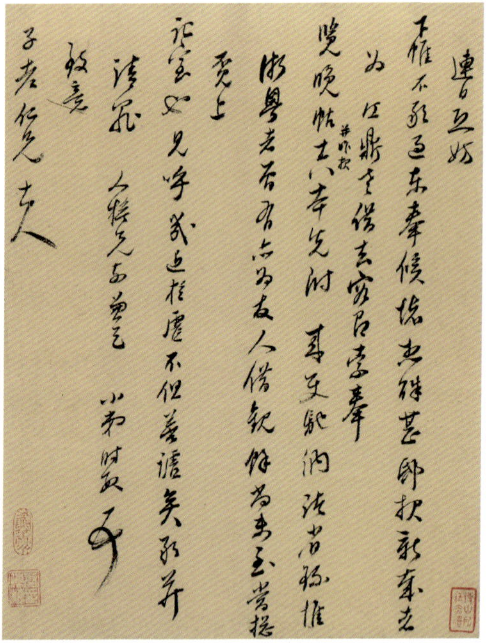

图57 《致黄翼圣札》，纸本行书，26.2cm×21.2cm，故宫博物院藏

考：

顺治六年(1649)春，钱谦益南归常熟，开始杜门编书，精选国朝诗文，由黄翼圣致意欲借王锡爵文集寓目。[①]在王时敏看来，祖父诗文倘蒙采择入编，乃一大幸事，并数次与钱谦益、陆铣（1581—1654）通信交流。[②]

王时敏、黄翼圣开始谋划，搜寻各种书目与文献。此札大致书于

---

① 耿晶：《道心惟微——王时敏遗民生涯考释》，第97—100页。

② 王时敏：《致钱谦益》、《致陆铣》，《尺牍》卷下，见《王时敏集》，第270—273页。根据内容判断，这两封信是同时书写，也是同时邮寄的。

是年夏、秋之间，叙述了借阅、鉴赏王锡爵书札文献之事。

邸报，也称邸抄，是中国古代抄发皇帝谕旨、臣僚奏议和有关政治情报的抄本。晚帖，清代六科有纶音册子，因当晚即知，故名，次日即登邸报。记室，古时指掌章表书记文檄的办公之地，这里应该引申为书房。“见呼几近于虐，不但善谑矣”取自《诗经·国风·卫风》之句“善戏谑兮，不为虐兮”，大约是幽默之类的风趣话。

按，江鼎老，即江用世（1573—1650），字仲行，号鼎寰，江苏太仓人。天启二年（1622）进士，授刑部主事，升员外郎，以忤珰削夺；崇祯初起原官，擢肃州副使，补广东岭西道，迁江西按察使，以事被遣归。

又按，人抚，即前揭吴克孝。

寄長路間關來知何日始達
記室乃近接郵信則知藥餌未
即奏功脹食損減舉家惶駭
日夕憂懸而
令愛尤相依為命煩灼幾廢

九

致金之俊札

金之俊（1593—1670），字岂凡，又字彦章，号息庵，江苏吴江（今江苏苏州）人。万历四十七年（1619）进士，官至兵部右侍郎；入清，仍任原官，累官中和殿大学士兼吏部尚书加太傅；康熙元年（1662），致仕还乡。

弟衰耄屏居，久疏驰候，顾承老年亲台芳讯频仍，惠贶稠叠，自分枯木朽株，何以辱云霄知己注存笃挚至此！虽摩天高谊，迥越寻常，而弟内讼疏节，弥滋踧踖。惟从北音稔悉老亲台公望愈隆，梦求不远，深为世道苍生称庆。冬仲微闻老亲母体中偶有所苦，既知旋喜勿药，欣慰难名。月初闻谭府有便邮，曾以荒缄薄侑奉寄，长路间关，未知何日始达记室。乃近接郡信，则知药饵未即奏功，眠食顿减。举家惶骇，日夕忧悬，而令爱尤相依为命，烦灼几废寝食，恨不能假翼飞侍膝前。虽知吉人天相必保元吉，而一家老稚休戚相关，云山间之，音问寥阔，肠中车轮，其何能一刻暂息耶？岁暮百端俱集，苦乏便鸿，适敝友江虞九北行，草勒附寄，奉候万安。近况已详前札中，兹不复赘，便间幸示好音，临楮可胜翘切。

弟名别肃

左崧

考：

虞九，即江士韶（？—1687），字虞九，号愚庵、药园，江苏太仓

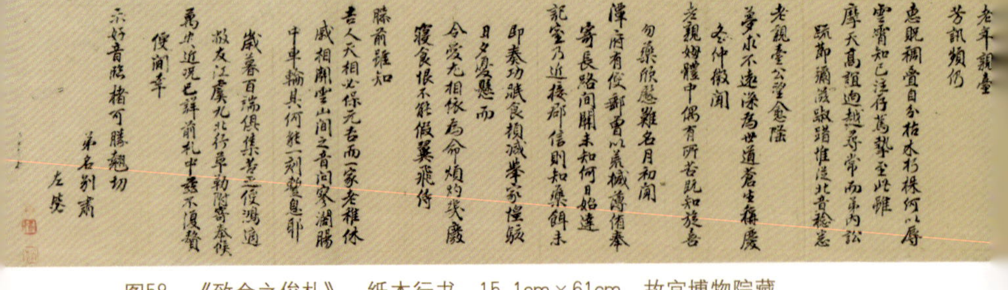

图58 《致金之俊札》，纸本行书，15.1cm×61cm，故宫博物院藏

人。弘光元年（1645）始馆于王家，为王抃授业，后一度中断，复延于顺治十一年（1654）。[①]

也就是顺治十一年（1654）冬，次子王撰为次年应试北上京城，江士韶一并前往以便照应。当时，王时敏赋七律一首抒怀，对北闱充满期待：

公车州郡檄催忙，游子天涯践晓霜。

三事那知开阁待，双亲时切倚闾望。

侧身燕市风尘暗，回首钟山草木荒。

两地悬思千里恨，早归相伴曝斜阳。[②]

查考王时敏儿女亲家，清初在京师为官者有金之俊、宋德宜（1626—1687）两人。顺治九年（1652），六子王扶娶金氏女；[③]康熙元年（1662），八子王掞娶宋氏女。[④]就札中"令爱"之表现，知已就婚王家。因此，此札收件人乃金之俊。顺治年间，王时敏为家族事务不停致函朝廷任官的金之俊，恳请帮助。

就"适敝友江虞九北行"一句，此札即书于顺治十一年（1654）冬，由江士韶捎带面呈，主要都是岁暮问候之语，并说明金之俊夫人仲冬生病就医之事，儿媳金氏为之焦虑："令爱尤相依为命，烦灼几废寝食，恨不能假翼飞侍膝前"，言语间十分真切。时金氏下嫁王家还不到两年，王时敏特别提及并夸奖，似乎以免亲家翁顾虑。

---

① 王抃：《王巢松年谱》，第17—19页、第23—24页。王抃深情回忆，江师久疾不愈，初意尚可少延，不意于二月中旬，竟尔长逝，悲悼欲绝。吾师一生谦谨，从无倨傲之色，一生退让，从无争竞之端，每事极承关切，余亦待之如父。我两人师弟之谊，非比泛常。因吾师为赋役所困，不能家食，糊其口于四方，二十年强半作客，所以形迹稍疏。每有修脯到家，必私以赠其昆季，妻子亦不令之知。继而太老师大葬，子侄同处困穷，而诸费皆吾师独任，即此两大节，天下有第二人乎？余逢人便告，不独位初常闻此语也。见王抃《王巢松年谱》，第54—55页。

② 王时敏：《揆儿北上》，《西庐诗草》卷上，见《王时敏集》，第32页。

③ 王宝仁：《奉常公年谱》，见《王时敏集》，第777页。

④ 同上书，第786页。

並見以嘉文責備其意甚美但目
畏改信立於閒耳一日來望家信
採擇而持後書於詩爭擇於人
新制之書實行不識可意見已至羅經
當俟其回京再行此所以　生兄　非
教一揭相雅契而意欲望并附

十

致陆元辅札

陆元辅（1617—1691），字翼王，号菊隐，上海嘉定人。诸生，康熙间被举鸿博，召试时故作规切语，罢去。顺治年间，曾馆于王家授业。著《十三经辨疑》《十三经注疏类抄》《礼记陈氏集说补正》《思诚录》《争光录》《菊隐纪闻》《菊隐诗抄》等。

道兄以嘉文贲饰，其意甚美，但目前睊目忌喙殊属可畏，故惟恐外闻耳。日来望京信至，或有新稿可备采择，而转复杳然，殊不可解。坊人既不肯刻，即使自任剞劂，亦未必行，不识可竟已之否？挺儿已托圣涯、研德两兄，当俟其回音为行止，仰烦清神，非言可谢。李事差人复投一揭词，虽巽而意颇坚，并附览。

翼老仁翁兄先生大人

小弟时敏顿首

考：

顺治十三年（1656），王时敏时六十五寿。或许是为了祝贺以显孝心，三子王撰开始编辑王时敏诗集，分二卷，一为《偶谐草》，历仕时所著，一为《西庐草》，归田后所著，仲冬请嘉定陆元辅作序：[1]

《偶谐草》者，先朝时历仕所著也；《西田草》（即《西庐草》）者，国变后归田所著也。先生诗不苟作，作亦不轻出以示人，故传之者绝少。异公惧其散佚，从而掇拾编次，缮写成帙，请余为序……丙申仲冬望日练川后学陆元辅敬题于娄东寓馆。[2]

此札书于顺治十三年（1656）冬，所述大体是诗集刊印之事，起首对陆元辅赐序表示感谢："道兄以嘉文贲饰，其意甚美"，然后表达了一些担忧，体现了一向持重谨慎的心态。

按，圣涯，或是蔡滨，上海嘉定人。研德，即侯玄涵（1620—1664），初名泓，字仲德，更字研德，上海嘉定人。精诗文，研究性命之学。

---

① 王宝仁：《奉常公年谱》，第780页。
② 陆元辅：《王太常诗集序》，见《王时敏集》，第858—860页。

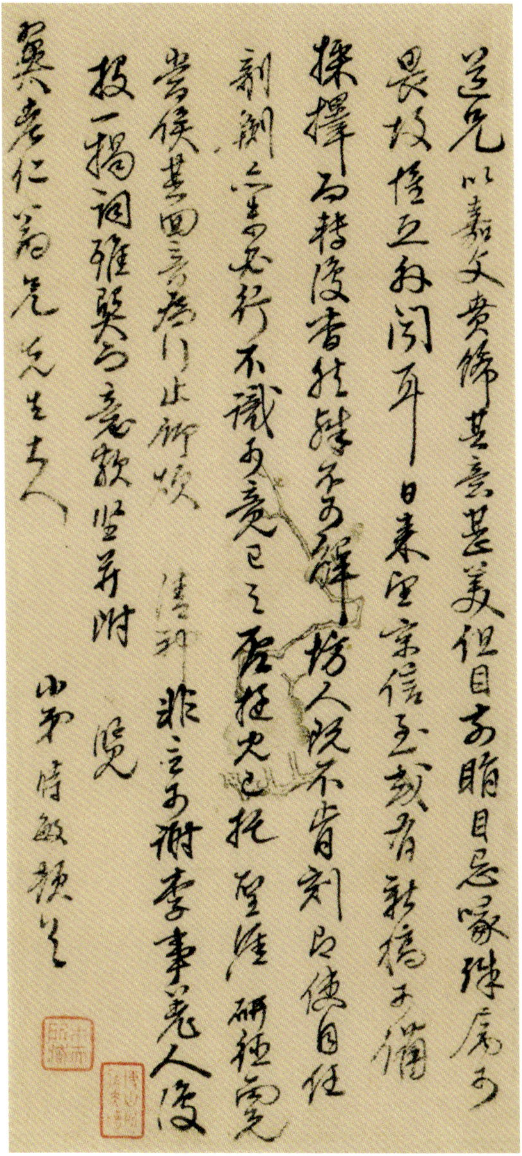

图59 《致陆元辅札》，纸本行书，27.7cm × 12.9cm，故宫博物院藏

求楨幹真材以備異日棟梁
之用深得有虞明試以功遺
意則如
老年臺宏才偉抱將來啟歷
中外鴻駿之業建樹廉厓

十二

致王士禛札

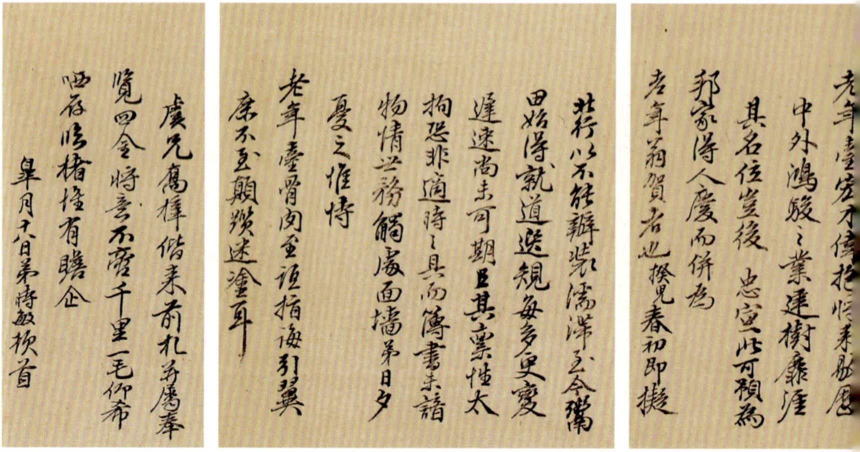

图60 《致王士禛札》，纸本行草，13.8cm×12.3cm×5，中国嘉德2016年11月13日秋拍，No.1241

王士禛（1634—1711），字子真，一字贻上，号阮亭、渔洋山人，山东新城（今山东恒台）人。顺治十五年（1658）进士，兵部观政，次年授扬州府推官，康熙元年（1662）三月迁吏部考功司主事，官至刑部尚书。廉洁奉公，颇有政声。以诗蜚声海内，尊为一代诗宗，领袖文坛数十年。著《渔洋诗集》《渔洋文略》《池北偶谈》《蚕尾集》《香祖笔记》《居易录》《渔阳诗话》《感旧集》等。

自泥金佳报之后，适虞九兄欲附官舫北来，遂附数行志喜，不意其不果成行。尔时犹望老年翁大廷胪唱，必得巍峨，乃以随流平进，未快舆情。然牵丝入仕，总于为国宣劳。而惟亲民之官，含吐膏雨，可以利生济物，视索米长安、橐笔螭坳者，功行悬殊。是以曩昔豪杰多不愿居内，如刘忠宣公辞翰苑而就外服，志识弘远，卓为一代宗臣。即今新奉明纶，概令先临民而后内转，正欲求桢干真材，以备异日栋梁之用，深得有虞明试以功遗意。则如老年台宏才伟抱，将来扬历中外，鸿骏之业，建树靡涯，其名位岂后忠宣？此可预为邦家得人庆而并为老年翁贺者也。揆儿春初即拟北行，以不能办装濡滞至今，鬻田始得就道。选规

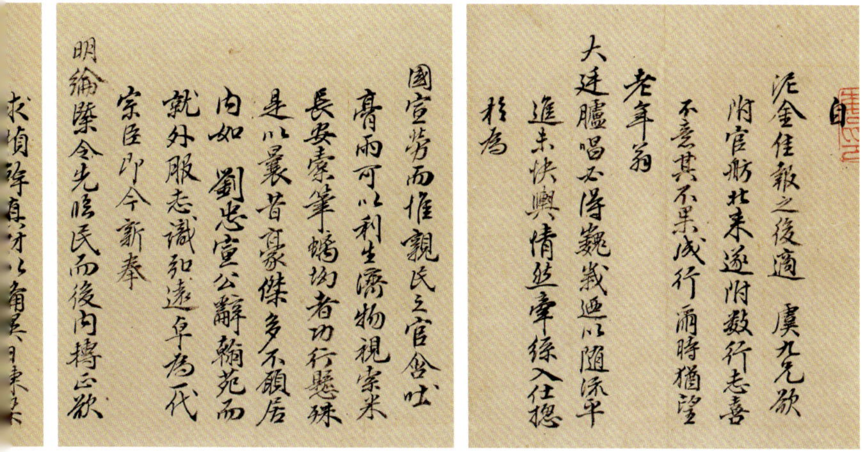

自
泥金佳報之後適 虞九兄欲
附官舫北來遂附數行志喜
不意其不果成行爾時猶望
老年翁
大廷臚唱必得巍峩迺以隨添平
進未快輿情茲牽絲入仕總
於爲
國家勞而惟親民之官含吐
膏雨可以利生濟物視索米
長安索筆觸拘者切行懸殊
是以曩昔豪傑多不願居
内如 劉忠宣公辭翰苑而
就外服志識知遠卓爲一代
宗臣即今新奉
明綸綮念先瞻民而後内轉必欲

每多更变，迟速尚未可期，且其禀性太拘，恐非适时之具。而簿书未谙，物情无务，触处面墙，弟日夕忧之。惟恃老年台骨肉至谊，指诲引翼，庶不至颠蹶迷途耳。虞兄乔梓偕来，前札并属奉览。四金将意，不啻千里一毛，仰希哂存，临楮惟有瞻企。

皋月十八日，弟时敏顿首

考：

《王巢松年谱》记载，顺治十五年（1658）端午节后，王揆与江士韶“谒选入都，因尔时有怔忡之症，神思恍惚，不肯就职而归。十月朔，展墓时相遇于枫桥丙舍”。[1]

当时，王时敏不胜凄婉，寄勖四律：

草色侵舷柳拂篷，那堪分手各西东。

愁眠放榜三更月，怕听征帆五两风。

衰老倍添离别苦，窭贫兼虑橐装空。

① 王抃：《王巢松年谱》，第 27 页。

各天相忆无穷意，都在川烟堠雨中。

临歧不禁泪汍澜，已去频回双眼看。
非为时艰随牒懒，只缘亲老绝裾难。
桑榆残景虽堪惜，乌鸟私情岂易殚。
但使牵丝从近地，春醪犹得奉余欢。

世路迷阳自可惊，故知性拙简逢迎。
客程莫惮三千远，宦迹应看四十成。
欹器贵中勤自省，虚舟不系信风行。
卑栖利物心常在，何必鹓鸾侍玉清。

此日谁钦郭隗豪，金台凭吊意萧骚。
抛梭宫锦愁新样，援瑟齐门叹独操。
澒洞马蹄尘雾合，嵯峨鹢首火云高，
好音珍重频将慰，莫使衰亲望眼劳。[1]

胪唱，是指科举时代，进士殿试后，皇帝召见，按甲第唱名传呼，故称。查顺治十五年（1658）戊戌科进士榜，又结合王时敏交游圈，可以判定，此札收件人为王士禛。

新城王家、太仓王家乃世交。王时敏祖父王锡爵、王士禛曾祖王之垣（1527—1604，字尔式，号见峰，官至刑部尚书）同科进士、同朝为官。王士禛祖父王象晋（1560—1653，字荩臣，号康宇，官至浙江右布政使），是王时敏至交，多有书信往来。就辈分而言，王士禛是王时敏子侄辈。

顺治十五年（1658）春，王士禛赴京殿试，中二甲三十六名。在信中，王时敏祝愿王士禛廷胪唱魁，以忠宣公刘大夏［1437—1516，字时

① 王时敏：《送揆儿北行至枫桥，归棹不胜凄惋，漫占四律以寄勖》，《西庐诗草》卷下，见《王时敏集》，第59页。

雍，号东山，湖广华容（今湖南华容）人】）为榜样希冀“宏才伟抱，将来扬历中外，鸿骏之业，建树靡涯”“为国宣劳”成“亲民之官”，谆谆教诲尽在言语间；而后谈及王撰将赴京候选之事，原本春初拟行，只因费用所拘，鬻田筹得，因北行在即同在京师请托照应：“弟日夕忧之，惟恃老年台骨肉至谊，指诲引翼，庶不至颠踬迷途耳。”王士禛任官扬州后，王时敏与之多有往来，曾题画相赠：

吾宗科名簪组，蝉联奕叶，贵盛莫俦者，海内首推新城。自先文肃与司马公联镳曲江，金兰气谊。今阮亭昆仲又以文章代兴，先世声华更并昱霄，而溯厥庆源，皆匡庐太翁种德积学，振前烈而启后贤，其流光者远也。儿子撰幸附骥尾，实藉龙光，蒙阮翁惠顾前好，时勤尺一，屡复讯及陈人，而疲暮屏居，一江带隔，椿庭丽昼，勿能扶杖褰裳，跻堂献祝，悚歉滋深。漫作小图，自惭俗癞，非谓足尘法鉴，或供嗢噱，以进一觞耳。①

这里，王时敏特意提及两家世代交谊，又有王撰仰仗王士禛之光而成名等客套话。顺治十二年（1655），王撰进士及第，王士禛亦入都会试，因故未典试即归，故有“附骥尾”自谦。如此等等，收件者王士禛可以定论。此札书于顺治十五年（1658）五月十八日，即由王撰、江士韶进京时面呈。也就王撰北上前一年末，王士禛赋诗相寄：

先朝世宗岁壬戌，皇帝策士金华殿。
娄江文肃公第一，吾家尚书同召见。
玉堂青锁并承恩，丞相司徒皆近臣。
右军蓝田绝嫌忌，文贞文献同情亲。
君家编修吾司马，翱翔亦共承明下。
吾家方伯君太常，宦游日日商风雅。
……
我今饭牛甘落魄，单衣短布还如昨。

---

① 王时敏：《题自画赠阮亭司寇》，《王奉常书画题跋》卷下，见《王时敏集》，第442—443页。

品更金玉，真可免詒前羲，而
弱冠遊庠，即選奏銷，且家以
亂廢，遂無一椽，屏跡至西山，
以樵採自給，窮、餓終不變其道。
武林　蔣巖老為先世石交，引

十二

致戴明说札

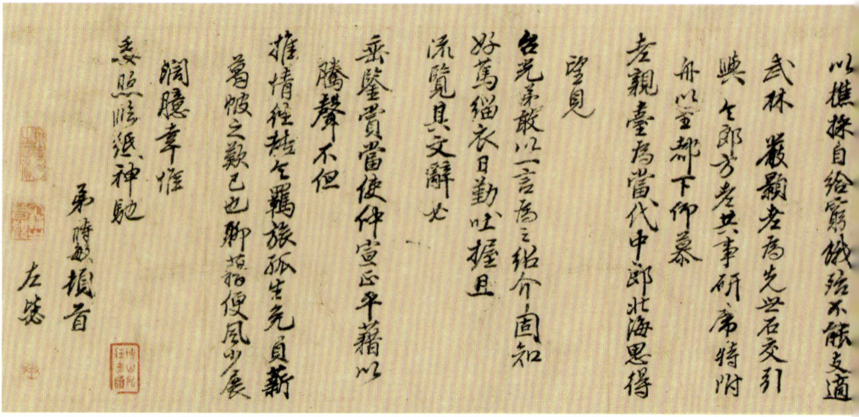
以樵採自給窮餓殆不能支適
武林 嚴顥老為先世石交引
與令郎方老共事研席特附
舟以至都下仰慕
老親臺為當代中郎北海思得
望見
台光弟敢以一言為之紹介固知
好篤緇衣日勤吐握且
流覽其文辭必
垂鑒賞當使仲宣正平藉以
騰聲不但
推情往喆令羈旅孤生免負薪
葛帔之歎已也
委照臨紙神馳
弟時敏頓首

图61　《致戴朋说札》，纸本行草，15.1cm×30.8cm—31.7cm×2，故宫博物院藏

戴明说（1609—1680），字道默，号岩荦，又号定园、铁帚，河北沧州人。崇祯七年（1634）进士，累迁兵科给事中，李闯攻京，迎降，后逃回原籍。顺治元年（1644）六月，起原官，次年迁太常寺少卿，官至户部尚书，康熙十七年（1678）以弹劾而革职归里。能诗，善画，尤工书法，著有《定园诗集》《定园文集》等。

望后有北鸿之便，曾附一缄并拙笔寄呈，但其人舟行，恐未能遽达，计端阳左右始彻台览耳。窃惟老年亲台救时巨手，朝野具瞻，海内有识，咸以梦卜之应求，觇世道之隆替。吾乡当剥削刓敝之余，急资霖雨，颙望倍切。弟衰残待尽，不能数通问候，惟冀偷延余息，倾耳延登，遹观德化之成而已。兹因练川李秋孙之便，附候兴居。秋孙为长蘅先生冢孙，能世其学，诗文皆超轶绝尘，品更金玉，真可克绍前美。而弱冠游庠，即遇奏销，且家以乱废，遂无一椽，屏迹郡之西山，以樵采自给，穷恶殆不能支。适武林严颢老为先世石交，引与令郎方老共事研席，特附舟以至都下，仰慕老亲台为当代中郎、北海，思得望见台光。弟敢以一言为之绍介，固知好笃缁衣，日勤吐握，且流览其文辞，必垂鉴赏。当使仲宣正平，借以腾声，不但推情往喆，令羁旅孤生免负薪葛

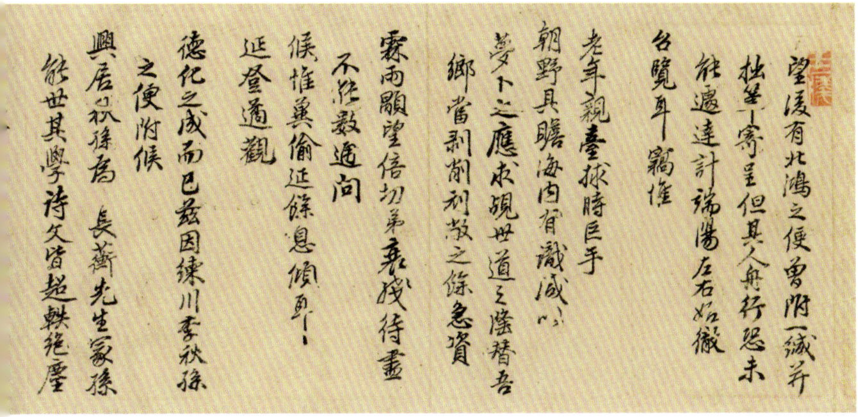

望後有北鴻之便曾附一緘并
拙墨一寄呈但其人舟行恐未
能遽達計端陽左右始徹
台覽耳 竊惟
老年親臺採時巨手
朝野具瞻海内有識咸以
夢卜之應求覩世道之隆替吾
鄉當剥削刓敝之餘急資
霖雨顒望倍切弟衰殘待盡
不能數通問
候推異倫延餘息傾耳
延登遙觀
德化之成而已茲因練川李秋孫
之便附候
興居秋孫為 長蘅先生家孫
能世其學詩文皆超軼絶塵

帔之叹已也。聊借便风，少展阔臆，幸惟委照，临纸神驰。

弟时敏顿首

左毖

考：

李秋孙（1632—？），即李王烨，更名圣芝，字秋孙，一字电观，号衡霞，上海嘉定人。李流芳（1575—1629）之孙，徐枋《居易堂集》卷六《赠李秋孙序》一文有“当国变时，不幸为冤家所乘有家门之祸，时李子止十四”之语，推测生于崇祯五年(1632)。史载，明清易代之际，李氏横遭变故。顺治二年(1645)五十七人罹难，几乎全族皆亡，李秋孙得王时敏等人庇护，避难山间，时年十四。[1]

---

① 李秋孙：《寄寿石谷先生时在都门》，《清晖赠言》卷七，李秋孙贺王翚六十寿诗云：追忆同庚推甲子，初逢叙齿拙修堂。双丸愧我催霜鬓，五岳输君贮锦囊。韦杜客窗春梦远，泖峰交纻底谈长。遥知苍润夸能事，传诀惟余老夕郎。见中国书画全书编纂委员会编《中国书画全书》第七册，上海书画出版社，1994，第877页。他自己提到了与王翚同年，相识于王时敏拙修堂。

前揭，王时敏四姐嫁给李流芳堂兄李先芳次子李宗之，故王时敏家族与嘉定李家乃联姻关系，也是世交。在这次变故中，李宗之、王氏夫妇之子李陟遇难。事发在清军攻占嘉定城前夕，时人朱子素在《嘉定县乙酉纪事》中写道：

闰六月二十二日，南翔复有李氏之祸。李氏自世庙以来，蝉联不绝，其裔孙贡士李陟就镇纠合义旅，立匡定军。未就，里儿忌之，倡言李氏潜通清兵，因群至其门。陟与其族叔杭之，自恃无他肠，对众谩骂自若。市人素畏李氏，恐事定后，必正其罪，遂哄而入，佯言搜得奸细，李氏无少长咸杀之，投尸义冢，纵犬食其肉，惨毒不可言状，莫敢致问。

顺治十七年至顺治十八年（1660—1661）间，昆山遗民徐枋［1622—1694，字昭法，号俟斋，江苏吴县（今江苏苏州）人］与李秋孙相遇，同命相怜，写下《赠李秋孙序》。李秋孙工诗善文，与陈瑚有师生之谊，卒年八十余。

所谓奏销案，发生于顺治十八年（1661），根据江宁巡抚朱国治（？—1673）的造册上报，朝廷将上年奏销有未完钱粮的苏州、松江、常州、镇江四府并溧阳一县之人，不问是否大僚，亦不分欠数多寡，在籍绅衿按名黜革，秀才、举人、进士，凡欠粮者，一律革除功名；现任官概行降两级调用，共计黜降1.3万余人。王时敏与次子王揆、六子王扶亦名列其中。

此札大加赞誉李秋孙诗文超轶绝尘，因奏销案之累与家族乱废而屏迹西山，穷饿不能支，生活凄惨，经世交严颢老之引荐而附舟北上。于是，王时敏致函介绍，称老年台求贤若渴，给予垂赏照顾，以免负薪葛帔之苦。

按，严颢老，即严沆（1617—1678），字子餐，号颢亭，浙江余杭（今浙江杭州）人。与王揆一样，顺治十二年（1655）进士，选庶吉士，官太仆寺少卿、左副都御史等，累至户部侍郎，总督仓场。康熙九年（1670）仲夏，王时敏以画册十六开持寄：

去岁子月，颢翁年台过娄，以此册属画。时方寒冬，蹙缩斗室指僵手瘃，盘礴久废。春来又尘允纷还，酬应不遑。夏初稍闲，风日清美，思有以践宿诺，而以公精研画道，妙得古法，不胜小巫气索，下笔复止者再四，然妍媸镜无遁形，况工倕之门，尤所愿就斧削，不敢自匿其丑，勉涤尘砚，和残墨漫涂十六帧，腕弱目眵，□极乃止。虽每帧标题强名之曰学某家，其实于古人神韵曾未得其毫发，正米老所谓“惭惶煞人”也，大方家何以教之。[①]

稽核王时敏交游圈，并结合“引与令郎方老共事研席”“仰慕老亲台为当代中郎、北海”涉及书法之事，笔者大胆推测，此札收件人或是戴明说，时应在康熙初年，主要为李秋孙绍荐求馆之事，李秋孙年三十出头，大致与徐枋撰写《赠李秋孙序》的时间一致。

戴明说能诗，善画，有传云：“公博学能悟，公余苦心风雅，为诗与王觉斯、吴骏公、范箕生齐名。兼善书画，特受世庙之知。”他尤精书法，师源米芾，风格纵横恣肆，深受王铎（1593—1652）激赏。[②]

王时敏与戴明说交往始于崇祯年间，时都在京师同朝为官。后来，王时敏赠画予已任户部尚书的戴明说曾述及渊源：

大司农岩翁戴公既工盘礴，又富收藏，故凡宋元诸名家笔精墨妙无不酝酿胸中，驰驱腕下。余曩年京邸得侍研席，深庆奇缘。顾自己卯归田，荏苒流光，遂及疲暮。兼以病目屏居，橐笔焚砚，又累年于兹矣。近辱公贻书征画，借以夙昔烟云同嗜，谓衰老劣尚能贾勇者。追溯英游，不觉挑动技痒，勉拭昏瞳，仿子久笔意作设色小图，寄呈邮政。虽软甜疥癞，伎俩止此，亦由见公墨渖令小巫气索也。譬如知褐蒙茸，岂堪与百丈明光锦比絜长短哉。[③]

所谓令郎，即戴明说长子戴王纶，字经碧，号一斋，顺治十二年（1655）榜眼，授翰林院编修，后官江西粮储道。善诗，工书，兼善篆

---

① 王时敏：《题自画寄赠严颢亭都谏》，《王奉常书画题跋》卷下，见《王时敏集》，第409—410页。

② 薛龙春：《王铎与戴明说》，《中国书画》2020年第1期，第33—44页。

③ 王时敏：《题自画赠戴岩荦司农》，《王奉常书画题跋》卷下，见《王时敏集》，第435—436页。

刻，能画兰。顺治十三年（1656），王时敏为推荐既是外甥又是女婿的吴世睿（1619—1676）致书戴明说时特别述说两代交情，期望得到帮助：

昨岁春闱，令郎老年台以凤质龙变之姿、耸壑昂霄之干，出为国桢世瑞，而豚儿揆枋榆短翮，朴樕小材，亦幸附师门后尘，两世依光，沆瀣一气，鲍生附平原以不朽，愚父子抑何有厚幸也。且揆儿数月长安，蒙贤乔梓睠谊殷惓，踰涯溢格，更非顶踵所能报称。而朵云璀璨，垂记陈人，尚忆涂墙泥壁旧事，益初隆谊不遗。虽预龄疲兰，病目昏眠，绘事废阁，已历年所，仰承清问，不敢虚郑重之意，漫作小帧，聊以塞命。甜邪俗痛，诸相备现，祇足始笑宗工，如何如何。台台燮理之暇，手中造化，笔底烟云，必满长康之簏，恨无由奋飞，饱探武库，徒有惆怅耳。舍甥吴世睿以明经入对大廷，特令伏谒台阶，以申瓣香执御之忱，幸进而教之。舍甥吴世睿以明经入对大廷，特令伏谒台阶，以申瓣香执御之忱，幸进而教之。舍甥总角食饩，困踬场屋，未展素志，轮次岁荐，犹在妙年。且隽才多艺，亦善盘砖。倘荷贤乔梓收之门墙，俾厕立雪之列，朝夕陶铸，事事成就之，则夹袋筦库之搜，亦异日一佳士。敢因鸿便，附候台禧，远道单褋，聊寄双卮，以当陇枝，统冀筦涵。[①]

更值得说明的是，王揆、戴王纶、严沆系顺治十二年（1655）同科进士，当时戴明说还充任殿试读卷官，[②]故王时敏叹曰“亦幸附师门后尘”。

无独有偶，王时敏在这里也是推荐故交李秋孙而不遗余力，细数老亲台恩泽，视为“救时巨手”，言辞恳切，与推荐吴世睿如出一辙。而且，他也谈翰墨之事，颇与“望后有北鸿之便，曾附一缄并拙笔寄呈”情景类似。因此，笔者便有初步推断。

① 王时敏：《致戴明说》，《尺牍》卷下，见《王时敏集》，第319—320页。
② 陈遇尧：《前户部尚书定园戴公传》，见《乾隆沧州志》卷十四，第56页。

十二

致王瑞国札六通

王瑞国（1600—1677），字子彦，号书城，又称麋泾先生[①]，江苏太仓人。天启元年（1621）举人，顺治十三年（1656）十月，授广东增城知县，三载而归，[②]著作以老，著有《瘗研斋集》《五经汉宋异同》《二十一史序要质疑》《字学正伪》《围炉诗话》《舒拂集》《琅琊凤麟两公年谱》等。[③]

王瑞国乃琅琊王氏，王时敏乃太原王氏，同源分派，同居太仓，世代交好。晚年，王时敏曾为王瑞国肖像题跋时感叹两家至谊。[④]

第一通（图62）

《正伪》一书，正讹舛之音声，开世俗之眼目，有裨后学不浅。弟比因尘冗涉猎仅完上帙，意欲少留卒业，以谆命不敢久稽，暂归记室，倘梓行稍缓，尚思再借录一副本，未知翁兄肯许之否？贵年家沧老博雅好古，见之必当击节，或可共襄剞劂，试以视之，何如？诸容晤悉。

小弟时敏顿首

书翁老仁兄大人阁下

考：

据考证，顺治十八年（1661）六月，致仕后羁留广东两年的王瑞国

① 王曜升：《送麋泾叔之粤东令四首》，见吴伟业辑《太仓十子诗选》，《东皋集》，清顺治间刻本，第11页。

② 蔡淑修，陈辉璧纂：《康熙增城县志》卷五，秩官，清康熙二十五年（1686）刻本，第7页。

③ 王昶等纂修：《嘉庆直隶太仓州志》卷六十五，艺文，清嘉庆七年（1802）刻本，第24页。

④ 王宝仁：《王奉常书画题跋》卷下，《题书城兄小像》，见《王时敏集》，第420—421页。

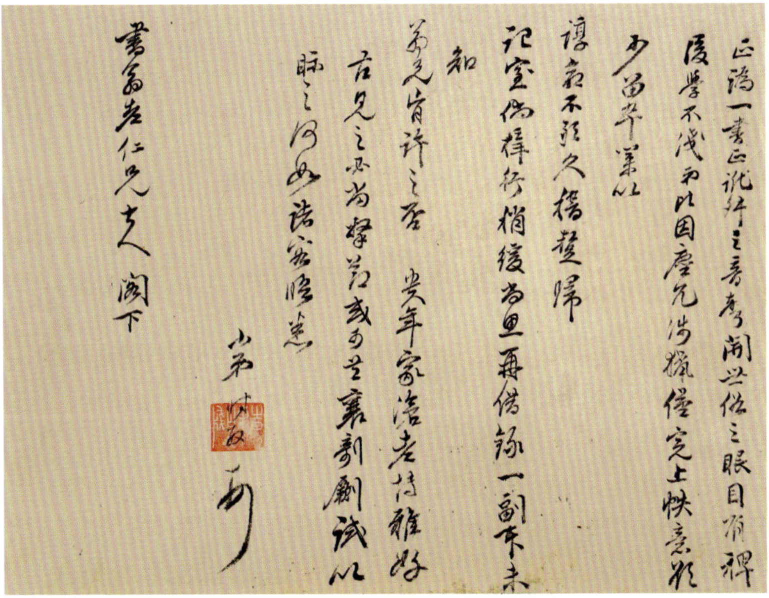

图62　《致王瑞国札》，纸本行书，21.4cm×29cm，上海博物馆藏

回到太仓，其亲家还赋有《短歌》相赠。[①] 王瑞国藏书甚富，重修万卷楼，筑瘗研斋，读书终老。时江南奏销案发，王瑞国也身陷囹圄，家产开始散出。[②]

按，沧老，即季振宜（1630—？），字诜兮，号沧苇，江苏泰兴人。顺治四年（1647）进士，历任浙江兰溪知县、刑部主事、户部员外郎、广西道御史、浙江道御史。富藏书，号称“天下第一”。康熙初年，季振宜是常熟、昆山、太仓等地古籍书画的主要购藏者，曾在常熟藏书家钱曾的引荐下游历江南，与王时敏、王瑞国等多有交往，《丙午家书》也有提及。[③]

---

① 王昊：《麋泾叔自岭南弃官归阻兵未得抵家奉怀二首》，见《太仓十子诗选》，《硕园集》，第 16 页。叶君远：《吴伟业与娄东诗传》，吉林人民出版社，2000，第 268—271 页。

② 赵国英：《王鉴绘画研究》，新华出版社，2005，第 17—18 页。

③ 王时敏：《丙午家书（十）》，见《王时敏集》，第 193—194 页。

结合《丙午家书》与“致王翚尺牍”，此札大致书于康熙五年(1666)、康熙六年(1667)前后，主要谈论了自己借读《正伪》，即《字学正伪》的感受，时还未正式刊行。

第二通（图63）

贱足痛楚半月，究不知为何症，今始信为火丹，日下虽稍能移步，尚艰垂足，故坐立亦妨，惟僵卧一榻而已。屡承垂问，尚未及叩谢，为歉！尺牍领到，其中隐语，弟亦茫然。称地与号者，略晓一二，亦未之详也。《澜读篇》奉览，弟固不知书，惟二编时置几上，间一寓目以消永昼，阅过幸即掷还。俟尊纂成帙，亦当奉借一观也。霪雨为灾，洪水泛溢，荡扫更甚于去年，生路遂绝矣，如何，如何！诸容贱苦稍平，走谢不一。

小弟时敏顿首

书翁老仁兄大人阁下

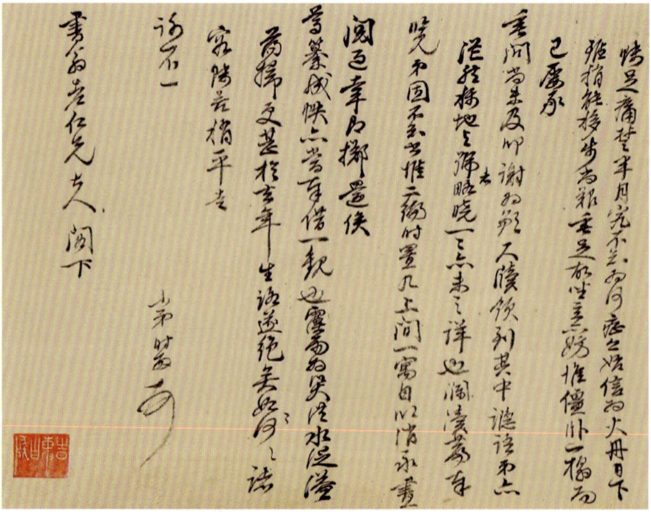

图63 《致王瑞国札》，纸本行书，20.2cm×27cm，上海博物馆藏

考：

此札与前者几乎同时，也为阅读之事，王时敏回函说明尺牍隐语与借阅《澜读篇》的情况，同时述及自己卧病近况。

第三通（图64）

别后日对愁霖，肠为寸裂，兼以催征之法酷逾燃炭，诸儿辈皆有逋额，方望秋成可以接济，不意竟成罄扫。虽殚力经营，无能设处毫芒，性命之忧，时刻不保。弟因忧思成疾，夜来忽发寒热，今早则肢体震摇，遂成重痁，偃卧一榻，故二牍遂忘驰奉。顷又因次儿偶出，缄藏箧中，待其归始得检纳。其中议论，不无与世异同，虽异代可无嫂避，然亦有捩眼处，不便示人，幸翁兄秘之，览毕仍即掷还可也。力疾草复，诸容稍平趋晤，不一。

小弟时敏顿首

书翁老仁兄大人阁下

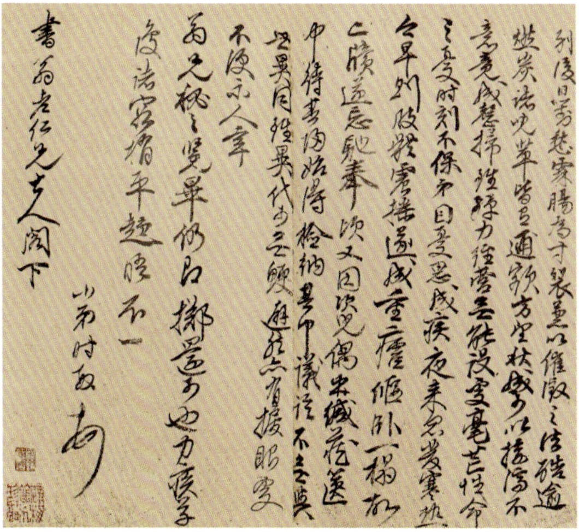

图64　《致王瑞国札》，纸本行书，20.2cm×27cm，上海图书馆藏

考：

此札与第二札几乎同时，王时敏主要为水患忧心忡忡，并谈及自己病情以及尺牍之事，“其中议论”或是第二札中的“隐语”。次儿，即王揆。

第四通（图65）

司李公骤行，闻其家中有吉礼，昨问之郡尊，云非先往虞山，末旬初可至，尚未即定期也。昨以郡尊前在东园，不能不一谒，循交际常例，下一请启，晤时略无辞意，继发暂辞一帖，亦未了断，如大老今日，敉老廿二皆先暂辞，再邀而后允者，弟似不能异同，但手无一钱，何以支应，时下正值忙迫，莫知所措，意少需几日，待司李至，合举庶或稍省，而郡尊处，诸老又多不与者，正是千难万难，未能定计。若豚儿在家，此等应酬须当一切诿之，何至使风烛老人跋踬至此耶！郡尊温恭乐易，善气迎人，似亦精于世法者，其失答拜，或是典谒者之过，未必出其意也。据云在此尚有几日，若守公先行而李公后至，则更妥便

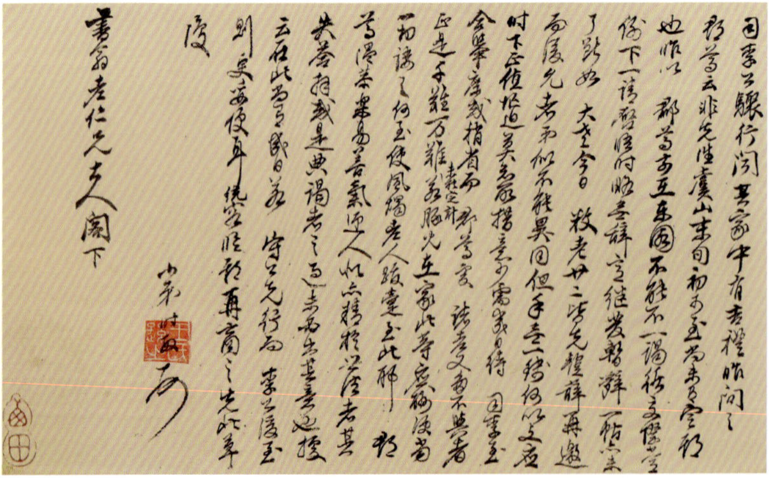

图65　《致王瑞国札》，纸本行书，19.8cm×34cm，上海博物馆藏

耳！统容临期再商之，先此草复。

小弟时敏顿首

书翁老仁兄大人阁下

考：

在《丙午家书》中，王时敏向五子王抃直倒苦水，为家族拮据的经济生活万般发愁。这里，所谓“手无一钱，何以支应，时下正值忙迫，莫知所措”，颇能与之形成呼应。所以，上海博物馆藏致王瑞国札四通被推断书为康熙五年（1666）或康熙六年（1667）也有所依据。此札书于同一时间，大致为苏州知府巡查太仓而应酬之事，然囊中羞涩发出无奈之叹。

查考《苏州府志》而知，康熙六年（1667）前后，苏州知府先后为河南祥符人曹鼎［康熙六年（1667）任］、直隶宛平人吴道煌［康熙六年（1663）任］，即所谓郡尊[①]。王时敏向王瑞国说明了若干细节，感慨知府的为人之道。司李公，乃苏州府推官龚在升（号闻园，浙江嘉善人），据载苏州府推官于康熙六年（1667）六月裁撤[②]。文献记载，吴道煌，字瑶如，顺治六年（1649）进士，“性宽厚，政尚清静”[③]，“与人称善交，敬而简，谦而和，不事威福，民歌乐正焉”。[④]又依王时敏所言“郡尊温恭乐易，善气迎人”，郡尊应该便是吴道煌。

按，大老，即钱广居，字大可，江苏太仓人。崇祯十五年（1642）举人，入清授盐山知县，以卓异擢工部主事，后官严州知州，顺治八年（1651）授关南兵巡道陕西提刑按察使司副使，未几遭忌归，卒年八十三；敉老，乃张王治（1608—1673），字无近，号敉庵，江苏太仓

① 冯桂芬等：《同治苏州府志》卷五十五，职官四，清光绪九年（1883）刊本，第1页。

② 同上书，第22页。

③ 冯桂芬等：《同治苏州府志》卷七十，名宦三，第24页。

④ 刘守成等：《乾隆武康县志》卷五，名宦，清乾隆十二年（1747）重修刊本钞，第8页。

人。幼从兄溥学，弱冠贡入太学。顺治四年（1647）进士，授桐庐知县，擢工科给事中，顺治十一年（1654）十二月转刑科左给事中，疏论时事，皆切时要，次年以峭直为众所忌而罢归。

第五通（图66）

鹿城别后，始知翁兄有黄山、白岳之游，携筇蜡屐夷，犹空青幻碧间，何啻飞天仙人之乐，视弟兀守家狱、备诸苦趣者，罪福悬殊，能不令人既羡且妒？但时方冱寒，恐磴道冰雪，不便跻攀，未审能穷其胜否？昨黄甥至，云曾晤令坦方平兄，讯及起居，尚未闻有归信，不意辍轨已累日，未及驰晤，深愧候气之疏矣。前委小幅已先涂抹，因纸恶不受笔，草草塞白。戚老所索长帧，弟许之已两年，至今尚负诺责，时怀耿耿，稍待春融，即当博粲，决不爽约以开罪年家名宿也。郢雪绝唱，属和良难，况弟于此道茫然，何能仰酬来美？前如小儿学语，曾次原

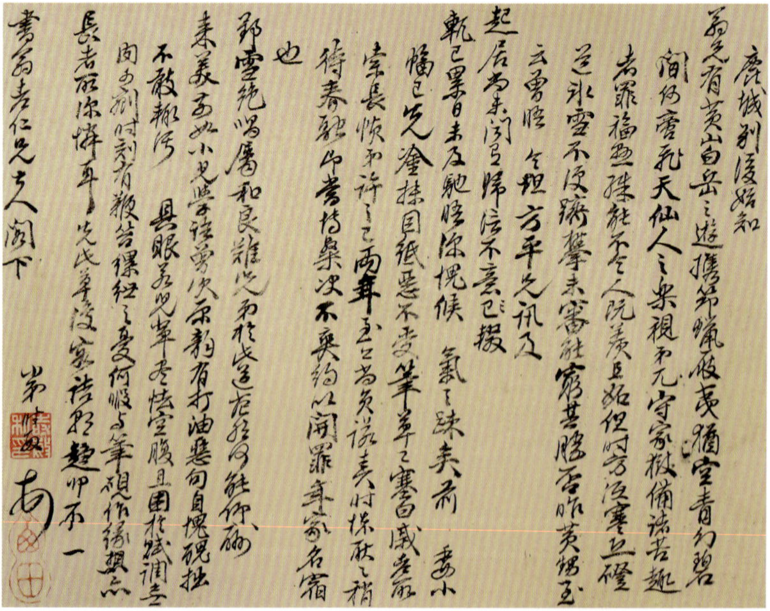

图66　《致王瑞国札》，纸本行书，22cm × 27cm，上海博物馆藏

韵，有打油恶句，自愧丑拙，不敢辄污，具眼若儿辈尽怯空腹，且困于赋调，无肉可剜，时刻有鞭笞缧绁之忧，何暇与笔砚作缘？想亦长者所深怜耳。先此草后，容诘朝趋叩，不一。

小弟时敏顿首

书翁老仁兄大人阁下

考：

王时敏主要谈论了自己与王瑞国松江之别后的种种翰墨雅事，羡慕对方的黄山之游，也为"戚老"索画拖延而致歉，并为"郢雪"唱和词说明，言语谦虚。

补充说明，康熙四年（1665）九月望日，王时敏邀请吴伟业等人雅集，王瑞国九日以佳什见投，并有诗词唱和，后也漫赋奉答："月白枫丹秋涨碧，忻从胜侣泛轻舠。隐居欲采幽山桂，避世难寻源水桃。野岸花繁聊侑酌，冈峦松稚亦生涛。愁多对景无佳思，犹喜诗人逸兴高。"[①] 康熙七年（1668）十一月，王时敏应王瑞国之求拖延数年后精心创作山水画册。[②] 这里，他也谈及与王瑞国的绘画应酬，可视为第一手资料。

按：黄甥，乃黄翼圣之子；方平，或是徐耀珽，字方平，著有《寓书堂诗集》，汪学金辑《娄东诗派》卷十九有传。[③]

第六通（图67）

弟因愿公屡札订晤，数十年道契固难恝然，兼以桑榆末光，欲借此再揽湖山之胜。而守公前者枉贲先祠，未有以谢，须一屈之而后出，昨已面请，蒙许七日见过。窃不自揣，敢邀鼎重光陪，极知屈尊，谅道爱

① 王时敏：《西庐诗草》卷下补，《乙巳九月之望邀吴梅村诸公小集，承麋泾九日以佳什见投，漫赋俚句奉谢，次麋泾韵》，第76页。

② 王时敏：《王奉常书画题跋》卷下，《自题画册题书城》，第402页。

③ 汪学金辑《娄东诗派》卷十九，清嘉庆九年（1804）诗志斋刻本，第26页。

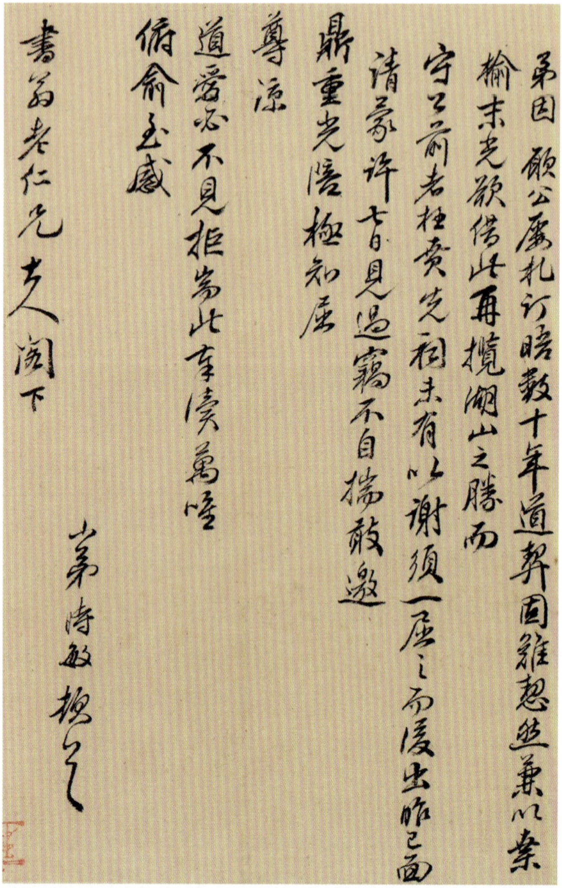
弟因愿公屡札订晤数十年道契固难恝然兼以案榆末光欲借此再揽湖山之胜而守之前者枉贲光宠未有以谢须一展之而后出昨已面清蒙许旨见過竊不自揣敢邀鼎重光临極知居尊凉道爱必不見拒專此奉读萬唯俯俞至感

書翁老仁兄大人阁下

小弟時敏頓首

图67 《致王瑞国札》，纸本行书，27.8cm×18.6cm，故宫博物院藏

必不见拒，专此奉读，万唯俯俞，至感。

书翁老仁兄大人阁下

小弟时敏顿首

考：

愿公，即晦山戒显（1610—1672），字愿云，号罢翁，俗姓王氏，名

瀚，字原达，江苏太仓人。少年受业于张采，后从舅氏听讲天台教义。初参径山雪峤圆信，往来于海盐金粟寺、宁波天童寺，从密云圆悟受皈依；甲申时，弃儒受戒于金陵宝华山，顺治七年（1650）迁九江云居山，住持十年，康熙六年(1667)住持杭州灵隐寺，康熙十一年(1672)退居杭州佛日寺。

首先，王时敏谈到与晦山的湖山之约，但因目前需面谢州守或许推迟。当时，晦山已经回到了杭州。王时敏、晦山称莲社道友，交往四十余年，同参一位老师。《灵隐寺志》记载，晦山曾参“天童（密云圆悟）、雪峤诸大老”，雪峤圆信是王时敏的皈依本师。[①] 两人相交，引为知音。此札大致书于康熙六年至康熙七年（1667—1668）间，王时敏为接待太仓知州而邀请王瑞国作陪。《奉常公年谱》记载，康熙七年（1668）九月，王时敏赴杭州，大概拜访了阔别经年的晦山法师，[②] 因此能推定此札书于康熙七年（1668）九月稍前的时间。

当时，时任太仓知州为浙江金华人陈国珍，康熙元年（1662）任。陈国珍是个墨吏，为官数载，“娄民膏髓为之吸尽”[③]。王时敏在《丙午家书（九）》中曾谈到当年十月十七日张王治宴请陈国珍，自己与吴伟业作陪之事。[④] 先前，笔者曾将州守误考为顺治十二年（1655）时任太仓知州、“画中九友”之一的张学曾，特此更正并说明。[⑤]

---

① 耿晶：《道心惟微——王时敏遗民生涯考释》，第156页。

② 王宝仁：《奉常公年谱》，见《王时敏集》，第790页。

③ 同上书，第787页。

④ 王时敏：《丙午家书（九）》，见《王时敏集》，第190页。

⑤ 万新华：《近年所见王时敏信札九通初考》，《艺术探索》2022年第3期，第11页。

向慕膠州 張公精鑒博雅甲於海內頃
高撤至止亟欲趨謁而衰病扶曳不前惟
欣悵而已所藏諸蹟數共經盡此書
為所稔知惟夜三四憤乃日懸之齋中者敬
奉命撤以奉
觀希不足供
大方法鑒也筆次西一

十四

致王鉴札二通

王鉴（？ –1677），字玄照，后改字元照，又字圆照，号湘碧、染香庵主，江苏太仓人。崇祯六年（1633）举人，官廉州知府。工画，得董其昌亲授，与王时敏并列“画中九友”。

第一通（图68）

昔米南宫年卅六时，以七十为期，日以一万四千计，所藏法书，日阅一过，犹以为少。弟所收诸画，虽非铭心绝品，要具古人典刑，自分崦嵫残照，能有几何？欲以愁绪如麻，经年未尝一阅。今承唐兄枉顾，当尽出奉鉴。然必遇赏音，乃令古人生色。空囊羞涩，非但不能治具，并不能具一茶。如不嫌简亵，诘旦必祈惠然。

专恳湘翁老世翁大人

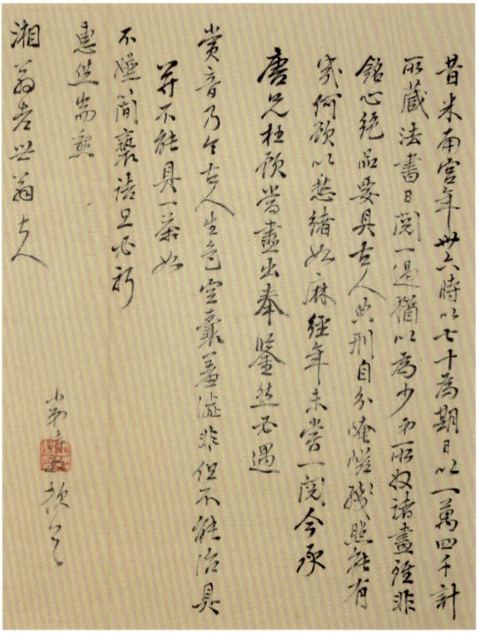

图68　《致王鉴札》，纸本行书，20.7cm×14.4cm，南京博物院藏

小弟时敏顿首

第二通（图69）

向慕胶州张公精鉴博雅，甲于海内，顷闻高辙至止，亟欲趋谒，而衰病扶曳不前，惟有耿怅。弟所藏诸迹散失殆尽，此吾翁所稔知。惟存三四帧，乃日悬之斋中者。敬如台命，撤以奉观，知不足供大方法鉴

也。草次不一。

弟时敏顿首

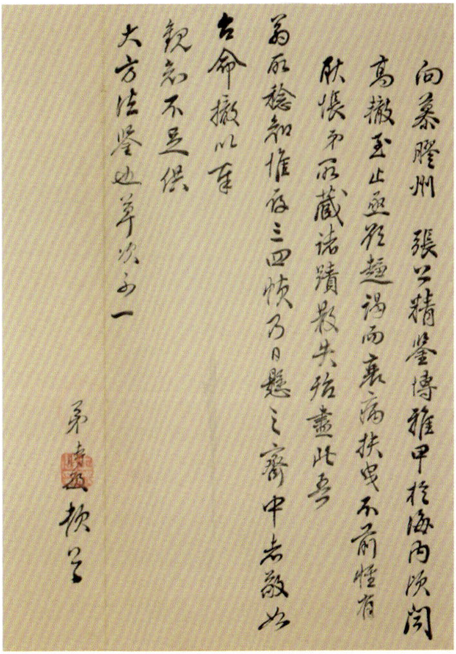

图69　《致王鉴札》，纸本行书，20.7cm×14.4cm，南京博物院藏

考：

入清后，失去了乡绅地位护佑的王时敏为保家业仍然百般经营。陈永福的研究生动地勾勒了明末清初王时敏经济生活的变迁，顺治年间，水灾、芦课、白粮接踵而来，王时敏不堪重负，经济日益窘迫。[①] 康熙五年（1666），他致信五子王抃细数种种家业困境而穷愁憔悴，甚至说到八子王掞生女，自己连五钱生银都拿不出来接济，王掞乡试中举也没钱打发报人和办置北上会试的盘缠。[②] 无奈中，他变卖房产，或以典当维持庞大的家族生计，也开始不得不出让心爱的收藏以解燃眉之急，与泰兴季振宜、常熟钱曾（1629—1701）、武进唐苂（1626—1690）、苏州王永宁（？—1672）、胶州张应甲等巨富子弟接洽交易。章晖、白谦慎合作《清初父子收藏家张若麒和张应甲》的研究披露，大约康熙二年（1663），张应甲初下江南，在王鉴（1598—1677）引荐下初识王时敏，购藏王氏所藏董源、黄公望画各一帧。康熙六年至康熙七年（1667—1668）间，张应甲再次南下，寻觅珍藏，也颇有收

① 陈永福：《明末清初乡绅经济生活的变迁——苏州府太仓州王时敏的事例研究》，见《北大史学》第15辑，第151—181页。

② 王时敏：《丙午家书（四）》，见《王时敏集》，第161页。

获，先后从王家购得东晋佚名《曹娥碑》、北宋赵令穰《湖庄清夏图》等珍品。[①]

二札大概书于康熙初年，所述内容涉及唐苂、张应甲等人。依“今承唐兄枉顾，当尽出奉鉴”一句，前者稍早；而后者据“弟所藏诸迹丧失殆尽，此吾翁所稔知。惟存三四帧”一句，判断应较晚，时王时敏藏品基本散佚，所剩无几。所以，二札作为有益的补充，在一定程度上反映了王时敏书画鉴藏生活的一个侧面。

康熙五年（1666）十月二十五日，王时敏在家书中提及廿日季振宜、钱曾、唐苂等结伴来到王家观摩古书画，他尽出所藏与观，皆极道好，[②]似乎能印证第一通所谓依“当尽出奉鉴”句。所以，第一通可以初步断定书写时间为康熙五年（1666）。

康熙七年(1668)春，王时敏修书王翚邀请他来太仓家中临摹赵令穰《湖庄清夏图》，不久画卷即为张应甲购去[③]，至康熙十年（1671），王时敏收藏所剩只有一二。[④]如此简略线索，或能判断第二通信札大致书于康熙六年至康熙七年（1667—1668）间，张应甲南下吴中之际。张应甲再请王鉴转达前来检选购藏之意，他略表委婉之词。或许就在这不久，张氏便将赵令穰《湖庄清夏图》收入密箧。

---

① 章晖、白谦慎：《清初父子收藏家张若麒和张应甲》，《新美术》2014年第8期，第42—44页。

② 王时敏：《丙午家书（十）》，见《王时敏集》，第193页。

③ 章晖：《西庐残照——王时敏晚年的生活和艺术》，博士学位论文，中国美术学院，2013，第69—71页。

④ 康熙十年（1671）辛亥中秋，王时敏题王翚《仿范宽溪山行旅图》卷（入编《石渠宝笈》，台北故宫博物院藏）云：余家所藏宋元名迹得之京师者十之四，得之董文敏者十之六，余宝爱之不啻头目髓脑，岁月入流，人事迁改，向者所藏仅存一二。今检旧笥得范华原行旅图，绢素完好，英彩焕发，真神物也。余年八十，屏谢尘事，惟封古人笔墨聊以自怡，装成因并志之。

十五

致王翚札十通

王翚（1632—1717），字石谷，号耕烟散人、清晖主人等，江苏常熟人。

顺治八年（1651）仲秋，王鉴游虞山，获观王翚所作扇面，大为惊叹，遂即约见，王翚以弟子礼见。顺治十年（1653）十月，王鉴书招王翚抵娄，荐予王时敏指授。从此，王时敏与王翚往来不断。康熙五年（1666）端午，王翚过娄，留客王时敏家度夏，纵览古今名迹，临摹万千，正如王挺在《赠石谷先生序》中描述了王翚的好学之况：

丙午端阳，石谷过娄，家大人留之度夏。坐卧斗室不惮炎暑，每构一稿辄澄心定虑，闭目沉吟，当食尚且废箸，何暇杂谈。及其挥毫落纸则真境现前，萧然有远古风味，殆欲与之俱化而不见其踪。所谓发愤忘食，乐以忘忧，石谷有焉。①

多年间，王时敏对王翚从不吝啬赞誉之词，提携推荐于文人名流间：

间有杰出之英，灵心妙解，力追古法……萃众美于笔下者，五百年来从未之见，惟吾石谷一人而已。②

石谷画囊括古人，凌轶近代，声名震爆海内，无待缕述也久矣。③

康熙十九年（1680）六月初九，王翚、恽寿平（1633—1690）自虞山抵娄谒见王时敏，十一日相见于病榻前，十七日王时敏去世。王翚“奠奉常毕，引头触棺恸，呼抢知己如不欲生，童客皆泣巾不能仰视，成渭古道至性非近今所易得”“七终举哀，遂留待执绋”。④在中国画史上，王时敏、王翚留下了罕见的师生互敬延誉的艺苑佳话。

① 王挺：《赠石谷先生序》，《清晖赠言》卷八，见中国书画全书编纂委员会编《中国书画全书》第七册，上海书画出版社，1994，第891页。

② 王时敏：《题王石谷画》，《王奉常书画题跋》卷上，见《王时敏集》，第389页。

③ 王时敏：《题石谷长卷》，《王奉常书画题跋》卷下，见《王时敏集》，第428页。

④ 赵平：《王石谷年谱》，《常熟理工学院学报（哲学社会科学版）》2007年第7期，第120页。

第一通（图70）

前手札辱许见过，虽切引领，然知尊冗纷沓，当必无暇。犹冀道驾赴山塘之约，清明节前或得把臂，乃炤翁归云吾兄家中笔逋山积，未遑郡行，则弟又无缘相值，深为怅怏。惟闻长翁归期已近，三月尽必至吴门。弟此时不能不出晤，计吾兄亦必过郡，得于拙政园中一奉色笑，良慰饥渴。但恐道途或复巧左，幸先期相闻，庶不至交臂相失也。弟迩来官逋攒迫，人事烦拿，窘罄从来未有。且老姜病不能起，令文新婚闭影室中，即炤翁亦云无从见面。拙修堂中，经月无一履声，寂寞殊甚。惟吾兄骨肉至爱，瘩瘩劳思而赤手未敢奉邀。虽妙墨袭藏已多，近更获大痴、仲圭二挂幅，咀味无穷，然溪壑之求，犹未属餍。伊在兄处者订定月初竣局，俟得入手，方敢少修润笔，竭诚专恳耳。虞山此际胜游，念之神飞，奈无力措舟楫之费，徒有浩叹。兹因子惠便附此，诸不多及。

廿九日，弟时敏顿首

石老仁道兄社盟

冲

考：

此札与上海枫江书屋2005年夏入藏王时敏致王翚信札卷第七札有先后关系：

前子惠至虞山，有一缄奉寄，云已致尊公，未知家邮中曾以达览

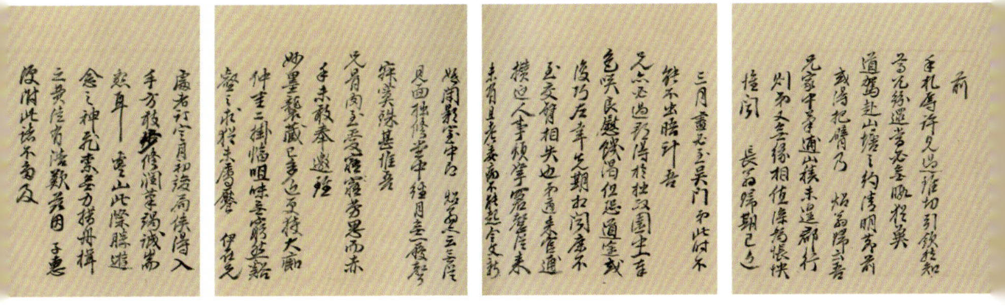

图70 《致王翚札》，纸本行书，13.8cm×12.3cm×4，故宫博物院藏

否……吾兄以一身应天下之求，固极烦苦，正恐后当益甚，则高名为累，反妨闲适……前所托伊在之物，三次遣人催索。其兄弟间互相推诿，逐日迁脱，竟无了局……乞吾兄以正论婉讽，得如期速付先为竣事，则当厄之施，感佩更不鲜矣。以实因窘迫不得不为大声之呼，乞致伊在兄曲为留意。长翁有的信否？良晤或在其过郡时。有便千祈惠音。冗次草草。

白谦慎、章晖根据康熙七年（1668）吴伟业为王翚作长歌初步推测书于康熙五年（1666），为第一封信。[①]“兹因子惠便附此，诸不多及”之句在前，“前子惠至虞山，有一缄奉寄，云已致尊公”之句在后，笔者稽此考订为康熙五年（1666）抑或康熙六年（1667）二月间，主要叙述了相约苏州，新收黄公望、吴镇挂幅，以致“虞山此际胜游，念之神飞，奈无力措舟楫之费，徒有浩叹”。顾子惠出行，嘱捎带书函。

按，炤翁，即王鉴。长翁，就是丙午家书经常提及的“滇中王额附”，即王永宁，字长安，卒于康熙十年（1671）暮冬，[②]山西太原人，吴三桂婿，居苏州拙政园前后约十载，常往返于苏州、扬州之间，以古董书画、昆曲演乐交结江南文士。[③]

再按，伊在，即沈湄，是江苏苏州沈周后人，擅长诗画，曾于王鉴门下学画，《王奉常书画题跋》卷上有“题沈伊在诗草”行世。子惠，即顾子惠，善音律，昆曲艺人苏昆生（约1600—1679）之徒，嘉庆《直隶太仓州志》卷四十一“艺术”有记载，康熙二年（1663）冬，王时敏延之授家童曲艺。[④]

---

① 白谦慎、章晖：《〈王时敏与王翚信札七通〉考释——兼论稿本信札在艺术史研究中的文献意义》，见北京大学国际汉学家研修基地主编《国际汉学研究通讯》，第十二期，北京大学出版社，2016，第168页。

② 王抃：《王巢松年谱》，第37页。

③ 章晖、白谦慎：《清初贵戚收藏家王永宁（下）》，《新美术》2010年第2期，第11—20页。

④ 王宝仁：《奉常公年谱》，见《王时敏集》，第767页。

第二通（图71）

前因舟便附讯，以道驾偶出，未得报章。方欲觅便再相闻，而手教忽坠，具见吾兄意气冥通，固不因地里间隔，所谓人远精神近也。感切感切。病媪似可无大患，但至今未能啖粥，盖因衰极，元气难复，药饵亦猝难奏效，尚属可忧，承垂念，谢谢。梅翁文非守定，不能必得，日来又以称觞，客履纷沓，益无暇刻过，此当再恳求之。得炤翁归，倾助庶益有力耳。长翁来苏，弟亦拟出晤，但目前穷窘，净裸裸止剩一身，应酬无策，焦闷欲绝，正欲与吾兄细商，愿见不啻饥渴也。每极闷时辄思以妙笔排解，虽有前画几帧，眼中渐熟，更思新者一涤心目，染练不必太旧，但少去粉光丝色足矣。有便万乞先寄，倘郡行邂逅炤翁，即与偕来，尤所望也。船人行促，草率奉复，种种统容面罄。

弟时敏顿首

石老仁社兄大人道谊

考：

康熙五年（1666）十月，王时敏家书王抃连续提及：

汝母比亦多病，性复多怪。八月杪，忽住七房，仍住楼下。此房已属他人，前后空场，阒无一人，只同一极幼丫头止宿其中。现今咳嗽头晕，少进饮食，每日眠多坐少，景象甚觉凄凉。①

汝母比亦病甚，住七房已将两月，咳嗽泄泻，少进饮食，卧床已久。所居仍在书楼下，旁皆隙地，前后无一人，惟一数岁女童相伴，我屡劝之归，又令女奴再三敦请，仍住老宅，朝夕相聚，以便照管，二兄亦屡请之，并拨人伏侍，不惟不从，反生嗔怒。其性怪僻变常，总是秋冬之气，恐非嘉征。②

所谓“病媪似可无大患，但至今未能啖粥，盖因衰极，元气难复，

① 王时敏：《西庐家书》，丙午九，见《王时敏集》，第189—190页。
② 王时敏：《西庐家书》，丙午十，见《王时敏集》，第192页。

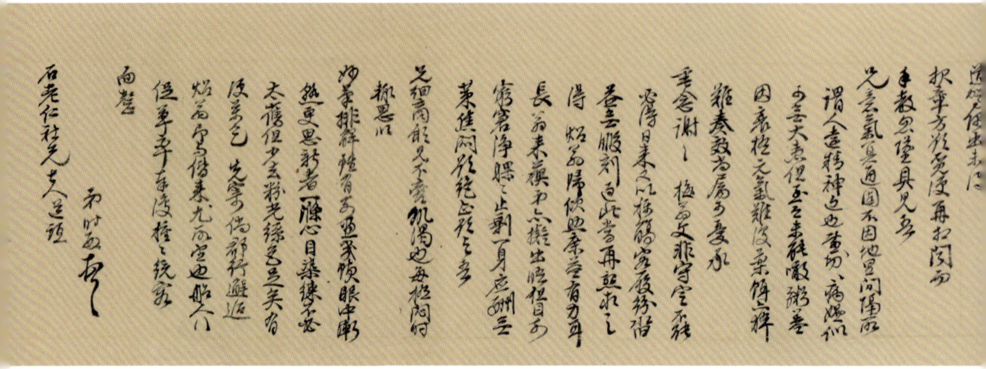

图71 《致王翚札》，纸本行书，14.5cm×25.5cm×2，故宫博物院藏

药饵亦猝难奏效，尚属可忧”，与家书中所言相符。病媪，乃王揆、王抃之母徐夫人。是年十一月八日，徐夫人病卒，年六十六。[①]

前揭当年夏天，王时敏招王翚馆于家作画，而令在穷苦困顿之际不时感到“愁中一大快”：

况有石谷在家，已及一月，幸渠目前尚未有去意，然秋间必归，将何以应付之，令人忧杀急杀，其画果凌跨古人，为我作二长卷，无一家不酷肖，真旷代所无，此则愁中一大快也。[②]

这是王时敏在王抃家书中发出的由衷感叹。所以，他对王翚道出同样的心声：“每极闷时辄思以妙笔排解”，请他再作新画：“虽有前画几帧，眼中渐熟，更思新者一涤心目”，若有可以让王鉴捎回，时王翚离开太仓已有一段时间。

种种信息显示，此札可能书于康熙五年（1666）十一月徐夫人病逝前的两三个月之间。

① 王宝仁：《奉常公年谱》，见《王时敏集》，第789页。

② 王时敏：《西庐家书》，丙午九，见《王时敏集》，第160—161页。

第三通（图72）

荒斋累日盘桓，既慰寂寥，又承指教，骨肉至爱何以逾此。自吾兄别去，弟又如失水鱼濡沫无所，寤寐怀思，将何时可暂释耶！吾兄行后，梅翁文即成，典重闳伟，仍一篇大文字，非独以华赡为工，而阐发太夫人之圣善，长安公之孝养亦称极笔。谨录奉览制屏，琐事纤悉，皆烦勾计，费省功倍，实藉大力，背面用纸，恐太简率，而绢须另织，又稽时日，不知轻纱绸之类可以代之否？一唯尊裁。屏架因匠人在先祠及五儿迁居两处修葺，苦无隙晷，然亦一两日内必完，云板下截尚须灰漆，末旬初必当载至虞山。画格后仍先以面幅发回缮写，总于初十前出门，望边到彼，当亦未迟。届期必祈道驾过舍，使儿辈得追随方妥，盖行前尚有无限欲商者耳。前承维岳兄加意周旋，顷闻已归，未及专候，晤间幸为弟先致感诚。长翁吴门之游暂俟凉秋，诚属两便，且省窭人焦迫经营，亦非小可事也。诗笺领到，容即致之。梅翁船回时，炤翁适在小斋，来札已共展读矣。草复不一，写屏急需新墨附银五钱，乞择黑亮者买之。即付来，手持归。两卷装完，幸先见付。

弟时敏顿首

石老仁道兄社长

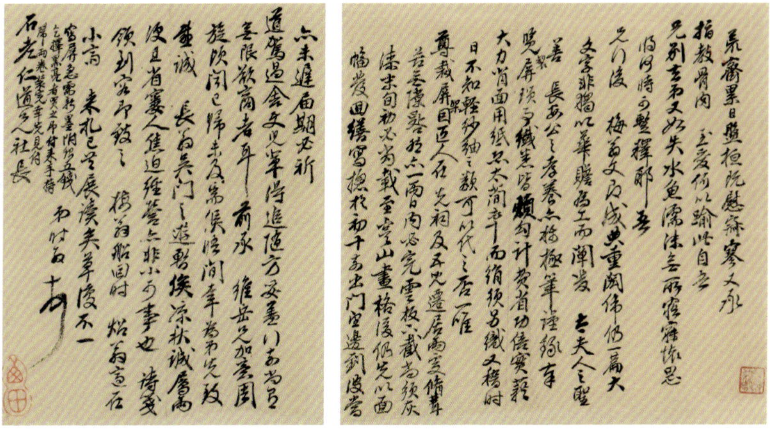

图72　《致王翚札》，纸本行书，20.7cm×23.2cm×2，故宫博物院藏

考：

五儿，即王抃。《奉常公年谱》“康熙七年（1668）”条记：“七月，子抃弃北门宅，典大房来鹤堂一带居焉”；[①]《王巢松年谱》“康熙七年（1668）”条更明确：“六月初，余将北宅售闵云继，初意欲住卖秧桥王□□旧宅，其中不无窒碍，大人亦以为不可，乃典来鹤堂一带，连契面修理及门面二间、家人屋三间，供约四百金，后又加借一百两，伯兄失明之后，足迹罕至，墙垣栋宇半就颓废，所以葺治甚费，于七月下旬迁入。”[②]

又，《奉常公年谱》“康熙六年（1667）”条记：“作《预嘱》一则，始以特祠修葺之计，继及岁时祭享之规”[③]，而所谓“匠人在先祠及五儿迁居两处修葺，苦无隙晷”，修祠之计次年得以实施。

依此，此札可推测书于康熙七年（1668）六七月间。是年五月，王时敏应王永宁之请赴苏州：“有额驸慕公已久，五月初特遣使持书币相迎，情不能却，遂买舟渡江，款洽经旬而返。”[④]

同年九月，王时敏有杭州之行，王抃也因江西吉安司马许焕之招一起出行。[⑤]正因如此，王时敏拟定顺路苏州，便有“长翁吴门之游暂俟凉秋，诚属两便，且省窭人焦迫经营，亦非小可事也”之谓。自杭州归途中，王时敏舟中清暇作《仿云林溪亭山色图》，题云：

云林《溪亭山色图》，旧为吾郡王文恪公家藏，云间董文敏公亟称其为倪画第一，余想慕有年，恨未得见。今秋长安公憩拙政园，余偶因过从，幸获寓目……适武林返棹，舟中清暇，追忆仿摹。[⑥]

由此可见，王时敏的确停留苏州，拜访了王永宁，鉴赏了古画，也

① 王宝仁：《奉常公年谱》，见《王时敏集》，第790页。
② 王抃：《王巢松年谱》，第34页。
③ 王宝仁：《奉常公年谱》，见《王时敏集》，第789页。
④ 同上书，第790页。
⑤ 同上书，第790页；王抃：《王巢松年谱》，第34页。
⑥ 王时敏：《题自仿云林溪亭山色图》，《王奉常书画题跋》卷下，见《王时敏集》，第401页。

印证了信中所言。

与第三札一样，王时敏也谈到了王长宁为母祝寿而邀吴伟业作寿序之事，表示自己则奉览制屏。章晖、白谦慎的研究表明，吴伟业《王母徐太夫人寿序》的写作时间应为康熙五年（1666）八月至康熙八年（1669）五月间[1]，故此札推测为康熙七年（1668）有所依据。

从内容来看，吴伟业为王永宁之母书写寿序，似乎颇费周折，历时一年半之多，正如第三札中所言“梅翁文非守定，不能必得，日来又以称觞，客履纷沓，益无暇刻过，此当再恳求之。得炤翁归，倾助庶益有力耳”，意即吴伟业著文不容易，不一定能得，我因为过寿，比较忙，过阵子再反复恳求，待王鉴回来，也请他助益。王时敏生日是八月十三日，时年七十五，由此，第三札日期更加明确，书于康熙五年（1666）八月中旬。按旧时风俗，江南人家普遍重视75岁生日，王时敏八月祝寿时，王翚离开王家已有近两月，所以发出前揭“每极闷时辄思以妙笔排解”之语。而第三札书写时，吴伟业寿序已毕，“典重闳伟，仍一篇大文字”。由此推测，王母徐太夫人之寿定为整寿，王永宁由王翚提前作介请一代名流吴伟业作序以敬孝心：“阐发太夫人之圣善，长安公之孝养。”事实上，中国传统邀约寿序，一般都要提前谋划的。

这里，王时敏还拜托王翚向顾维岳转达谢意：“前承维岳兄加意周旋，顷闻已归，未及专候，晤间幸为弟先致感诚”，似能回应第二札中“顾维岳兄最为亲昵，言必相信，度仁翁平日素与周旋或可商酌，托为绍介”之语。

第四通（图73）

岁底承远顾，盘桓信宿，以病冗交迫，未尽衷臆为歉。临别时又以新安吕翁旧□□□□□夙愿谨识不忘。□□□好蔚仪在城，即嘱之询其

① 章晖、白谦慎：《清初贵戚收藏家王永宁（上）》，《新美术》2009年第6期，第41页。

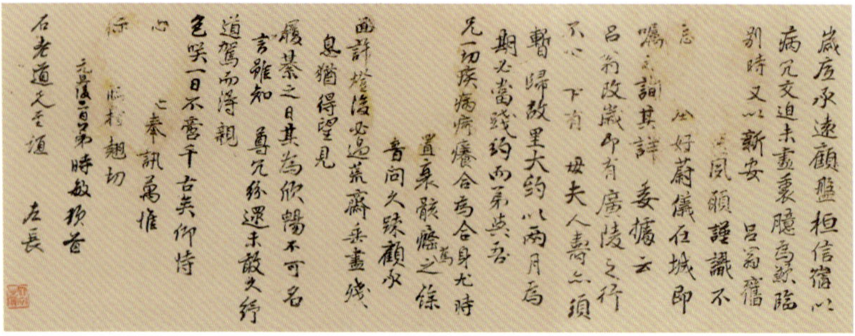

图73　《致王翚札》，纸本行书，14.1cm×12.8cm×3，故宫博物院藏

详委。据云吕翁改岁即有广陵之行，不□□有母夫人寿亦需暂归故里，大约以两月为期，必当践约，而弟与吾兄一切疾病疴痒合为合身，尤时□□□□□□□置衰骸癃笃之余，□□□□□□□音问久疏，顾承面许，灯后必过荒斋，垂尽残息，犹得忘见。履綦之日其为欣畅，不可名言。虽知尊冗纷还，未敢久纾道驾，而得亲色笑一日，不啻千古矣。仰恃心□□□奉讯万惟□□□□翘切

元旦后二日，弟时敏顿首

石老道兄至谊

左长

考：

《奉常公年谱》“康熙九年（1670）”条记：

是冬，一日在拙修堂早膳后，忽然晕去，头面俱冷。时石谷王翚正在座中，少顷即平复如常。①

《王巢松年谱》“康熙九年（1670）”条记叙更为生动：

腊月望后，尚在嘉禾，下旬抵家，始知大人在拙修堂中早膳后，手持素珠念佛，忽然晕去，头面俱冷，石谷正在娄，所亲见者，少顷即平

① 王宝仁：《奉常公年谱》，见《王时敏集》，第792页。

复如常。此后寿算，又添十载，真为人子者，非常幸事也。[①]

结合上述，札中所谓“岁底承远顾，盘桓信宿，以病冗交迫，未尽衷臆为歉”与之相符，故大致判断书于康熙十年（1671）正月初三，虽有残破，但大体内容也能判断，主要是问候之语，说及新安吕翁回籍办理母寿，两月为期，因岁有扬州之行，与王翚相约见面之事。

按，新安吕翁，应该是吕贲恒（1646—1710），字天启，号素园，曾官任河南长葛教谕、湖北武昌知县；或是吕履恒（1650—1719），字元素，号坦庵。康熙三十三年（1794），累官户部右侍郎。父吕兆琳(1619—1691)，字敬芝，顺治十六年(1659）进士，康熙九年（1670）授陕西西乡知县，康熙十五年(1676）擢监察御史并掌福建道。母王氏（1620—1680）乃王铎（1592—1652）长女、王无咎之妹。王氏生于万历四十八年（1620）十一月十九日，康熙九年（1670）是其五十整寿，乃大庆，便有“有母夫人寿亦需暂归故里”之说。顺治十一年（1654）十月，王时敏曾为王揆北上应试致信王无咎问候，吕氏兄弟乃王无咎外甥，故有推论。[②]故宫博物院藏有一封王时敏大约是康熙九年（1670）十二月二十五日示谕家仆陈英的便条也提到过这位“新安吕翁”：

我家承新安吕爷高情厚谊，稠叠无已，从未寸酬，日夕抱歉。旧岁四房又承缓急，感益倍常。久应清理，何因循复至今日，目下公赋促迫，万难分力。昨以至情奉告，迟至新春，又辱慨久，更使我愧悚无地。汝等宜多方设处，务在新正措足清还，毋使我自食其言，无面相见也。至紧至切。[③]

---

① 王抃：《王巢松年谱》，第 36 页。

② 王时敏：《致王无咎》，尺牍卷下，见《王时敏集》，第 284 页。王无咎，字藉茅，河南孟津（今河南洛阳）人。顺治三年（1646）进士，选庶吉士，授编修，任侍读学士，顺治十二年（1655）十月迁浙江按察使，顺治十三年（1656）十二月，任江南右布政使，顺治十五年（1658）十一月因卢慎言贪污案迁陕西西宁道，后官至太常寺少卿，卒于官。王无咎曾官江南右布政使，就有关于赋税钱粮的资讯。关于吕母王氏出生年月日期，薛龙春教授查询相告，考订更有所依据，特此申谢。

③ 图见故宫博物院编《故宫藏四王尺牍》，故宫出版社，2020，第 49 页。

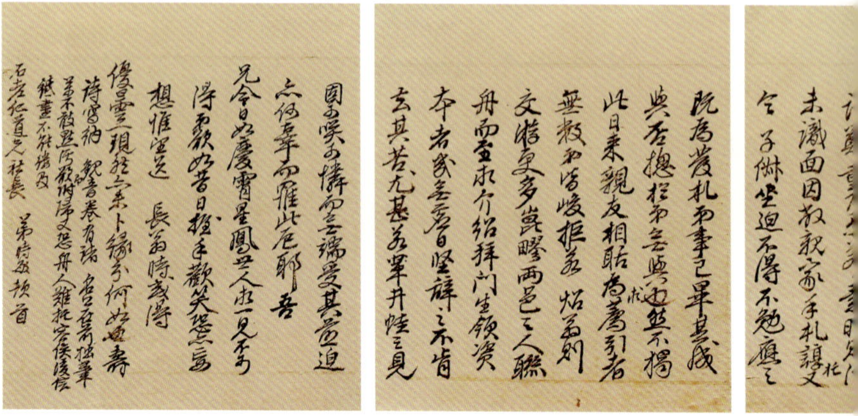

图74　《致王翚札》，纸本行书，13.8cm×12.3cm×5，故宫博物院藏

或许，新安吕爷致意王家，并以厚礼相赠，是为转告有关税赋之事："久应清理，何因循复至今日，目下公赋促迫，万难分力。昨以至情奉告，迟至新春，又辱慨久，更使我愧悚无地。"

第五通（图74）

昨谓臣兄归，率附一字，未知达否。好事者鉴暗而欲奢，颇难当其意。据传者云将欲猝至掩袭，寒家本无此物，固不必虑，但因此开端，恐后益滋纷扰，故欲觅一幅以塞其求。吾兄处所见必多，何难搏刮。倘有稍可入眼者，多携几帧见示，选择用之。弟目前虽窘罄无一文，定当典衣鬻器，如法奉值。须眉尚在，决不作无行人也。弟一生株守，今老且贫，竟觉为收藏虚名所误。然同好不乏，人每以机权妙用仍多得趣，惟弟则徒增烦累。驱使万端，此则智拙赋予本殊，非可强为者耳。前二事，一则因船家哀求，妄意可行方便，且于事体无碍，不谓郑重乃尔。若素昭则从未识面，因敝亲家手札谆托，又令子俶坐迫，不得不勉应之。既为发札，弟事已毕，其成与否总于弟无与也。然不独此，日来亲友相聒，为求荐引者无数，弟皆峻拒。若炤翁则交游更多，昆、疁两邑之人联舟而至，求介绍、拜门生、领资本者几无虚日，坚辞之不肯去，

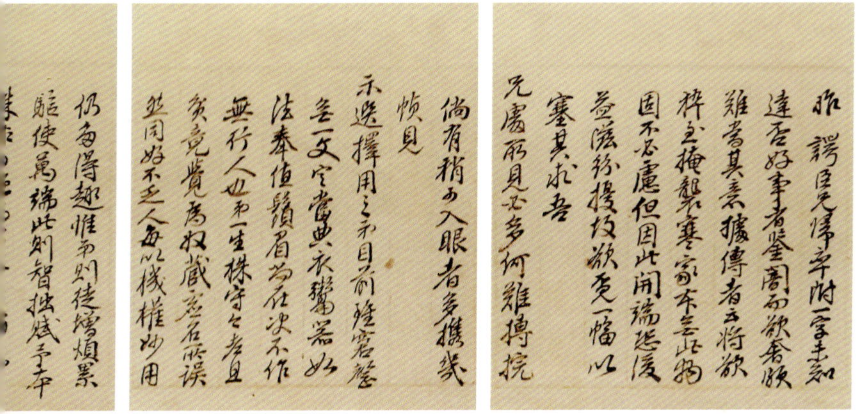

其苦尤甚。若辈井蛙之见，固可笑可怜，而无端受其煎迫，亦何辜而罹此厄耶。吾兄今日如庆霄星凤，世人求一见不可得。弟欲如昔日握手欢笑，恐亦妄想。惟望送长翁时，或得优昙一现，然亦未卜缘分何如也。寿诗写纳，观音卷有诸名公在前，拙笔万不敢点污。欲即附归，又恐舟人难托。容俟后信，纸尽不能缕及。

石老仁道兄社长

弟时敏顿首

考：

康熙十年（1671）二月二十一日，王翚四十初度，吴伟业、周亮工、笪重光等有诗祝寿，王时敏亦赋诗《辛亥仲春为石谷四十寿》："春酒长筵恰令辰，盈觞持戏二亲频。径来车马推名士，胸有溪山号散人。泼墨已追黄子久，挥毫重见李公麟。与君俱是王乔后，九派江分水乳匀"，为王翚编入《清晖赠言》。[1]故而，王时敏遂有"寿诗写纳，观音卷有诸名公在前，拙笔万不敢点污"之言。所以，此札书于康熙十年（1671）仲春。

① 王时敏：《辛亥仲春为石谷四十寿》，《清晖赠言》卷七，见《中国书画全书》第七册，第875页。

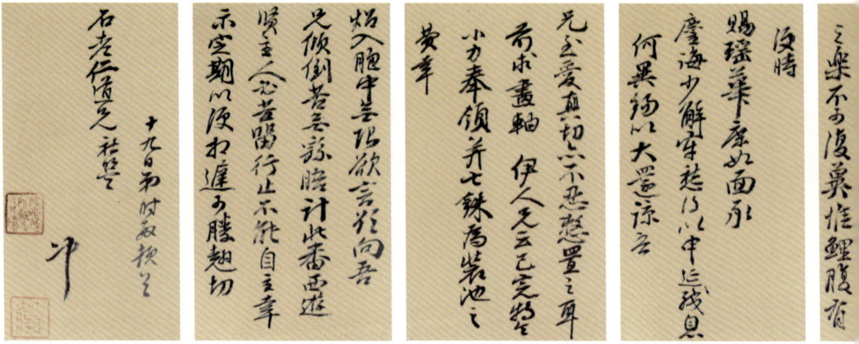

图75 《致王翚札》，纸本行书，13cm×6.5cm×9，故宫博物院藏

在札中，王时敏因为应酬，抱怨“益滋纷扰”而请代笔，“多携几帧见示，选择用之”，并略及润资之事：“定当典衣鬻器，如法奉值。”如此，王时敏曾在丙午家书中表达：

石谷六月十七日来，住此五旬，已画五长卷，忽家信至，托言粮务促归，所画多未完局，原约去两日即来，乃二旬杳然，盖此君固独绝，利上最重，想因临行之际，我多方设处，赠之仅得八金，使大失望，故迟迟不来。再手札恳促复至，然窥其意终不快，到此十余日，终日矻矻笔砚间，计日惜阴，余外应酬誓不动一笔，画扇尤不肯破戒，诸兄弟辈皆不敢以一扇相求，求亦不应。梅老、德藻皆欲延之，渠意皆不乐就，亦缘各处稗贩之家求其法制古迹，争许重礼购之，书牍踵至，故不能久处笼中。在吾家尚有一前后总计日期，酬谢不少，恐一时不能凑集，如何如何。[1]

第六通（图75）

自拙政别后到家，刺促尘冗者月余，竭蹶匍匐，擎跽曲躬，竟日深宵，寝溲无暇，体为之敝囊亦愈空，名曰庆生而实以伤生，世谛之误人如此，可发一笑。日从弇园家邮知，道驾在郡暂寓。子慎兄家正欲觅便

① 王时敏：《西庐家书》，丙午七，见《王时敏集》，第176页。

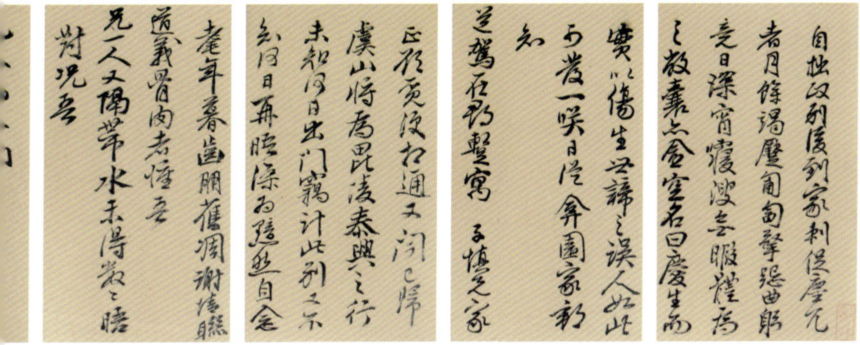

相通，又闻已归虞山，将为毗陵、泰兴之行，未知何日出门，窃计此别又不知何日再晤，深为黯然。自念耄年暮齿，朋旧凋谢，情聊道义骨肉者，惟吾兄一人，又隔带水，未得数数晤对。况吾兄羔雁盈门，仙踪靡定。弟菌蟪夕阴，欲求昔日累月聚首班荆，煎烛之乐，不可复冀。惟鲤腹有便，时赐瑶华，庶如面承尘诲，少解牢愁，得以申延残息，何异锡以大还，谅吾兄至爱真切亦不忍慭置之耳。前求画轴，伊人兄云已完，特令小力奉领并七铢为装池之费。幸照入胞中，无限欲言，欲向吾兄倾倒，苦无繇晤。计此番西游，贤主人必苦留，行止不能自主。幸示定期以便相迟，可胜翘切。

十九日弟时敏顿首

石老仁道兄社盟

冲

考：

康熙十年（1671）八月十三日，王时敏八十大寿，同里及四方来称祝，开宴累日。王永宁特意携带乐班来娄演剧，颇为倾动。[①]他感叹“名曰庆生而实以伤生，世谛之误人如此，可发一笑”，即可一指，

① 王抃：《王巢松年谱》，第 37 页。

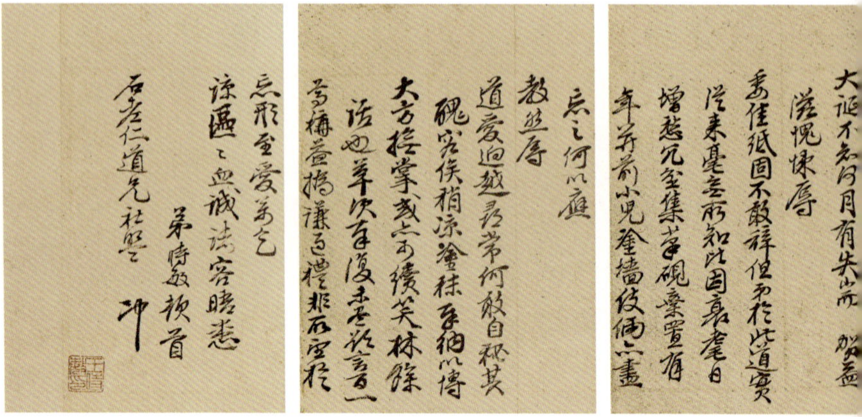

图76　《致王翚札》，纸本行书，13.8cm×12.3cm×6，上海图书馆藏

故此札书于康熙十年（1671）八月十九，谈及前求画轴之事，表达思念之情。

康熙十一年（1672）腊月，王时敏跋王翚《临巨然烟浮远岫图》云：

巨然《烟浮远岫图》，余一生想慕未得寓目。辛亥秋获观于拙政园。惜如庆喜见阿閦佛，一见更不再见。壬子残腊，石谷从京口归，纡棹过访，云为在辛侍御临摹一帧，适携箧中，出以见视。[①]

所谓“辛亥秋获观于拙政园”，正合于“自拙政别后到家”一语。可以推断，王时敏八十寿，王永宁来娄里祝寿，遂一起返回苏州观画，时王翚亦在。王时敏题跋王翚临画时，王永宁已作古人，故有“一见更不再见”之叹。又，“计此番西游，贤主人必苦留，行止不能自主”，也能印证“九月西泠之游”。

按，子慎，乃王时敏族弟王子慎，见于王时敏《封树连枝记》。伊人，即顾湄（1633—？），字伊人，号抱山，江苏太仓人。早通经义，为陈瑚高足。奏销案被累，遂绝意进取，专力诗文。

---

① 王时敏：《跋石谷临巨然烟浮远岫图》，《王奉常书画题跋》卷下，见《王时敏集》，第413—414页。

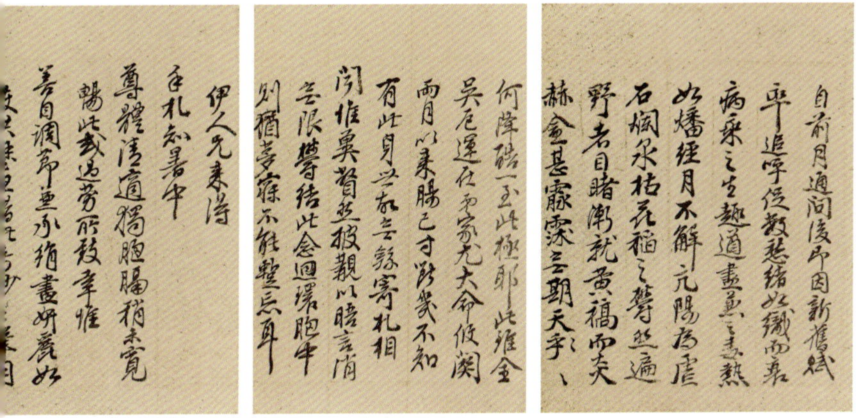
自前月通問後即因新舊賦
率追呼促數愁緒如織而衰
病乘之生趣道盡兼之毒熱
如燔經月不解亢陽為虐
石爛泉枯花稻之鬱然遍
野者目睹漸就黃槁而炎
赫愈甚霢霂無期天乎天乎
何降酷一至此極耶此雖全
吳厄運在弟家尤大命攸關
兩月以來腸已寸斷幾不知
有此身世故無繇寄札相
聞惟冀瞥然披覿以晤言消
無限鬱結此念迴環胸中
則猶夢寐不能暫忘耳
伊人兄來得
手札知暑中
尊體清適獨胸膈稍未寬
暢此或過勞所致幸惟
善自調節兼承絹畫妍麗如

第七通（图76）

自前月通问后，即因新旧赋率追呼促数，愁绪如织，而衰病乘之，生趣道尽。兼之毒热如燔，经月不解，亢阳为虐，石烂泉枯，花稻之郁然遍野者，目睹渐就黄槁，而炎赫愈甚，霢霂无期，天乎天乎，何降酷一至此极耶？此虽全吴厄运，在弟家尤大命攸关。两月以来，肠已寸断，几不知有此身世，故无繇寄札相闻，惟冀瞥然披觌，以晤言消无限郁结。此念回环胸中，则犹梦寐不能暂忘耳。伊人兄来，得手札，知暑中尊体清适，独胸膈稍未宽畅，此或过劳所致，幸惟善自调节。兼承绢画妍丽，如获拱璧，但惜此奇妙之笔用作应酬，不无干将补履之叹。大诞不知何月，有失专贺，益滋愧悚。辱委佳纸，固不敢辞，但弟于此道实从来毫无所知，比因衰耄日增，愁冗坌集，笔砚弃置有年，并前小儿涂墙伎俩亦尽忘之，何以应教。然辱道爱迥越寻常，何敢自秘其丑，容俟稍凉涂抹奉纳，以博大方抚掌，或亦可续笑林余话也。草次奉复，未尽欲言百一。尊称益㧑谦过礼，非所望于忘形至爱，万乞谅区区血诚。诸容晤悉。

弟时敏顿首

石老仁道兄社盟

冲

考：

从内容看，此札书于第六通稍后，即康熙十年（1671）八、九月间，时王翚应暂寓苏州，但王时敏、王翚还没有在苏州王永宁处见面。所以，顾湄捎带王翚信札，并附回第六通所谓“前求画轴”。首先，王时敏在信里大倒苦水，为夏间酷暑干旱而忧心忡忡，然后为获得王翚画轴致谢，为用作应酬而惋惜不已，并为未能申贺王翚40岁生日致歉，正如第五通所述，1671年仲春，王时敏赋诗《辛亥仲春为石谷四十寿》为贺，但或因王翚只为自己40岁生日征诗，王时敏未知具体日期，便有“大诞不知何月，有失专贺，益滋愧悚”之言。最后，王时敏针对王翚求画一事，修辞式地说明了一番。你求我一幅，我也求你一幅，礼尚往来也。

第八通（图77）

弟与兄交二十年，真同莫逆。自春初枉顾寒庐，别后弟随婴齿击之疾，吭吻间几无停响。既复经旬，谋之岐黄家，稍得平复，而头晕又复大作。此虽老人常病，年耄者老每多遇之，然自弟八十以来，从无此疾，不意夏秋之间时一举发，竟有缠绵之患，所谓转侧须人，偃仰待日，岂非尊生无术，固宜抱疴若是耶。然弟忆前秋，承吾兄同令高足子鹤兄有过舍经时之订，目前写真高手无如子鹤，所画弟小像最为得神，至今佩服。弟今朽骨垂尽，倘邀贤师徒惠顾，再商一巨幅以贻示后人，则邀爱庇实多矣，弟癃笃万状，不属为人，且熟知仁兄笔墨之功，堆案填壁，必无片晷之暇，何敢仰烦枉趾，但夙有成约，谅不寒盟，倘卜定期，幸确示之织菲，聊当芹叶，并祈茹存。至祷。

除夕前二日，弟敏顿首

石谷仁道兄至谊

考：

王时敏《杨子鹤为余写照题赠》云：

海内写照名家，余生平交与甚鲜。少壮时两过波臣，先后得二帧，俱

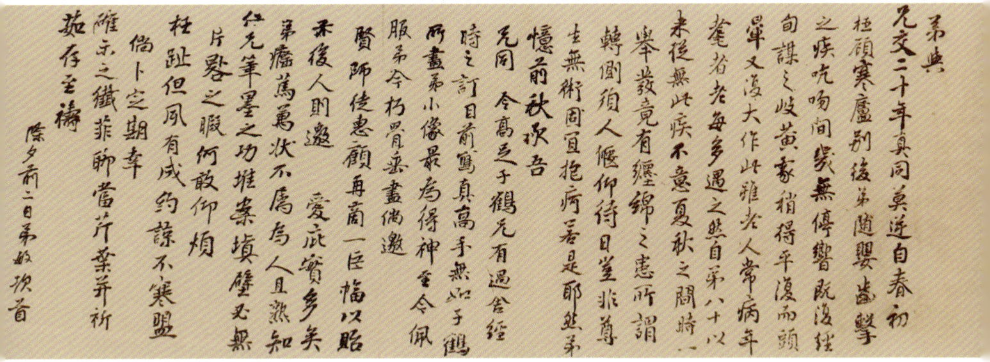

弟典
兄丈二十年真同莫逆自春初
枉顧寒廬別後弟隨嬰齒擊
之疾吭吻間幾無停響既復往
句謀之岐黃家稍得平復而頭
暈又復大作此雖於人常病年
衰者老每多遇之然自弟八十以
來從無此疾不意夏秋之間時一
舉發竟有纏綿之患所謂
轉側須人偃仰待日豈非尊
生無術固宜抱痾若是耶然弟
憶前秋承吾
兄同令高足子鶴兄有過舍經
時之訂目前寫真高手無如子鶴
所畫弟小像最為得神至今佩
服弟今朽骨要畫偕邀
賢師徒惠顧再圖一臣幅以貽
來後人則邀　愛庇實多矣
弟癃萬萬狀不屬為人且熟知
仁兄筆墨之功堆案填壁必無
片晷之暇何敢仰煩
枉趾但夙有成約諒不寒盟
倘卜定期幸
惟示之織菲聊當芹葉并祈
茹存至禱
除夕前二日弟敏頓首

图77　《致王翚札》，纸本行书，中国嘉德1998年5月9日春季拍卖会，古籍善本，No.1065　图刊李经国、马克主编《过云楼旧藏名贤书翰》，北京联合出版公司，2020，第180—181页

不甚似。此后，遂久无貌余者。甲寅春仲，虞山子鹤杨兄，同石谷归自邗江，扁舟过访，雨窗清暇，为图小影，竟日而成。见者无不骇叹，诧为酷肖，余揽镜自照，恍若相对共语，哑然一笑。盖子鹤为石谷高足，其于画道探幽测微，妙得神解，悉用以会通写生，故宜其超轶时流若此，而余樗栎朽质，壅盎顽姿，获此合作，亦不胜自幸其遭矣。[1]

杨子鹤，乃王翚弟子杨晋（1644—1728），字子鹤，号西亭，江苏扬州人。甲寅，即康熙十三年（1674），此札书于当年腊月二十八日，先略及自己的牙疾之状，亦如《奉常公年谱》所谓“中秋，始患头眩舌强”，[2] 后从杨晋写真说起拟想邀约王翚师徒再次来娄绘制大画，等等。

此札收入《清晖阁赠贻尺牍》，然王翚做了大幅删改：

别后随婴齿击之疾，吭吻间几无停响。春初，谋之岐黄家，稍得平复，而头晕复作，所谓转侧须人，偃仰待日，岂非尊生无术，固宜抱疴若是耶。向承吾兄同高足子鹤杨兄有过舍盘桓之订，传神阿堵，子鹤可

① 王时敏：《杨子鹤为余写照题赠》，《王奉常书画题跋》卷下，见《王时敏集》，第 421 页。

② 王宝仁：《奉常公年谱》，见《王时敏集》，第 799 页。

称擅长，所图小像神色飞动，见者皆谓宛然如可与笑语，无毫发憾。弟朽骨垂尽，敢祈师弟惠顾，再商定一图，贻示后人，则邀爱庇实多矣，容罄以悉。[①]

第九通（图78）

……胜狂喜，妄冀小册真有奇缘，或可告成，承教□□画幅作跋，更是合璧，□□□□，幸得此墨宝，然□□非急事，尊冗中□暂置之。正老精鉴博雅，当代宗工，弟添通门，渴企已非一日，倘蒙不弃，惠然枉贲，则凤彩炳耀，篷庐欣荷，莫可喻形矣。日来想高堂万福胜常，乘便附□□□希□□□临楮驰切。

弟时敏顿首

尊帖万乞改之，乃见□爱，幸勿外之，若是

冲

考：

正老，即恽寿平，初名格，字寿平，后以字行，改字正叔，号南田，江苏武进（今江苏常州）人。早年随父抗清，经历坎坷曲折。康熙十八年（1679），王抃据此谱成剧本《鹫峰缘》，成就一段佳话。

王时敏曾致函王翚，有云：

清河君再来娄上，好尚竟成两截。其先所赏诸缣概不着眼，惟必欲得《曹娥》真迹。然所许之值不及陈生所言之半，何能轻掷耶？写生一路榛秽久矣。弟曩时于此曾少研思，然举世率沿于波流，了无创辟之趣。前见正叔所为没骨画图，真别开生面，令人眼目一新。其随意点缀一言半语，往往引人入胜。弟与正叔有先世之雅，闻其人脱落世俗，无一点尘埃气，亟思披对，与之昵好，但屡订来游而踪迹杳然，桑榆隙光，能久待耶！吾兄明春肯相拉偕行，慰我饥渴，寂寞荒斋，得延二

① 王时敏：《致清晖阁尺牍》，其一九，见《王时敏集》，第209页。

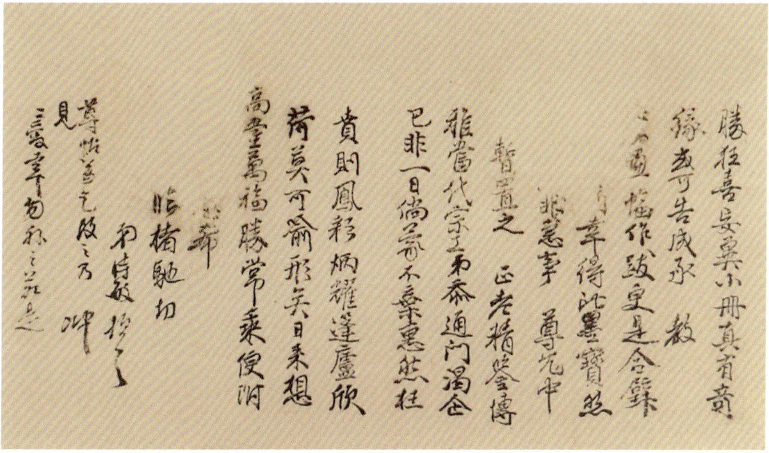

图78　《致王翚札》，纸本行书，14.1cm×12.8cm×2，故宫博物院藏

妙，若果此缘，一段佳话也。[①]

该札收录《清晖阁赠贻尺牍》，未知年月，有研究者根据清河君即张应甲的事迹推断，应不晚于康熙七年（1668）。[②]这里，王时敏得见恽寿平所作没骨花卉，大加赞赏："真别开生面，令人眼目一新"，也坦言自己很少考虑"写生"问题。

王翚与恽寿平订交最迟于顺治十三年（1656）春，时在毗陵唐宇昭（1602—1672）半园书斋畅谈。[③]康熙五年（1666）以来，王时敏与王翚交往频繁，从王翚口头介绍中得闻恽寿平其人其艺。几年间，王时敏致信王翚时经常表达与恽寿平相见的愿望。

这里，王时敏同样表达了一见之愿："正老精鉴博雅……渴企已非一日，倘蒙不弃，惠然枉贲，则凤彩炳耀，篷庐欣荷，莫可喻形矣。"虽然，此札为残件，但内容依稀可见。大致是，王时敏邀请某人为自

---

① 王时敏：《致清晖阁尺牍》，其二一，见《王时敏集》，第 210 页。

② 章晖、白谦慎：《清初父子收藏家张若麒和张应甲》，第 42 页。

③ 赵平：《王石谷年谱》，《常熟理工学院学报（哲学社会科学版）》2007 年第 5 期，第 119 页。

己的画册题跋，然后想约见恽寿平，最后则致意王翚转达对其父母的问候。王翚之父王豢龙去世在后，见下一札分析，姑将此札列于此，盖写于康熙十几年间。

康熙十年（1671）二月，唐苂为贺王翚四十初度精心创作《红荷图》，时恽寿平补荇藻浮萍，并赋诗题跋：

余与唐匹士研思写生，每论黄筌过于工丽，赵昌未脱刻画，徐熙无径辙可得，殆难取则。惟当精求没骨酌论古今，参之造化以为损益。匹士画莲，余杂拈花草，一本斯旨，观此图可知予两人宗尚庶几有合于先匠也，取证石老幸指以绳墨。①

康熙十一年（1672）腊月，王翚从扬州归来过访娄东，邀王时敏、王鉴题跋。其中，王时敏题曰：

没骨写生之法起于江南徐氏祖孙，数百年后复有匹士年道兄以画莲花独步海内。此图为石谷兄称祝，红衣烂熳，翠盖参差，迎风如笑，含露欲滴，虽取法徐氏而高妙过之，真洞心骇目之观也。安得沾丐残毫、剩粉片纸，永为世珍，披玩之余，羡妒交集。②

目睹唐苂、恽寿平合作，王时敏、王鉴都仅止于赞美唐苂，而对恽寿平只字未提，不知何故。尽管如此，恽寿平因为种种，至王时敏康熙十九年（1680）六月去世前夕，才相见于王时敏病榻前。当年中秋，恽寿平赋诗《哭奉常先生断句廿四章》缅怀，情真意切，令人动容，有言“寿平与先生闻声相思十有余年，未偿一见之愿。今夏始获登先生之堂”，并提及王时敏生前曾寄扇属为写生。“续命难求药一丸，绝弦空有广陵弹。娄东即是西州路，画扇真同挂剑看”，或许“先生以扇寄南

---

① 唐苂、恽寿平合作《红莲绿藻图》，轴，纸本，设色，135.7cm×59cm，故宫博物院藏。著录于庞莱臣《虚斋名画续录》卷三，“唐匹士莲花图轴”，见中国书画全书编纂委员会编《中国书画全书》第十二册，上海书画出版社，1998，第676页。

② 同上。亦见王时敏《题唐子晋没骨荷花》，《王奉常书画题跋》卷下，《王时敏集》，第414页。

田属写生”就是上述札言“前见正叔所为没骨画图”。[1]

第十通（图79）

前接手翰，知尊公体中稍有违和，旋臻勿臻。继承妙册邮寄，笔墨之光与烟云互相映发，倍增欣悦。乃未几，里人有从虞归者，忽转非常之耗，闻之不胜凄怆。因念吾兄至性绝伦，平居闭门晨昏定省外，惟博物娓古为融融泄泄之至乐，而一旦奄忽，所谓摧肝裂肠者，曷喻斯酷，因念弟与贤乔桥梓累世契谊，不比寻当，虽兄以为极则，万勿过于哀毁。祷祷，祷祷。薄具生刍，并侑芜辞，未足揄扬万一，聊述大略，以告焚惋，深愧不文，万惟秘之。妙册尚未图，寝食不宁，容当专谢。道台岱游，合属协心，月杪设吊，拟往一拜，倘得于吴门邂逅，何幸如之。不既缕私，可胜神往。

弟时敏顿首

石老仁道兄至孝

左冲

考：

康熙十四年（1675）二月，王翚父亲王鋆龙（字云客，1606—1677/1678，江苏常熟人）七十初度，弟子杨晋画骑牛图（图78）奉祝，[2]时王翚邀请若干友人征稿寿诗以呈孝子之心，武进董文骥、桐城方亨咸、武进庄同里、武进孙自式、武进许之渐、毗陵吴珂鸣、云阳贺

---

① 陆心源：《穰梨馆过眼续录》卷十三，《恽南田挽王奉常诗册》，清光绪十七年（1891）吴兴陆氏家塾刻本，第14–17页。该书法册页，26cm×35.5cm×9，2018年6月20日现于中贸圣佳国际拍卖有限公司2018春季艺术品拍卖会，No.0389。

② 图现上海拍卖行有限责任公司2004年6月6日春季拍卖会，第319号：杨晋《王云客骑牛图》，轴，纸本设色，162cm×86cm，题识：岁次乙卯二月朔时云翁先生七十大寿，因写小照奉祝，后学杨晋；钤印：杨晋。

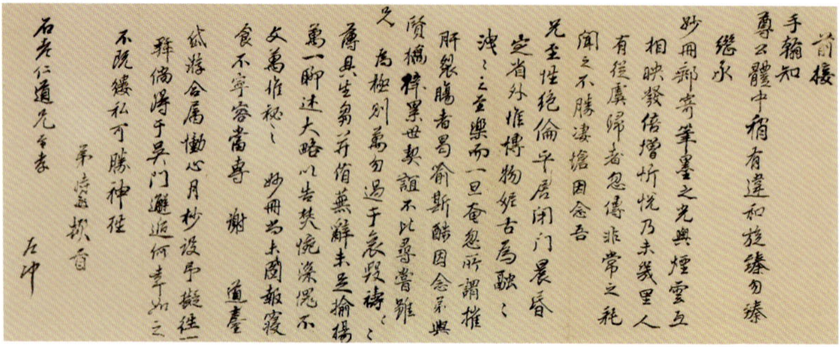

图79 《致王翚札》，纸本行书，中国嘉德1998年5月9日春季拍卖会，古籍善本，No.1065 图刊李经国、马克主编《过云楼旧藏名贤书翰》，第178—179页

宽、昆山徐乾学、淑水黄永、石城皮大夔、常熟钱陆灿、娄江钱嘏等纷纷唱和祝贺。[①] 后来，王翚又邀请师友像赞，王时敏开端，楚蕲卢綋、娄水王鉴、晋安黄晋良、安昌陈骝、长洲杨炤、常熟许玉森等人又纷纷唱和。王时敏隶书题云，以显尊崇：

云客先生像赞。短笠笼头，单襦挂身，天庭黄色霭乎春，轩轩霞举，若遗世而绝尘。人以为辍耕之野老、还读之隐论。我双其颊上之三毫，知为虎头之写炤，传我友云客之神。吁嗟乎，犹龙出关而后千百世下，岂祥光紫气复氤氲，盘结于虞山之畔、尚湖之滨，而遇此骑牛之人。[②]

稍后，王时敏又致函王翚谈及像赞事：

尊公像赞涂纳，但以荒芜之笔，尘点高标，殊为不称，奈何！[③]

在同一封信函里，王时敏还与王翚谈到王抃为恽寿平作《鹫峰缘》可相约前来一聚：

---

① 王时敏：《云客先生七秩初度里言申祝兼视令似石谷道兄》，《清晖赠言》卷十，见《中国书画全书》第七册，第901—902页。

② 王时敏：《云客先生像赞》，《清晖赠言》卷十，见《中国书画全书》第七册，第902页。

③ 王时敏：《致清晖阁尺牍》，其二五，见《王时敏集》，第213页。

近第五儿为正叔兄演《鹫峰缘》新剧已成，伶人传习似亦可观，但其中情事略有粉饰，须正叔自来商定，亦怂恿来游之一会也。①

查考《王巢松年谱》，“康熙十八年（1679）”条有记：

是年作《鹫峰缘》，事在春季，六月初七日垂成矣。因儿病搁起，直待愈后始续完，承诸亲知醵分称贺，设席时演此剧。②

根据王翚《清晖赠言》编辑规律，亦从题写像赞的通常情理推断，王时敏为《王豢龙骑牛像》作《云客先生像赞》大致是在父丧之年或稍后。

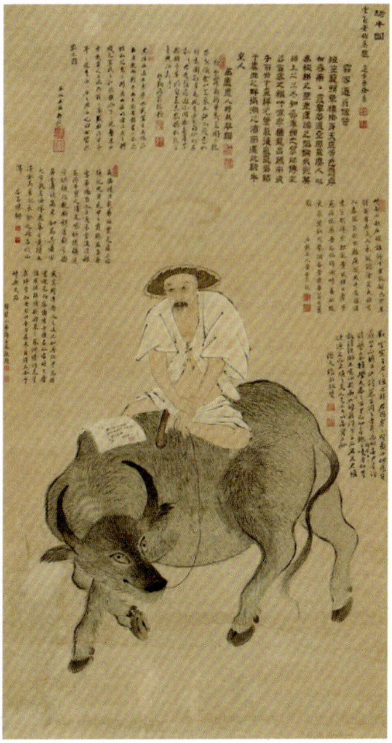

图80　杨晋《王豢龙骑牛图》轴，纸本设色，162cm×86cm，1675年3月

结合以上种种，此札初定书于康熙十七年（1678）至康熙十八年（1679）六月前，主要向王翚丧父致以哀悼与慰问，并表示月末前来吊唁。

此札亦收入《清晖阁赠贻尺牍》，王翚也做了若干删改与增补：

① 同上。

② 王抃：《王巢松年谱》，第47页。王抃又记，康熙二十一年（1682），“全苏班又补《鹫峰缘》，诸优摹写尽致，颇得作者之意，亦一快事也”（见王抃《王巢松年谱》，第49页）。恽寿平也往往述及，《瓯香馆集》卷一《寄石谷先生》第六首自注：“王君怿民，谱余六旧事，作传奇新词，脍炙人口，佳话也。”所谓“六旧事”，大约指“被俘”“收养”“众中相认”“谋救”“灵隐劝母”“解脱”等少年经历。《瓯香馆集》卷六《哭王奉常烟客先生》：“才名第五擅华年，金缕新词乐府传。分付歌师勤度曲，开筵先唱鹫峰缘。”自注：“先生令子第五为寿平十载神交，《鹫峰缘》谱予少时飘零旧事也。”

接手教，知尊公体中稍有违和，旋臻勿乐。继承妙绘邮寄，笔墨之光与烟云互相映发，信增欣悦。未几，里人有从虞归者，忽转非常之耗，闻之不胜凄怆。吾兄何以为心，平居定省，惟博物娱古，为融融泄泄之至乐，而一旦奄忽。且吾兄至性过人，当此大故，必加推裂裂。然光前裕后以为至孝，勿过哀伤，贻灭性之议也。弟与贤乔桥累世契谊，迥出寻常，匍匐赴唁，不敢不为。顾头眩屡发，恍如天倾地折，茫不知所依。止令小孙先致奠礼帑，俟残疾稍瘳，即当竭蹶松区，必不以宿草为辞耳。[1]

上述二札不为新见，部分内容编入《清晖阁赠贻尺牍》，因文字多有不同，亦作考释，推断书写时间，也判断了王云客的去世时间。白谦慎与章晖合作分析了王翚编辑尺牍时删改举动的种种动机，为读者呈现出文献出版的丰富性与复杂性。[2]第八、十札，比较研读，内文互证，十分有趣，也十分有益。

① 王时敏：《致清晖阁尺牍》，其二〇，见《王时敏集》，第 209—210 页。

② 白谦慎、章晖：《〈王时敏与王翚信札七通〉考释——兼论稿本信札在艺术史研究中的文献意义》，第 190—195 页。

十六

致某翁札二通

第一通（图81）

前者得覯清扬，大慰饥惄，既复远承翰贶，益荷眷存顾，弟以衰病侵寻，不但一苇未杭，即简问亦复久逖，循省疏节，负怵奚言。或仁翁怜其疲暮，必能谅之形迹之表也。辱委缣素，春夏间支离药裹，遂尔久稽。近幸小挺，始得点笔，拙图填塞，俗甜，绝无江南淡冶之致，若词调效颦，则尤沓拖，俚僿大匠之门，奚堪遥掷，岂欲使子布帐下见渎之耶？适值重其兄便羽，特托转致，惟一笑，投之水火，为我藏拙，则感相成之爱益无涯矣。方避暑田庐，未能少将鄙意，少俟凉秋，当一探灵威之秘，问字草玄之亭，向往积悰，庶几少展。统惟澄照，临纸依依。

弟时敏顿首

冲

第二通（图82）

前承手教远辱，又重之以珍贶，铭佩渥雅，寤寐弗谖。顾以衰迟多病，隆委久稽。近始挥汗课完，方托重其兄邮致，想其复有它行，尚未达记室也。额驸王公收藏极富，江南名迹悉归其家，披阅如入海藏经，旬不能尽，洵是奇观。此番至吴门未必携以自随，且闻其昨已回扬，未知果否？此公自滇归后，另一局面，宾履荐牍，尽欲以丸泥封断。故凡旧与往还者，知言无益，徒以取憎，相戒缄口。惟其共晨夕之友，顾维岳兄最为亲昵，言必相信。度仁翁平日素与周旋，或可商酌，托为绍介。然渠识性迂随，恐亦未肯轻为缓颊耳。适有远客在坐，草次布复，未罄缕悰，统容嗣悉。

弟时敏顿首

冲

考：

康熙五年（1666）八月十一日，王时敏家书五子王抃有云：

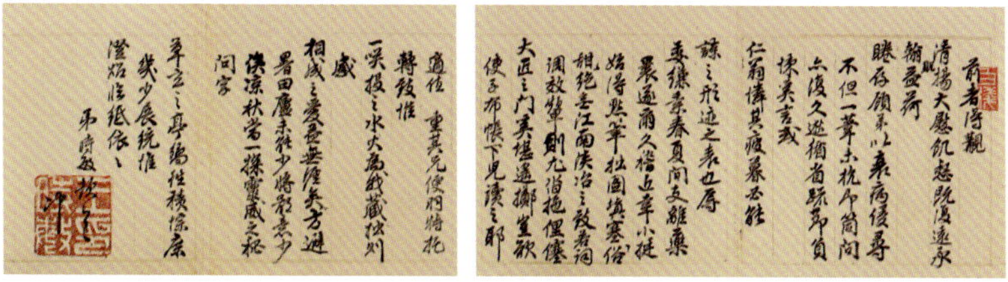

图81　《致某翁札》，纸本行书，23cm×26.2cm—23.2cm×2，上海博物馆藏

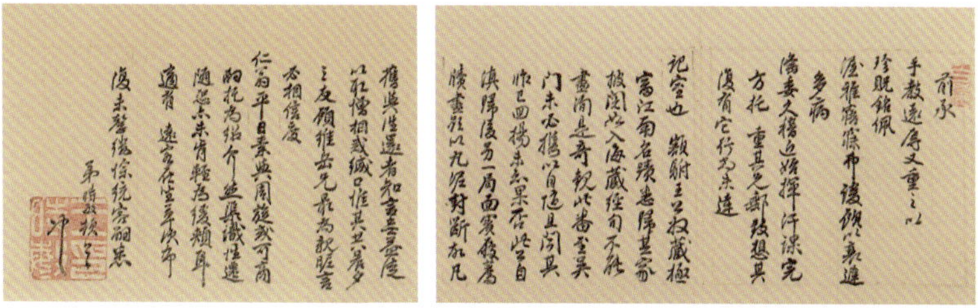

图82　《致某翁札》，纸本行书，13.6cm×25.9cm×2，故宫博物院藏

滇中王额附初在郡中，今住维扬，广收书画，不惜重价。玉石亦未能鉴别，好事家以物往者，往往获利数倍，吴儿走之者如骛。石谷力劝我不可蹉此好机会，决宜摒挡物件，过江与作交易，渠愿身往。有阊门孟君在扬，寄字二兄，所言亦然。但闻近日额附公以陈定为眼，去取贵贱悉凭断断，被他一手握定，截断众流，他人遂不得进。[①]

第二札中“额附王公”，也即上述致王翚札中的王永宁。在家书中，王时敏向王抃介绍了这位还未结识或刚认识不久的王额附。所谓“额驸王公收藏极富……此番至吴门未必携以相随，且闻其昨已回扬，未知果否”，与家书中“滇中王额附初在郡中，今住维扬”的描述相同。

按，顾维岳（1637—约 1717），名崧，号枝安、憩闲主人，江苏苏州人。精于书画鉴藏，与王永宁交契。[②] 言下之意，顾维岳与王

① 王时敏：《西庐家书》，丙午七，见《王时敏集》，第 176 页。

② 杨小京：《默契神会　悟入真趣——清初鉴定家顾维岳事迹考索》，《文艺研究》2015 年第 7 期，第 140—150 页。

永宁最为亲昵，其言信得过，所以由顾维岳绍介可行。重其，即袁骏（1612—？），字重其，江苏苏州人。年十四佣书赡家，崇祯时曾加入复社，能诗文，工书画。笃信义，尊礼教，以孝名天下。[①]袁骏与王时敏父子交往颇多，最迟顺治末年已经开始，在《太仓十子诗选》中多有记录。康熙二年（1663），袁骏开始为母八十寿广征贺文并画像，钱谦益以《吴门袁母吴氏旌节颂序》开篇，康熙八年（1669）初春，王时敏为其题袁节母像。[②]

第二札，笔者曾初步考证收件人为王翚，大概有误，特此更正。[③]这里，第一札、第二札，就内容而言应是连续的，同一时间段写给同一人。结合前述致王翚信札综合观察，王时敏当时还不认识王永宁，故请托由顾维岳作为中介："惟其共晨夕之友，顾维岳兄最为亲昵，言必相信。度仁翁平日素与周旋或可商酌，托为绍介。"因此，此札大致书于康熙五年（1666）八月十一日前。

在两封信札中，王时敏都是致信收件人解释转致画作、相约拜访与委托绍介结识王永宁之事，如此等等。

补充说明，前述致王翚第一札能确定书于康熙五年（1666）二月二十九。后来数年间，王时敏几度前往苏州拙政园品鉴书画。

---

① 杜桂萍：《袁重其与〈霜哺编〉略考》，《文献》2008年第3期，第131—133页。

② 王时敏：《题袁节母像》，《王奉常书画题跋》卷下，见《王时敏集》，第403页。

③ 万新华：《新见王时敏致王翚信札十通考释》，《美术观察》2021年第12期，第40页。

十七

致王闻炳札十三通

王闻炳(1625/1626—1688/1689)，字蔚仪，初名文炳，顺治三年（1646）补府学官弟子员，后改今名，卒年六十三，著有《咏骏堂文稿》。[①]其父王天叙（1603—1661），字惇五，号备公，为王锡爵族孙，年四十时与闻炳同补府学官弟子员。[②]

资料显示，王闻炳乃王时敏族侄辈。王天叙去世，王闻炳卜葬，王时敏作《封树连枝记》，记录兄弟合葬，传为娄东美谈。[③]

顺治十四年（1657），王时敏延请王闻炳为八子王掞授业，这也是王抃结识王闻炳之始。[④]王抃与王闻炳感情甚笃，康熙八年（1669）春延之为二子授业[⑤]，次年王掞长子王奕清(1665—1737)同学，[⑥]康熙二十八年（1689）五月，王抃为自订年谱撰写总述感慨，时王闻炳已作古：

晚年来，文义相商、肝胆相照者，惟威、蔚两公，而一旦俱成千古，威兄尚有藐孤相托，可以少见吾情，蔚兄则将何者可吾情乎？[⑦]

作为王氏族人，王闻炳与王时敏、王抃、王掞父子十分亲近，丙午家书多有提及。康熙十一年（1672），王掞在京，王闻炳受托照管诸事悉，几无片暇，是冬辞去王抃二子教席。[⑧]康熙十二年（1673）九月二十八日，王时敏邀请王闻炳和族中长老王玠（？—1681）、挚友顾士琏（1608—1691）、盛敬（1610—？）共同做证公议开设列田。[⑨]

《王巢松年谱》“康熙二十四年（1685）”条：“今岁支，吾甚

---

① 王昶纂修:《嘉庆直隶太仓州志》卷三十六，人物，文学，清嘉庆七年（1802）刻本，第5页。

② 陈瑚:《王备公家传》，见《确庵文稿》卷十六，康熙毛氏汲古阁刻本。

③ 王时敏:《封树连枝记》，见《王时敏集》，第464页。王时敏对王天叙兄弟年龄有具体描述，笔者依据推定王天叙生卒年为1603—1661。

④ 王抃:《王巢松年谱》，第25页。

⑤ 同上书，第7页。

⑥ 同上书，第35页。

⑦ 同上书，第7页。

⑧ 同上书，第37页。

⑨ 王宝仁:《奉常公年谱》，见《王时敏集》，第795页。

难，承蔚兄极力周旋，岁终先有百金之惠”，[1]“康熙二十五年（1686）至康熙二十六年（1687）”则无片语，据此大致判断，王闻炳可能去世于康熙二十七年（1688），或康熙二十八年（1689）五月前。

晚年，王时敏经常请王闻炳代拟一些重要的信函，一般先书写大概，然后由王闻炳撰稿，内容涉及家事生活、为官文化、人情交游、儿辈学业等，能勾勒王时敏在明末为官、生活的真实情况、心理变化等，有的就是委托书函的内容，可视为研究王时敏清初家庭生活、为人之道的重要材料。

第一通（图83）

□□□□□□□，霜飞六月，且当此侘傺之时，又滞留未□□归，况味可知。思晤谈而不见，辄为愤懑填膺，不啻身当之也。义会之举，不但州东曲□美省，即桥梓间，闻如原议，将缩其一，亦李娘娘微露之。时情重货固无足怪，但至亲且然，它更何望。都中接济之说遂已大撤，何以慰其悬望。况愚迩来穷困，真一生未至此极。加以霪雨飓风之灾，乡城祠墓室庐处处颓圮毁坏，无钱补葺。即邮寄京信，锱铢犒赏亦无从有，何论差人□行措置盘费。目前窘困如寒号虫，身无片羽，中心惶急，则如乾蚓宛转热沙，愁苦万端，生趣遒尽。惟望我老侄归，一吐郁郁，而为期尚杳，安得不闷死耶?

进学案出，虽多寒畯，知名者寥寥，颇未见光彩。二孙幸收，固属厚幸。但诸孙艺能相等，得失悬殊，以各家所处之境言之，得者似尚可少缓，失者实迫不及待。其间相形，未免少有觖望。今三、四两房孙竭蹶驰来，意欲于松试时觅路进考，如此炎天荒月，家中逋粮正多，乃悉置脑后，劳筋骨、损腰缠，以图此万难一冀之事，甚为非计。而承孙者见猎未免心动，亦复买舟兼迈。此子孱弱，既无老成者同行，又无晓事着力之人在左右，孑身远道，此行更为无益，而又不能止之，更为悬

① 王抃：《王巢松年谱》，第53页。

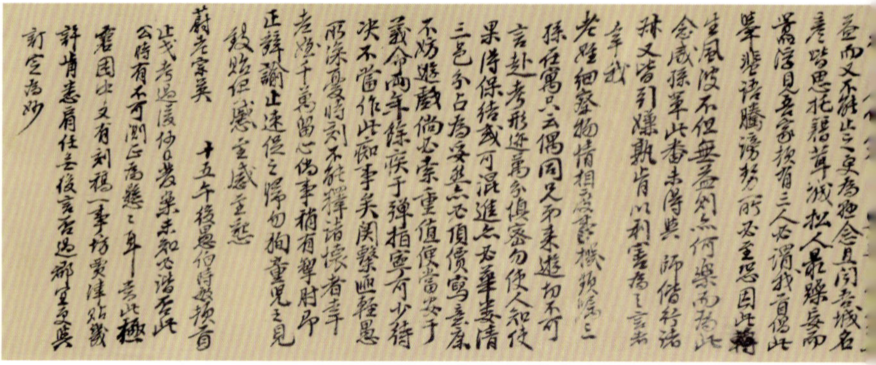

图83　《致王闻炳札》卷，纸本行书，12cm×65.8cm，南京博物院藏

念。且闻吾城名彦，皆思托籍苇城。松人最躁妄而嚣浮，见吾家顿有三人，必谓我首倡此举，蜚语腾谤势所必至，恐因此转生风波，不但无益，则亦何乐而为此？念咸孙辈此番未得与师偕行，诸叔又皆引嫌，孰肯以利害为之言者？幸我老侄细察物情，相度事机，频嘱三孙在寓只云偶同兄弟来游，切不可言赴考，形迹万分慎密，勿使人知。使果得保结，或可混进，亦必华、娄、清三邑分占为妥；然亦必须价（假）写意应，不妨游戏，倘必索重值，便当安于义命。两年余，疾于弹指，宁可少待，决不当作此痴事矣。关系匪轻，愚所深忧，时刻不能释诸怀者。幸老侄千万留心，倘事稍有掣肘，即正辞谕止，速促之归，勿徇童儿之见，致贻伊戚。至感至恳！

蔚老宗英

十五午后，愚伯时敏顿首

止戈考过后，何日发案未知，必谐否？此……公时有不可测，正为悬悬耳。当此极窘困中，又有刻稿一事，坊贾津贴几许，肯悉肩任无后言否？过郡，宜更与订定为妙。

考：

晚年，里居的王时敏为了维护家声，苦心经营家业，一方面热心参

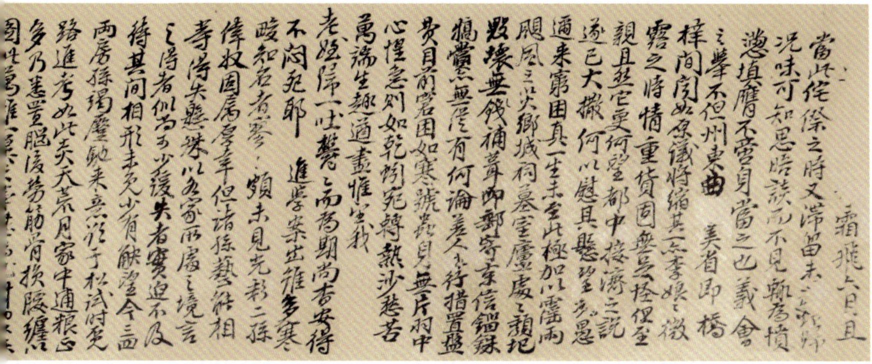

与地方事务，另一方面始终操心儿孙学业，汲汲开拓仕进，还设法结交达官显贵寻求支持。

康熙九年（1670），次房孙原博（1656—1740）、七房孙旦复（1655—1714）同补博士弟子员，时三房孙试而见遗，公占卜关圣签有“巍巍独步向云间”之句，乃令俟校松郡时，借名再考，遂借吴日表名，列入府庠。[①]

考稽《奉常公年谱》，所言进学当指二孙同补博士弟子员一事，三房孙，乃王撰长子日表（1649—？），时年22岁；四房孙，乃王持长子维卜（1652—？），时年19岁。大致断定，此札书于康熙九年（1670）春。

这里，王时敏言及王日表赴松江借考之事，表达了他深思熟虑后的种种关切，并对王闻炳的各种善意安排表示感谢。所谓“两年余，疾于弹指，宁可少待，决不当作此痴事矣”，两年后即康熙十一年（1672），王日表中试副榜，复归原籍本姓。[②]如此有悖于常情的举措，似乎有违王时敏一向持重的为人处世原则。因此，他小心翼翼，有着各种顾虑。

---

① 王宝仁：《奉常公年谱》，见《王时敏集》，第791页。

② 同上书，第794页。

第二通（图84）

前见尊目稍有违和，今想仍如严电矣。幸示慰。承昆山董父母贻扎，以翰墨之友见属，例屣恐后，但贱体疲惫日甚，近更为寒湿所侵，遍体痛如缕割，实难勉强。闻其在州尚少停留，诸儿辈俱蒙枉顾，或得一接，謦咳未可知，但恐不能为东道主耳。若愚，目下实无看囊一钱，苦况其孰知者。幸先以一札复之（要见久病，无有假饰），稍俟可以自力，即当扶曳趋叩耳。霪雨为灾，西田尤为巨浸，已万可救。闻高乡花薰皆被淹没，使得晴霁，当不至尽成瓯脱也。苛政亟行，莫知所止，孑遗之民，亦可数日而知死处矣。奈何，奈何！泥泞稍干，能过我一谈否？望切，望切。

其来帖一日往返，必不设当，并此缴上。

蔚老贤侄宗英

愚时敏顿首

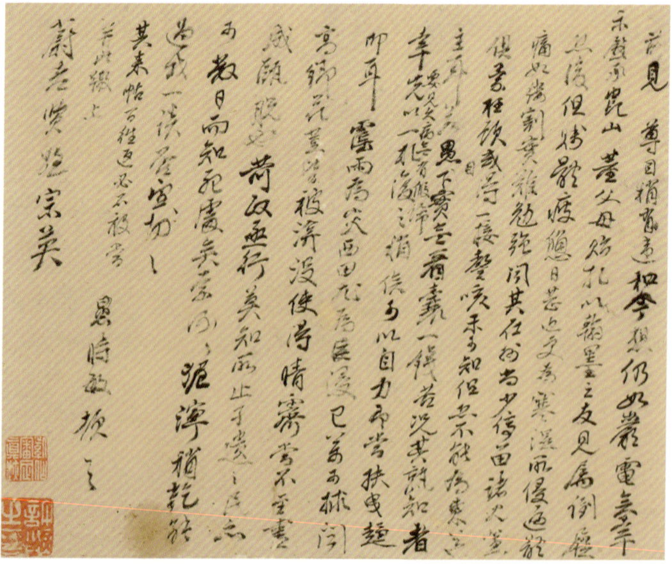

图84　《致王闻炳札》，纸本行书，27.9cm×35cm，美国纽约苏富比拍卖2013年9月19日，No.618

考：

昆山董父母，即董正位，字贞家，号黄洲，直隶宣府开平卫（今河北赤城）人。父继永封镇国将军，家故武世胄。以文学显，甲子选拔贡，授粤西上林令。康熙九年（1670）六月任昆山知县，康熙十四年（1675）七月因昆山灾重未完成税粮而劾去，在任时主持编修《昆山县志》二十卷。

“承昆山董父母贻扎，以翰墨之友见属”，王时敏后来作有仿黄大痴相赠，《王奉常书画题跋》卷下有载：

古来盘礴名家宗派皆有渊源，意匠各极惨淡，然其笔法位置皆可学而至，惟痴翁，笔墨外别有一种淡逸之致，苍莽之气，则全出天趣，不可学而能，故学痴翁者多失其真。余自童时以迄白首即刻意摹仿，岁月虽深，相去逾远，曾未得仿佛万一。兹承贞翁父母误听下索，且恐髦衰，假手捉刀，谆谆垂嘱，益滋惭汗。然余一生游戏点染，仅同小儿涂墙，拙劣自知，何有真赝。况比来瘫笃倍甚，目昏腕弱，更非昔日，纵黾勉竭其薄技，只是供大方一喷饭耳。于痴翁神韵固毫无当也，特此请正并以志愧。康熙甲寅（1674）春仲既望，治弟王时敏，时年八十有三。[1]

《奉常公年谱》“康熙九年（1670）”条记载：“自夏徂秋，霪雨不止，巨浸稽天，木棉扫地，陆桴亭历指颠危之状，具控各台，为民请命，凡数千言，惜当事莫有上闻者。”[2] 当时，“洪水为灾，太湖四溢，高低受害”[3]，王时敏有“霪雨为灾，西田尤为巨浸，已万可救”之叹。

① 王时敏：《题自仿子久画赠昆山董父母》，《王奉常书画题跋》卷下，见《王时敏集》，第 422 页。图为中国嘉德 2007 年 5 月 13 日春季拍卖会，第 1215 号拍品，王时敏《松山雅居图》，轴，绢本，设色，145.8×54.2cm，钤印：王时敏印（白文）、西庐老人（朱文）、真寄（朱文），曾经端方鉴藏，著录于《壬寅销夏录》，“王逊之仿大痴山水轴”，钤印：陶斋鉴藏书画（白文）。但从风格来看，该图应为王翚代笔。

② 王宝仁：《奉常公年谱》，见《王时敏集》，第 792 页。

③ 同上。

康熙十年（1671）春，州府遂有河道疏浚刘家港，建闸天妃镇。[1]

此札书于康熙九年（1670）夏秋之间，时董正位上任不久。董氏致函索画，王时敏委婉说明身体欠佳而画事稍晚，又听说他将至太仓，但因囊中羞涩不能接待，诸如等等。当然，王时敏酬酢画作已三年之后。

第三通（图85）

延陵三甥，昨皆面晤，哀恳，惟长者唯唯，余默无一字，不知其意云何。圣符言，待老侄至，定议。目前，眉急不能少缓须臾，虽知尊务方繁，切望暂拨一来耳。又确老宗至并以彼中扎稿见示（共六人），未必实实有济，差胜空拳，但云，书在逸休处，须送阅，方往投，乃盼之累日不至。顷其家陆使从广陵归云，昨晨已投进矣。未知中作何语，殊为可疑。惟楚中有信，可免北行，少足慰也。六儿已归彼中，坚执如

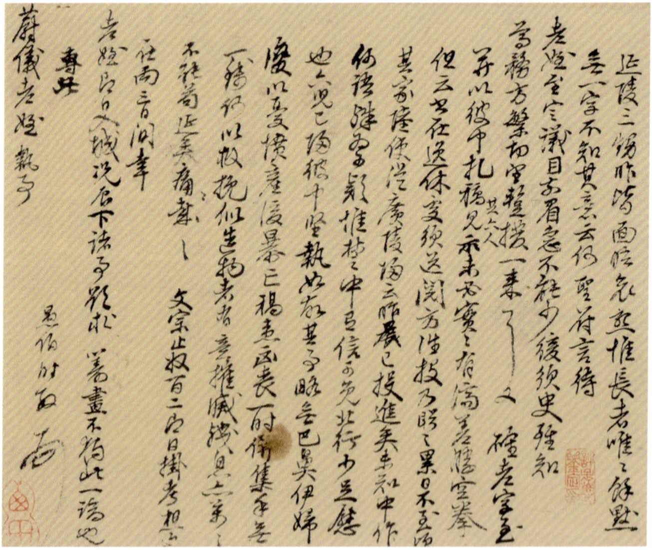

图85　《致王闻炳札》，纸本行书，27.9cm×34.6cm，美国纽约苏富比拍卖2013年9月19日，No.618

① 王祖畲纂：《民国太仓州志》卷五，水利上，民国八年（1919）刊本，第15页。

故，其事略无巴鼻，伊妇复以忧愤产后暴亡，祸患凶丧一时并集乎？无一钱何以救挽？似造物者有意摧灭，残息亦万万不能苟延矣。痛哉，痛哉！文宗止收百二，即日挂考，想亦在两三日间。幸老侄即日入城，况辰下诸事欲求筹画，不独此一端也。

专此。

蔚仪老侄执事

愚伯时敏顿首

考：

六儿，即王扶，《奉常公年谱》记载，顺治十八年（1661）八月，扶妇金氏卒；康熙十年（1671），扶妇钱氏病亡[①]。结合王家家族事务观察，所谓“伊妇复以忧愤产后暴亡”，当是指钱氏病亡，王扶续娶钱氏于康熙五年（1666）仲冬。[②]

此札书于康熙十年（1671），主要叙述了与王闻炳商量女婿吴世睿家族事务，似乎颇为紧迫，时吴世睿任官湖北蕲水，另谈到了六子妇丧的悲痛心情。

按，延陵三甥，王时敏三姐嫁吴鸣珙，育有三子：吴世睿（1619—1676，字圣符，号又思）、吴世泽（字德藻，1621—1667）、吴旭咸，而吴世睿是王氏四女婿。确老，即陈瑚。文宗，指时任江南提督学政简上。[③]

第四通（图86）

昨不知道驾下乡如此其遽，遂不及再晤，为歉。玚公事，卫叔索方伯书甚亟，不容刻缓。愚谓觞祝之时不应以事相混，稍需三四日始得。

① 王宝仁：《奉常公年谱》，见《王时敏集》，第786页、第793页。

② 同上书，第789页。

③ 于成龙等修，张九征、陈焯纂：《江南通志》卷一百五，职官志，清康熙二十三年（1684）江南通志局刻本，第8页。

而观叔意，似不能宿留者，将若之何？陈君平日每事荷其周旋，且前承厚托未效，今正吃紧关头，愿得一当以报固出素心，但人微言轻，深自沮缩。且抚台宪案，率尔妄干，恐冒不识进退之愆，诚恐无益而反为害，又不胜兢凛，如蹈春冰。惟谊不容辞，回环再四，或拟具一稿携至郡中，相度事机以为行止，庶无后悔，高明以为然否？书中必自言从未有一字入公府，此事遍访舆情，实系奇冤，故敢奉闻，略无纤毫私意，不妨矢天誓日，激切其词以动之。次言修葺钟楼，皆赖其经理，自彼逮系之后，登冯绝响，工作惰敔，竟有垂成复废之势，因此尤切惶惶。至典税一事，微商方为讼冤，此岂可以矫强。至若访蠹积弊近复炽盛，毒械阴谋莫可控揣，亦世道人心所关，亟宜预防严饬，伏乞细加廉访。鼎致府公祖电豁报宪，不但奇冤得雪覆盆，且使良善幸得安枕，造福无量矣。前稿附上，惟更详酌，必极委婉平妥，言出至公，务期动听。想笔端有口，当必尽妙，毋俟勤祝也。葛蛟行促，卒卒附此。如书脱稿，即付王鹤龄专人驰来，至望、至望。夫一叔事已批，王鹤龄苦劝张俊伯出

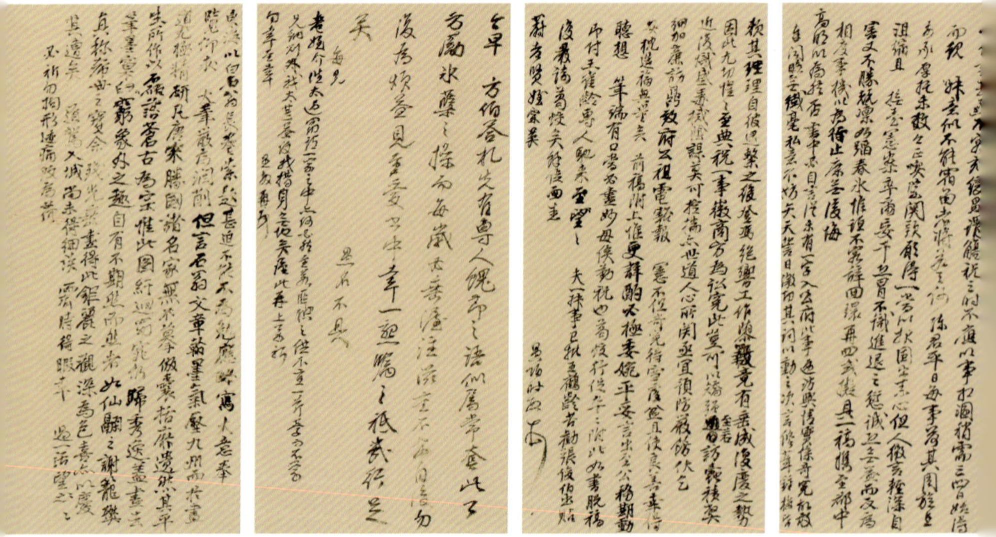

图86　《致王闻炳札》，纸本行书，27.5cm×13.5cm×4，中国嘉德2016年11月13日秋拍，No.1241

贴，复严谕葛蛟矣。余俟面悉。

蔚老贤侄宗英

愚伯时敏顿首

今早方伯答札，先有专人馈节之语，似属常套。此公方励冰蘖之操，而每岁必垂渥注，滋重不安，自后勿复为烦，益见至爱。书中幸一恳嘱之，只几行足矣。

愚名不具。

每见老侄介性太过，窃谓一家之中，亦何必然？至若匪腆之供，不宣一节，发而不蒙兄纳，则外我太甚，益使我措身无地矣。谨此再上，万祈勿幸至幸。

愚敏再顿首

东海以白石翁长卷索题，甚迫，不能不为勉应，略写大意奉览，仰求大笔严为润削。但言石翁文章翰墨气压九州，而于画道尤极精研，凡唐宋胜国诸名家，无不摹仿，囊括靡遗。然其平生所作以磊落苍古为宗，惟此图迂回窈窕仍归秀逸，盖尽去笔墨窠臼，穷象外之趣，自有不期然而然者，如仙翩之谢笼樊，真称希世之宝。余残光垂尽，得此巨丽之观，深为色喜，亦以庆其遭矣。道驾入城，尚未得细谈，霁时得暇，幸过一话，望之望之。必祈勿拘形迹，痛改为荷。

考：

《奉常公年谱》“康熙十二年（1673）”条：

公倡议修建钟楼，请法印禅师住持。此见《随庵年谱》。黄忍庵与坚《钟楼记》云：“康熙十一年（1672），楼渐圮，太常王公时敏与宪副钱公广居窃虑之，告之知州张公良庚、州佐单公国玉以再建。工始于壬子十一月，竣于癸丑某月。”[1]

札云：“次言修葺钟楼，皆赖其经理，自彼逮系之后，登冯绝响，工作惰教，竟有垂成复废之势，因此尤切惶惶”，钟楼修建工程已经开

① 王宝仁：《奉常公年谱》，见《王时敏集》，第794页。

始，但似乎停滞不前。再结合黄与坚《钟楼记》所言与“次言修葺钟楼……登冯绝响”之语，钟楼修葺工程还在讨论之中，议事总是停滞不前。

由此断定，此札书于康熙十一年（1672），主要请王闻炳就台宪案、芦蠹积弊、典税等诸事拟函“携至郡中，相度事机以为行止”，嘱咐言辞“必极委婉平妥，言出至公，务期动听”，强调“自言从未有一字入公府，此事遍访舆情，实系奇冤，故敢奉闻”，还有钟楼修葺事，如此等等。

根据信函所述的前半段内容，笔者查考资料发现，美国纽约苏富比2013年9月19日拍卖会No.618拍品王时敏信札有一件与之颇有关联（图85）：

元春令节，老父台万福鼎来。弟敏邀庇维新，未及一觞为寿。顾蒙华宅宠召，郑重陆离，口体耳目之乐得未曾有，恩眷逾涯，益令敏感悚无地矣。兹启有张俊者，因琐事被陈良牵讼于粮宪，张为豚儿撰业师之侄，谊属通门。豚儿北行时曾为缓颊，蒙道台即许为脂秣之助，面谕待详注，稍取其亲识，公具息词于台下。敏昨谒谢，随以此意陈达，亦具一纸，即蒙批允。伏乞老父台俯察根因，原属风马，慨赐详覆，则豚儿实被明赐，与道台德意均诵弗谖矣。率尔草渎，容躬颂不一。

守公处，宜速具息词。

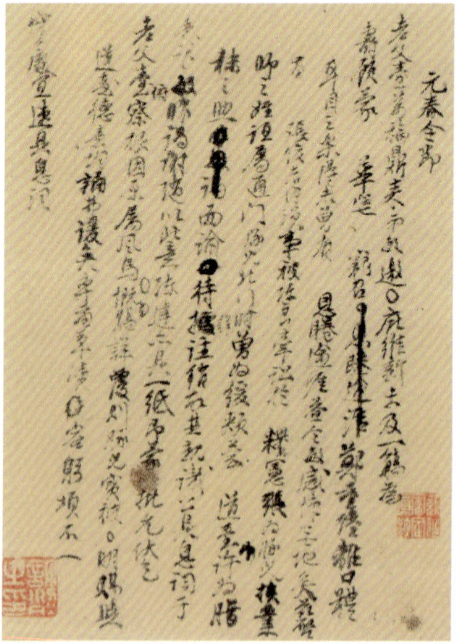

图87 《致慕天颜札》，草稿，纸本行书，27.9cm×20.6cm，美国纽约苏富比拍卖2013年9月19日，No.618

通过比对，此页应是王时敏致函王闻炳中“与方伯书”

的“前稿”，时乃元春令节。前揭“愚谓觞祝之时不应以事相混，稍需三四日始得”，与这里“元春令节，老父台万福鼎来。弟敏邀庇维新，未及一觞为寿”，不仅时间相同，所涉“陈君（陈良）”“张俊”等人物也十分吻合。

张俊，一作浚，字凌古，崇祯间副贡，江苏太仓人。方伯，在明清时期专称“布政使”。查核，乃慕天颜（1623—1696），字鹤鸣，又字拱极，甘肃静宁人。顺治十二年（1655）进士，授浙江钱塘知县，康熙五年（1666）补广西南宁府同知，康熙九年（1670）任江苏布政使，康熙十五年（1676）八月擢升江宁巡抚，后坐事去官，又起湖广巡抚，终漕运总督。

所谓“元春令节”“觞祝之时”，古时，江南若干地区流行整十生日正月入春为庆的习俗。康熙十一年（1672），值慕天颜五十初度。从信件来看，慕天颜在正月间操办了寿宴，但王时敏应该没有参加。

《王巢松年谱》记载，康熙十年（1671）仲春，王撰因家食无聊欲入都探视王掞并谋划，在征得王时敏意见后北上，[1]这便是王时敏在草稿中所谓的“豚儿北行”，还称专门求助了苏松常镇四府粮储道道员迟日震［广宁右卫人（治所在今辽宁凌海），贡士，康熙九年（1670）到任］。可惜，所谓的“宪案”，经历了大半年，还没有解决。王时敏因为“卫叔”所托的“玚公事”，再次致函求助慕天颜，可谓尽心尽力。其实，王时敏与慕天颜结交，互动热络，曾以黄公望《浮峦暖翠图》《夏山图》笔意拟景呈送慕天颜。[2]

按，“玚公”，不可考；卫叔，即族中长老王玠，字卫仲，其父王承爵，是王锡爵族弟，以孝廉闻名乡里。“府公祖”是新任苏州知府宁云鹏［奉天（今辽宁沈阳）人，康熙十一年（1672）到任］。这里，王时敏交代王闻炳拟稿向新任“府公祖”申诉相关情况。或许因是新知

① 王抃：《王巢松年谱》，第36页。

② 王时敏：《题自画赠慕鹤鸣公祖》，《王奉常书画题跋》卷下，见《王时敏集》，第419—420页。

府，王时敏着重强调了“书中必自言从未有一字入公府”。

此札附录乃应徐乾学之邀为沈周画卷的题跋草稿，也嘱王闻炳斧削润色。从语气判断，王时敏碍于情面而勉强为之。

按，徐乾学（1631—1694），字原一，号健庵，江苏昆山人。康熙九年（1670）进士，累官至刑部尚书。徐乾学别号东海，与王掞是同科进士，王抃康熙十一年（1672）闰七月北上应试，曾就科举托事徐乾学：“对闱事曾托东海先生，口虽唯唯，一则平日交谊平常，二则挟持甚微，岂能有济，此亦必然之势力也。”[①]当年八月六日，徐乾学以翰林院编修充任顺天乡试副考官，[②]而稍早前的闰七月二十四日，王掞则通过庶吉士例行考试，授翰林院编修。[③]《昆山徐乾学年谱稿》显示，康熙十一年（1672）二月，徐乾学奉母南返，短暂回到昆山，旋即回京。[④]正因为来去匆匆，王时敏才有“东海以白石翁长卷索题，甚迫”之说。

大致判断，徐乾学入藏沈周画卷，南归时邀请王时敏题跋。王时敏草拟文字，由王闻炳略事修改并润色奉题，后收录《王奉常书画题跋》卷下。[⑤]所以，此札时间更可明确为康熙十一年（1672）二月。

第五通（图88）

丈量事承以前后委折与三州畅言，不啻鼎吕，但此全系粮胥借小弓为笼利之局，权不在州。前据石谷云，虞山已行过业主大费，得起灭隐然无迹，恐吾州无此力也。窃意藩台处再须公函说破其事，谓屡丈本欲去弊，今反剜肉为疮，穷民其何以堪？向年芦患一册叙述甚详，惜今刻板与取印之帙无一存者，无以呈各台照瞩耳！黄泰老高谊摩天，原云此

---

① 王抃：《王巢松年谱》，第 37 页。

② 王逸明编著：《昆山徐乾学年谱稿》，学苑出版社，2011，第 45 页。

③ 同上书，第 44 页。

④ 同上书，第 43 页。

⑤ 王时敏：《题白石翁长卷》，《王奉常书画题跋》卷下，见《王时敏集》，第 432 页。

月尚留郡中，昨祁孙信归云忽起归思，藩台力挽，不肯少留，未知何意？果尔此事愈无把捉，举家忙迫莫可言喻，二儿已星驰入郡矣。新守来信杳然，昨庭老松回，据述学师杜公之言，比之累月先声更加酷烈，娄民不知死所矣！奈何，奈何！

愚敏顿首

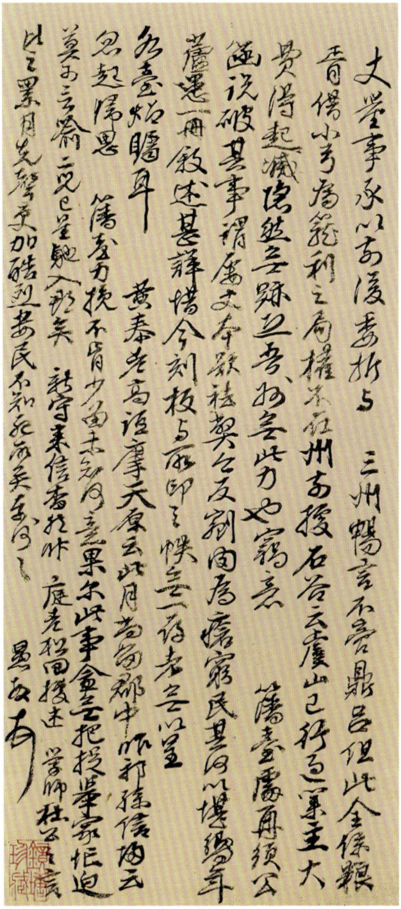

图88　《致王闻炳札》，纸本行书，26cm×11.2cm，上海博物馆藏

第六通（图89）

昨寄穆文信中只言新守之明了、旧守之仁言，未及陈寓一哄。昨闻守公与学师言，其辞甚厉，必欲达宪重惩（张守复力助之）。高阳忙迫，复求诸老。大老以前劝陈不听，不便再渎，谓当仍用公札。昨晚见示，乃复以衰朽为首，虽未必有大关系，而彼词中以大题目执词，万一葛藤不了，亦甚可虞。顷复往问，书已送去，私衷不胜怦怦，故另作数字使儿子闻之，预为留意。昨知欲寄信穆文处，若未去得，附封甚妙。专此奉恳，统容面谢。

蔚老贤侄

时敏顿首

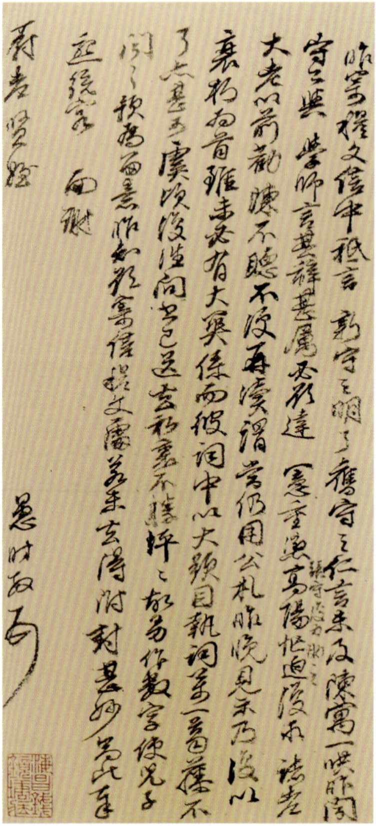

图89　《致王闻炳札》，纸本行书，26cm×12cm，上海博物馆藏

考：

康熙十四年（1675），“夏间，有丈量芦田之举，迟粮道日巽临州丈勘，用小步弓，以涨滩侵隐为言，大有骚扰，排年颇受其累”，[①] 王时敏为钱粮赋税烦恼不断。

此两札大致书于康熙十四年至康熙十五年间（1675—1676），王时敏为丈量芦田之事反复叙述，谈及常熟的行事之法，交代有必要向江苏布政使司公函说明。

按，新守，乃康熙十四年（1675）新任太仓知州李文敏，字如白，甘肃会宁人，贡生。明敏果决，催科有法而任。旧守，即康熙十一年（1672）就任、康熙十四年（1675）离任太仓知州的奉天（今辽宁沈阳）人张良庚。

又按，第五札中，石谷，即王翚；黄泰老，即前揭华亭黄泰颖；祁孙，即王原祁（1642—1715）；二儿，即王揆；庭老，即黄与坚（1620—1701），字庭表，号忍庵，江苏太仓人，顺治十六年（1659）进士，授推官，奏销案起，罢官。学师杜公，应是华亭教谕杜瑜。[②]

① 王宝仁：《奉常公年谱》，见《王时敏集》，第798页。

② 宋如林修、莫晋纂：《嘉庆松江府志》卷三十九，职官表，清嘉庆松江府学刻本，第32页。

再按，第六札中，穆文，或是太仓法轮寺僧济普，字穆文，一字润堂，浙江绍兴人。灵隐具德和尚（1600—1667）法嗣，原名溥，参学后道行日进，具德改今名，立志起建废刹，顺治八年（1651）孓身法轮寺，于大殿东侧丘墟兴建宇舍，中兴开山。大老，即前揭钱广居。学师乃太仓州学正李煜，即后及李学师，本姓曹，号凝庵，邳州籍（一说睢宁），江苏金坛（今江苏常州）人。顺治十四年（1657）举人，康熙十三年（1674）到任，康熙二十二年（1683）升山东莘县知县，王时敏去世时作文《祭太常王公》。

第七通（图90）

近日公愤出自阖州，乃此人独与我为仇对，闻其参文专以欠粮把持归重我家。廿六早，次儿已下船，李学师云有要紧语相商，则谓此一事必宜调解。曾与言之，此人一笑，此事有何法可调？口念衽金革，三句不绝，还要与他细讲，必得他悔悟方罢。次日晚，舟泊闾门，学师船迟，移至固州，委至申宅代祭，与次儿密谈二更，其言甚多，总于吾家

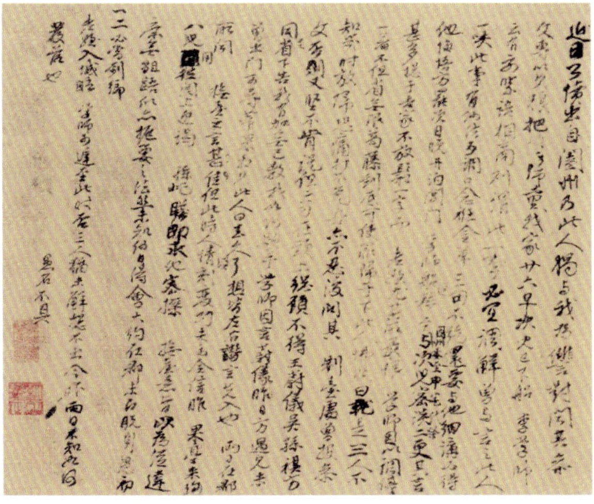

图90 《致王闻炳札》，纸本行书，27.9cm×34.8cm，美国纽约苏富比拍卖2013年9月19日，No.618

不放松一字。而老侄尤其所最恨，学师因以调停一着，不但省无限葛藤，到底可使罪归于下，此人怫然曰（就）是。三人不知几时放归，恐痛打不免，吾亦不恶，复问其制台处曾投参文否？则又坚不肯说，但云刀在颈上，总顾不得王蔚仪、吴孙祺方同至省下，告我有加无已，教我如何歇手。学师因言，蔚仪昨日方遇见，未曾出门，可寻带来相见。此人曰：去久耳。想皆左右谮言先入也。两日在郡所闻抚台之言甚佳，但此时人情顷刻变幻，未可全信。昨果亭来，□八儿同往阛上迎谒孙屺瞻，即求他密探抚台意旨，以为从违，庶无龃龉，似亦扼要之法。然未知何日得会，大约在郡，未即脱身，愚初一、二必当到乡。老侄入城晤学师，可迟至此时否？三人犹未解，总不出今昨两日，未知如何发落也。

愚名不具

第八通（图91）

尊驾下乡后，郡中之信倍急，正在危窘无措时，而房师忽至，以郡行实告之，彼则以千日百日必须等待，坚不肯去。纵为输纳一事，初承当事者，意颇通融，经承张姓者亦甚唯唯，不知何故，在上者忽有难色，经承屡□□□，必不肯出，矢誓不要一钱，所言惟命，但事成与否（自部中一切诸事），皆不任咎，听汝自为之，其冷焰尤为可畏。想官府处未免先入，九儿从八儿在郡，正欲面恳验收，□季总簿只余三日，过此便不济事，正举家生死关头，何堪房师如此相逼。今已遣急足到郡催归，但九房之事恐因此更成撒局。千难万难，求死无地，且一家老幼，或以衰病卧床，或以行田观获，无一人可备主宾之礼。惟老侄异体同心，忧喜相共，必能为之排解，而时下方营□□□得拨闲片晷，何敢妄渎。然区区茕孑，四顾宗鄗，可破沥肺腹□□，老侄倘肯暂纡道驭，晤谈竟日，则邀厚意无穷矣。谨此草恳，无任悬企之至。

蔚老贤侄宗英

愚时敏顿首

考：

顺治十三年（1656）开始，王时敏家因多种原因纳税逐渐困难，积累丛集，踵索者日至，拖欠钱粮甚多。在凄惶窘迫中，王时敏艰难支撑家业。故宫博物院藏有王时敏康熙十二年（1673）示谕家仆的笺条，就是个生动的例子：

嘉定大爷书来云：吾家十三户十二年尚欠百二十金，即十一年分，尚有零欠着。各房经管人速往县查实欠若干，其来数果非虚滥十三年分者，果从未破串。即日回报，以便措处投纳，不得仍前延玩致误公务。如违定行究责。

六月初六日，着隆德递传各分经管人，速速回话

前述，康熙十四年（1675）以来的芦田课，困扰着王时敏，家族以致引来讼事，诸如第七通“闻其参文专以欠粮把持归重我家”“纵为输纳一事，初承当事者，意颇通融，经承张姓者亦甚唯唯，不知何故”，涉及九子王抑。次子王揆、八子王掞共同处理相关事宜，借迎谒

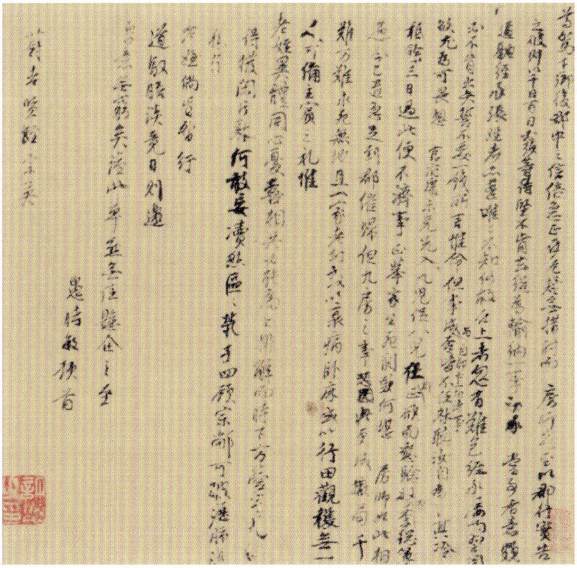

图91　《致王闻炳札》，纸本行书，27.9cm×29.2cm，美国纽约苏富比拍卖2013年9月19日，No.618

孙屺瞻之际探听相关信息。因事态严重，王时敏颇为忧虑："正举家生死关头""九房之事恐因此更成撤局。千难万难，求死无地，且一家老幼，或以衰病卧床，或以行田观获，无一人可备主宾之礼。"从"李学师""房师"等内容初步判断，所涉欠粮案似乎与王抑课业、科举有一定关系，王时敏心急如焚。

按，房师，根据王时敏丙午家书所言，乃王掞康熙五年（1666）乡试同考官之一金坛人（今江苏常州）高冲之。[①] 果亭，即徐秉义（1633—1711），初名与仪，字彦和，号果亭，江苏昆山人。康熙十二年（1673）探花，授编修，选右中允；康熙十四年（1675），授左中允，官至吏部侍郎。孙屺瞻，即孙在丰（1644—1689），字屺瞻，浙江德清人。康熙九年（1670）榜眼，授翰林院编修，累官侍读学士、工部侍郎。徐秉义是前揭徐乾学之弟，与孙在丰是同僚。

查，康熙十二年（1673）二月至康熙十四年（1675）五月，王掞丁忧里居，后服阕典试山东；康熙十五年（1676）八月中，王掞告假归里。[②] 又，康熙十四年（1675）八月，徐秉义授儒林郎，恩诏加一级，出任浙江乡试正考官，试毕回昆山，旋上京，康熙十五年（1676）八月，昆山水灾，徐秉义告假归里，与兄徐乾学响应江宁巡抚慕天颜赈灾倡议。[③] 核查王掞、徐秉义活动轨迹，两人同时出现在苏州，仅在康熙十五年（1676）八九月间，大概是为了苏松地区水灾而来。札中所及"制台"是两江总督阿席熙（？—1681），"抚台"则是刚刚由江苏布政使擢升江宁巡抚的慕天颜。补充说明，孙在丰与王掞是同科进士，后与慕天颜成为儿女亲家。

结合上述种种，此二札当书于康熙十五年（1676）八九月间。

---

① 王时敏：《西庐家书》，丙午八，见《王时敏集》，第179页。

② 王抃：《王巢松年谱》，第43页。

③ 王逸明：《昆山徐乾学年谱稿》，第64页。

第九通（图92）

昨蕲水复有人归云，圣符所欠钱粮，除府尊所减，尚有三金，已为抚台题参，不免幽絷，且手足痿痹，更患棋大肥疮，四体拘挛，势甚危迫，直有性命之忧。近小费，得暂保出，以向诚代系，目前所急者八百金，若即交纳，可免囹圄之苦。但家中日计□枯，竟无设处。去岁卖田千金，皆于兵过时零星浪费，未尝以济实用，今称贷无门，将何应急？究其被祸之繇，皆从失意上官而起，亦自有以致之，盖其性本柔懦，仍兼执拗，岂卑官所宜？愚固疑其不了官事，岂意其决撒至此！先姊嫡血惟此一脉，且恬雅素所怜爱，诸甥中最为亲密，残年余息，当以不得再见为忧。今闻此信，五内迸裂矣。在圣符，孤踪蹇遇，自上官以暨亲知，孰为怜念之者？惟黄州太守于公名成龙，山西永宁拔贡，久为黄州二守，清洁惠政，沦洽人心，圣符每次书归，必言其治行为全楚第一，承其知爱，数年如一日，转府尊后，垂盼更加，患难中极蒙拯援，因而逋数得以审减几分，且素皈向于我祖父，并知有衰朽，赐问频仍，即与

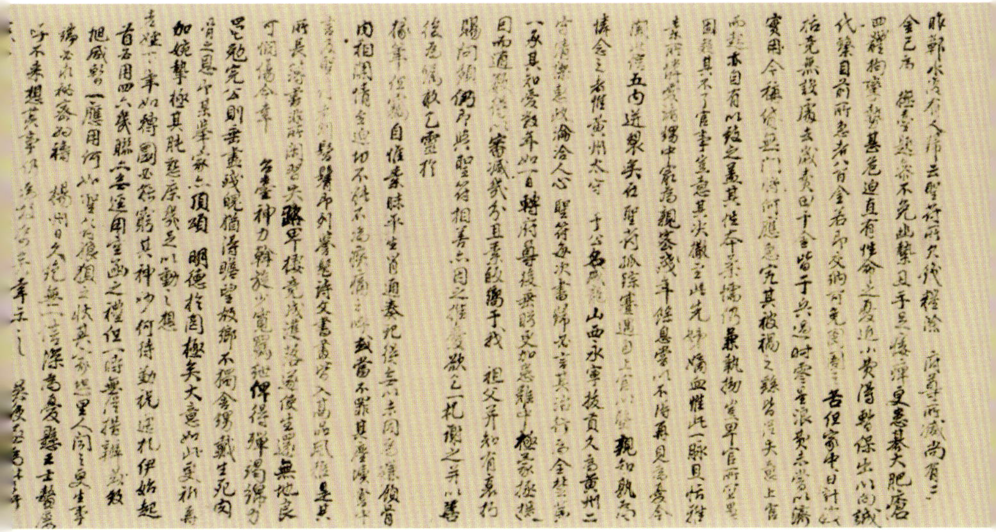

图92 《致王闻炳札》，纸本行书，27.9cm×56.5cm，美国纽约苏富比拍卖2013年9月19日，No.618

圣符相善，亦因之推爱，欲乞一札谢之，并以善后为嘱，敢乞灵于椽笔，但窃自惟素昧平生，冒通奏记，得无以未同为嫌，顾骨肉相关，情至迫切，不能不为疾痛之呼，或当不罪。其尘渎书中，言及圣符者则髫髻，即列誉髦诗文书画，皆入高品风雅。是其所长簿书，非所闲习，失路卑栖，竟成获落，遂使生还无地，良可悯伤。今幸召台神力斡旋，少宽羁绁，俾得殚竭绵力，黾勉完公，则垂尽残魄，犹得瞻望。故乡不独舍甥戴生死肉骨之恩，即某举家，亦顶颂明德于罔极矣。大意如此，更祈再加婉挚，极其肫恳，庶几足以动之，想老侄下笔如转圜，必能穷其神妙，何待勤祝。通札伊始起首，必用四六几联，亦无径用空函之礼，但一时无从措办，或致旭咸暂一应用，何如？圣符狼狈之状，其家恐里人闻之更生事端，必求秘密为祷。杨州日久绝无一信，深为忧悬，王士鳌屡呼不来，想其事仍为故纸矣。幸示之。吴使亟为楚呼，所求惟即付荷之。

愚时敏顿首

考：

文献记载，圣符，即吴世睿，时任湖广蕲水县丞，缘事罢官，康熙十五年(1676)卒于楚狱。与前揭一样，此札中所讲的也是欠钱粮事，面临牢狱。吴世睿因欠钱粮事而遭受囚禁，时已八十五高龄的王时敏心急如焚。他言及上官于成龙对吴氏垂盼更加等，想“乞一札谢之，并以善后为嘱”，故请王闻炳代笔并交代若干，最后不忘叮嘱：“圣符狼狈之状，其家恐里人闻之更生事端，必求秘密为祷。”对于这个女婿，王时敏早先已经了解：

圣符性懒且拘，恐州县佐贰之职非其所宜，我念之甚欲作一字沮其就选，今闻先已投供，止之无及，遂尔搁笔。[1]

按，于成龙（1617—1684），字北溟，号于山，山西永宁（今山西永济）人。历官广西罗城知县、四川合州知州、湖广黄州同知，康熙十三年（1674）八月调湖广黄州知府，康熙十六年（1677）升湖广下江

① 王时敏：《西庐家书》，丙午十，见《王时敏集》，第194页。

防道，康熙十七年（1678）升福建按察使。根据吴世睿、于成龙经历，此札书于康熙十五年（1676）吴世睿卒狱前的不长时间内，就是为了吴世睿案的转圜。

再按，王士鳌，乃六子王扶家仆，王时敏在致王抃家书中多有微词：“如王士鳌，一生以脱空为事，真全无心肝之人，乃托令管租”“王士鳌又为之鹰犬，东土膏血俱被吸尽，而莫克谁何，亦从来堡将未有之恶”。①

第十通（图93）

□□□□三日前差人到州催取画轴，据□□□茗启行，抵苏即为北装，停留不过数日，□竟不能恝然。前重烦大笔，曾作两扎申候，辞指皆极赡整，可为尺牍法程，而苦无礼物配之，遂久庋阁。今拟即日修一函候之，乞再将第一扎一为酌改增入，写来数语之意。至荷，至荷！至于我两家夙叨世讲，谊重在三，不图驽劣之雏，亦与蒿苹之数。前金阊邂逅，久拟率稚子百叩龙门，面申罔极之感，无奈癃笃潦倒之余，诸病丛集，头眩数举，腰楚频呻，五官百骸，一一皆□身有，是以带水竟同河汉，悚歉无已。近日更增冷吼之症，昼夜不得暂停，医家颇为束手，风烛之征亦可见矣。豚儿学落不殖，惟我夫子万仞是凭，道化翔洽，虽驽骀无状，幸终有以鞭策衔结，世世佩之耳。昨据沈宅管家说，座师北行苦乏腰缠，欲从众门生敛一义会。郡中昆山人心略齐，亦有一二人，凑成一分者，以一数为主，还之只须一半，已与管家一一议定，更无推敲。若我，则久受诸儿之供，今且老病卧床，更不与外事。前所云竟可已之况，我□暂亦不能不然，闻之颇为忻慰，但未知究竟如何，待吾侄入城，当再细细商量也。

老侄即解元

贱名不具

① 王时敏：《西庐家书》，丙午五、丙午九，见《王时敏集》，第165页、第185页。

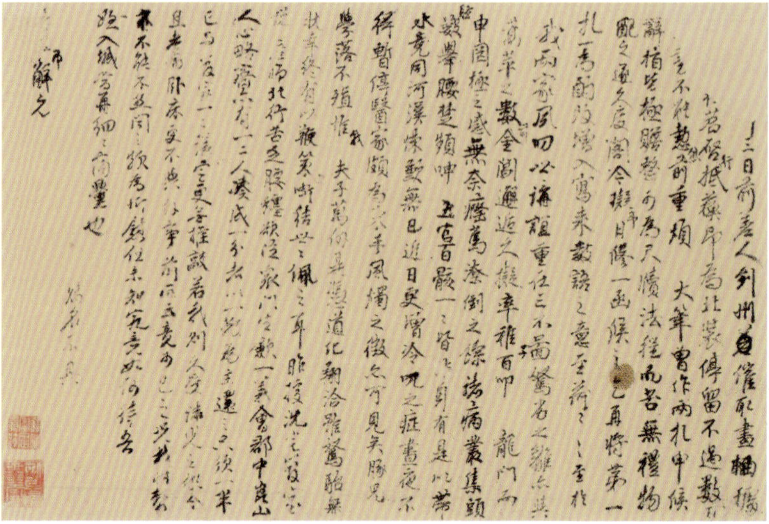

图93　《致王闻炳札》，纸本行书，27.9cm×43.1cm，美国纽约苏富比拍卖2013年9月19日，No.618

考：

晚年，王时敏十分倚重身为王家三代业师的王闻炳，请他参与处理一些重大的家庭事务，如前揭通宪案事、吴世睿欠粮讼事转圜等，还邀之担任分家立业的见证人。在日常生活中，他经常请王闻炳拟写书札，一般自己先略述大意，后由王闻炳修饰成文，故有“前重烦大笔，曾作两扎申候，辞指皆极赡整，可为尺牍法程”之谓。

康熙十六年（1677）九月，朝廷因军兴特设一科，在顺天、江南、浙江、河南四省开考专试太学生，王抑参加乡试中式举人。[①]《圣祖仁皇帝实录》卷六十八记，此次乡试命翰林院检讨沈上墉（1624—1694）为正考官、吏部员外郎赵士麟（1629—1699）为副考官。因此，沈上墉成了王抑的座师。

沈上墉，原名胤城，字宗之，号维庵，浙江嘉兴人。康熙十一年

① 王宝仁：《奉常公年谱》，第800页。

（1672）进士，选庶吉士，授翰林院检讨，康熙十六年（1677）充江南乡试正考官，后官至翰林院侍读学士。

古代中国，官场流行一种名曰“程仪”的不成文规则。程仪，也称程敬，指路费，通常是下级送给远行上级的财礼，当然有时也含亲友之间。程仪作为一种官场陋习，在低俸禄的清代尤为盛行，特别是赴外地乡试任主考官、同考官的京官，返程时一般都会被动甚至主动地接受地方官和士子们所赠程仪，成为科举时代一个公开的秘密。

此札书于康熙十六年（1677）九、十月间，因有画作奉赠，王时敏为王抑中举而致函感谢沈上墉，向王闻炳交代内容若干，然后约定面商程仪费用。

第十一通（图94）

祖遗世仆钱木匠，生子钱未、钱二，一家内外共知，岂容隐漏。钱未死后，伊弟钱二生二子，俱在二房服役，独未一子三女，藏匿不见。近日查问，乃云身系族婿，公然讲一本之礼，并□他姓者亦然，深为骇愕。窃思辨，族敬宗人伦，最重正名，定分家法綦严，纤毫不可逾越，乃迩年宗法凌夷，闻有一二尊长心存见小，蔑视大体，每每援引匪类滥入谱牒，甚重厮养下贱，甘与联姻，冠履倒置，至此而极。不肖因家风扫地，触目痛心，屡愿草白布告，通族冀得正论，砥柱颓波，不意钱未一子三女首为负固，且闻有力护之者，诚不知何心也。况钱匠二子，其幼者家现供指使，惟长者超然名分之外，亦何以服众心而儆效尤？愚屡令唤之，匿影寂无一应，规矩荡然，岂能中止？老侄严气正性，表正乡间，能以理谕，俾得两全之法，少存薄面，庶几可藉以歇手，不然，以同宗良贱为婚，反与旧主相抗，恐亦三尺所不容也。幸惟委曲留神，不胜祷切。

蔚老贤侄宗英

愚时敏顿首

左长

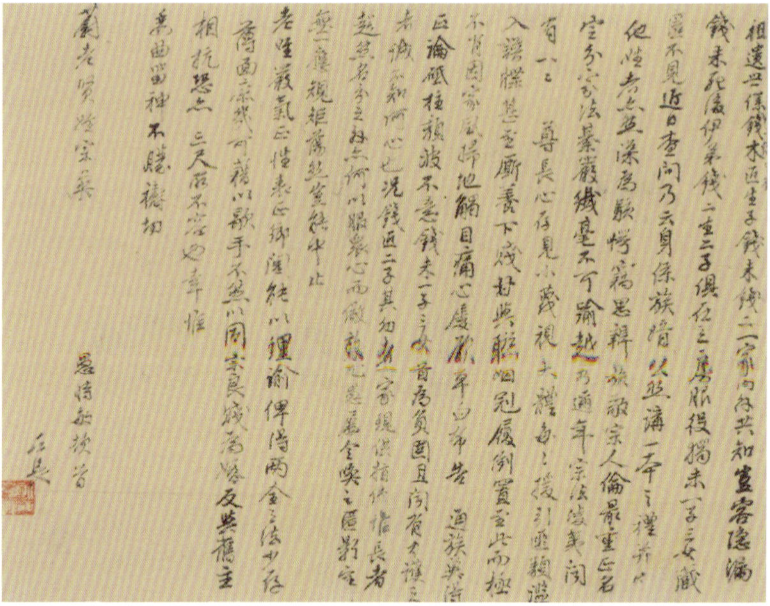

图94 《致王闻炳札》，纸本行书，27.9cm×37cm，美国纽约苏富比拍卖2013年9月19日，No.618

考：

此札当书于晚年，主要因为世仆钱木匠长子钱未一子三女与王氏族人通婚事，致函王闻炳维护宗法，表正乡闾。王时敏出身世家，向来重视祖宗家法与伦理纲常。康熙九年（1670）五月，王时敏撰写《家训》勖示子孙，此后作《族劝》《后友恭训》《后楼嘱》等，一而再，再而三，严于律己，勖勉宗族，持身应世。

古代中国，乡绅、士绅作为知识精英是地方秩序与统治的重要力量，其身份与一般的“庶民”相对，遂有“士”“民”之泾渭。明清以来，大多数江南士绅，普遍追求家族或个人利益，遂出现了“士”“民”断裂的现象。清初无名氏《研堂见闻杂录》，对明末清初太仓地区的主仆关系如此描述：“吾娄风俗，极重主仆，男子入富家为奴，即立身契，终身不敢雁行立，有役呼之，不敢失尺寸，而子孙累世不得脱籍。

间有富厚者，以多金赎之，即名赎而终不得与等肩，此制驭人奴之律令也。”所谓“不敢雁行立”“不得与齐肩”，就是不能与主人平起平坐，地位永远低一等的意思。这里，王时敏将王氏族人与世仆孙子联姻视为“冠履倒置”“家风扫地”，也可视为“士”“民”对立的一个侧面。

故宫博物院藏有一份王时敏某年十一月二十五日书写的便笺，也可以说是其管束治家另一个生动侧面：

城中近日风气，少年多习拳勇，以致打降塞路，为害不浅。我平日最所痛恨，凡见家人效学拳法者，立行重惩。至有与外人争殴者，不论曲直，其罚倍重。乃闻定外小厮，无父母之训，为世风所靡者，不无其人。今我密密察访，如有家人子弟，仍在外为非生事者，必尽法处治，并其父兄，亦不轻恕。各宜谨遵，毋贻后悔。

第十二通（图95）

仆于郡尊从无一面，大人例荐，尚恐按剑似难旁及，别教具知。老侄念我贫悴，多方为之濡沫，厚意定不深感。但其事详委实所未悉，况此时人情凉燠百倍。曩昔冒昧通札，愧非得当，且被当事者恩私未有寸酬，而反为干清得无所憎贻辱，区区鄙怀深切虑之。顷因家中食米罄尽，故于西田笼米载归，半夜可完，明晨即当返棹。两事皆面商以定耳，先此谢复不一。

蔚仪老侄即解元

愚伯时敏顿首

第十三通（图96）

老侄厚爱，非比泛常，佳簟辍惠，辞曰扶衰，尤似至情。但家有一张，用之未敝。余年有几，所谓一生能着几緉履？乃复费此珍物，是以未敢滥叨想。蒙俯亮若盛意无已，固已心戢弗谖矣。先此谢复，容面

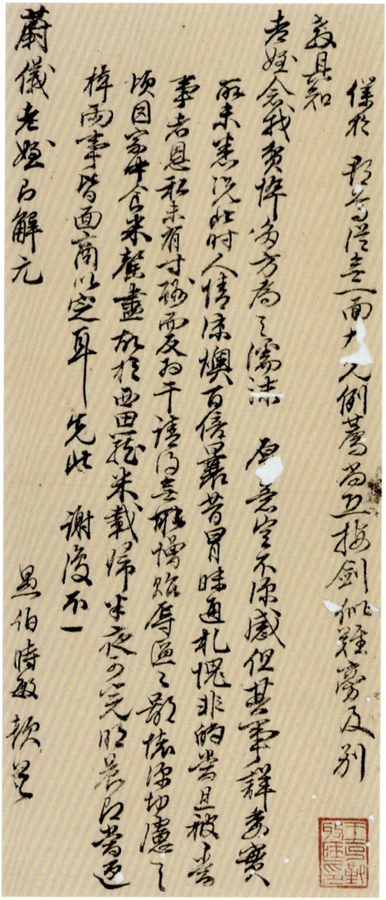

图95　《致王闻炳札》，纸本行书，28cm×12.5cm，中国嘉德2017年12月20日秋拍，No.2533

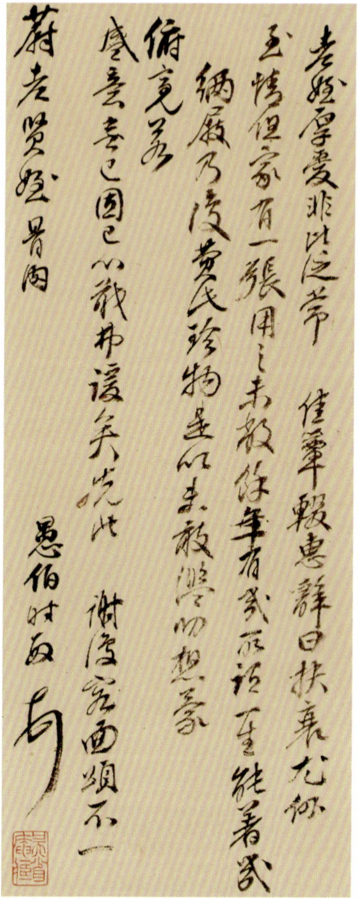

图96　《致王闻炳札》，纸本行书，18cm×7.2cm，中国嘉德2011年11月12日秋拍，No.0540

颂，不一。

蔚老贤侄骨肉

愚伯时敏顿首

考：

此二札函应是王时敏晚年书写，第十二通是因事需要致函苏州知府，述说未曾谋面而有种种顾虑。第十三札是因为王闻炳赠送竹席而感谢，多是客套之语。

慈光緣爲苑結　孫公又云後歲

山頭老和尚七十餘年

和尚必當過祝儻得於吳門瞻侍

金姿便是奇緣果福但未知蘭德夕陰

得申延居適有骨肉之變忽遽草復

十八

致熊开元札三通

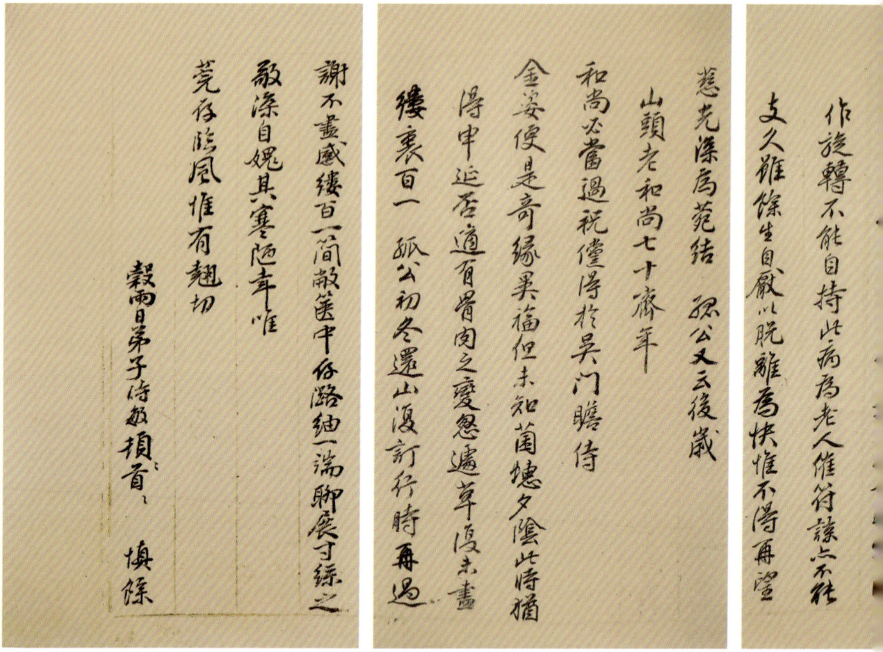

图97　《致熊开元信札》，1673年，纸本行书，图刊马路芝主编《素简华章：明贤书札集萃》，上海人民美术出版社，2017，第253—257页。

熊开元（1599—1676），字玄年，号鱼山，法名正志，号檗庵，湖北嘉鱼人。天启五年（1625）进士，初授崇明知县，次年调吴江知县，崇祯四年（1631）升吏科给事中，因征赋不满额降两级外任，后复官山西按察司照磨，迁光禄寺监事、行人司副；崇祯十五年（1642）以劾首辅周延儒下狱，遣戍浙江杭州卫。弘光元年（1645）闰六月，唐王立，起为工科左给事中，擢太常寺卿、左佥都御史，隆武二年（1646）八月进东阁大学士兼右副都御史。唐王兵败，在黄山出家，皈依苏州灵岩寺弘储，曾主吴江华严寺、周庄永宁庵。康熙十五年（1676）十月，圆寂于安徽九华山。精内典，有文名。著有《鱼山疏稿》《鱼山剩稿》《檗庵别录》《华山纪胜集》《击筑馀音》《诸方语录》《壬癸罪状》等。

王时敏与熊开元交往较早，天启六年（1626）熊氏任吴江知县，两

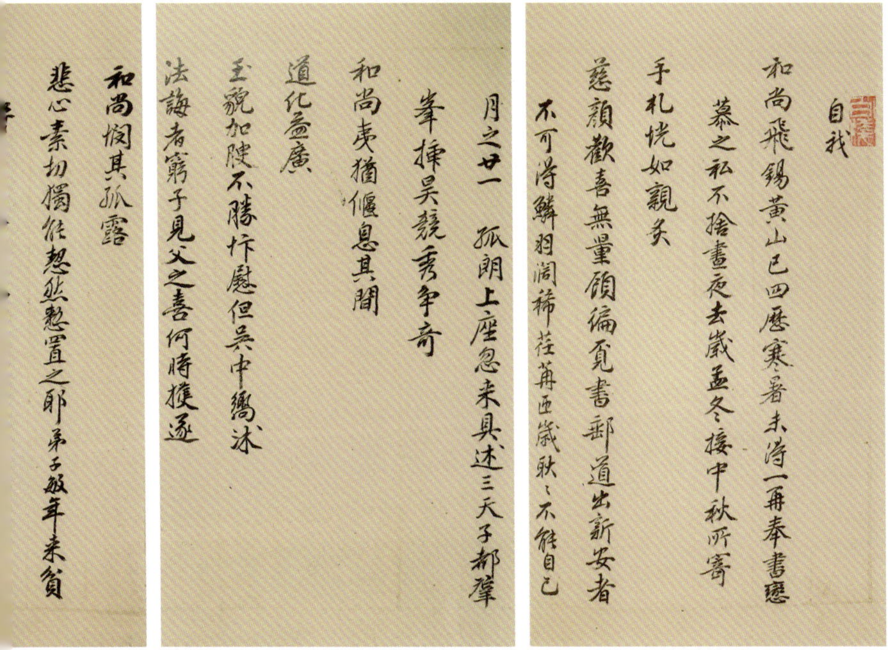
自我
和尚飛錫黄山已四歷寒暑未得一再奉書戀
慕之私不捨晝夜去歲孟冬接中秋所寄
手札恍如親炙
慈顔歡喜無量顧徧覓書郵道出新安者
不可得鱗羽闊稀荏苒匝歲耿耿不能自已
月之廿一 孤朗上座忽来具述三天子都羣
峰揷吴競秀争奇
和尚夷猶偃息其間
道化益廣
玉貌加腴不勝忭慰但吴中緇沐
法誨者竊子見父之喜何時獲遂
和尚憫其孤露
悲心素切獨能恝然置之耶 弟子敏年来貧

人即开始通信[1]，后同朝为官。入清后，熊开元师从灵岩寺弘储法师。王时敏与弘储、熊开元师徒来往密切，皆以弟子相称。

第一通（图97）

自我和尚飞锡黄山，已四历寒暑。未得一再奉书，恋慕之私，不舍昼夜。去岁孟冬，接中秋所寄手札，恍如亲炙慈颜，欢喜无量。顾偏觅书邮，道出新安者不可得，鳞羽阔稀，荏苒匝岁，耿耿不能自已。月之廿一，孤朗上座忽来，具述三天，子都群峰插吴，竞秀争奇。和尚夷犹

① 王时敏：《尺牍》卷上，致熊开元，见《王时敏集》，第 222 页、第 227 页、第 229 页。

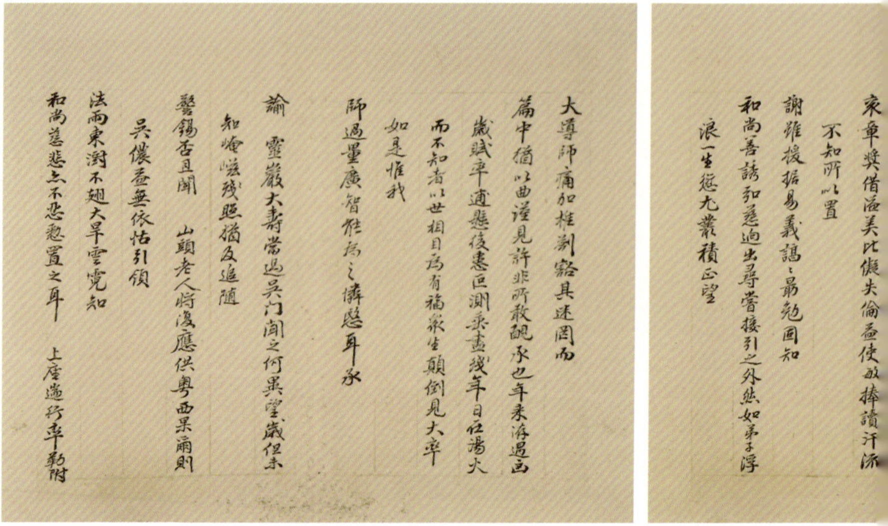
衮章奬借溢美比儗失倫益使敏捧讀汗流
不知所以置
詞雖援據易義諄諄勗勉固知
和尚善誘和慈迫出尋常接引之外然如弟子浮
浪一生愆尤叢積正望
大導師痛加椎剔豁具迷罔而
篇中猶以曲謹見許非所敢覥承也年來濟過西
歲賦卒遭懸後患叵測柔盡殘年日在湯火
而不知者以世相目爲有福衆生顛倒見大率
如是惟我
師過量廣智雅爲之憐愍耳承
諭 靈巖大壽當過吳門聞之何異望歲但未
知崦嵫殘照猶及追隨
鑿錫否且聞 山頭老人將復應供粵西果爾則
吳儂益無依怙引領
法雨東澍不翅大旱雲霓知
和尚慈悲亦不忍恝置之耳 上厓邈行卒勒附

图98 《致熊开元信札》，1664年，纸本行书，图刊马路芝主编《素简华章：明贤书札集萃》，第249—251页。

偃息其间，道化益广，玉貌加腴，不胜忭慰。但吴中响沐法诲者，穷子见父之喜，何时获遂？和尚悯其孤露，悲心素切，独能恝然整置之耶！弟子敏年来贫悴日甚，衰病日增，兼以稽天赭地，频年荐臻，愁绪如麻，久绝生人之趣。比更苦眩晕，时作旋转，不能自持。此病为老人催符，谅亦不能支久。虽余生自厌，以脱离为快，惟不得再望慈光，深为菀结。孤公又云，后岁山头老和尚七十齐年，和尚必当过祝，倘得于吴门瞻侍金姿，便是奇缘异福。但未知菌蟪夕阴，此时犹得申延否？适有骨肉之变，忽遽草复，未尽缕衷百一。孤公初冬还山，复订行时再过……谢。不尽感缕百一。简敝箧中存潞绸一端，聊展寸丝之敬，深自愧其寒陋，幸唯莞存。临风惟有翘切！

谷雨日，弟子时敏顿首顿首，慎余

第二通（图98）

弟子敏幼而失学，触处面墙，渐负家声。忽焉及耄，追溯生平，无

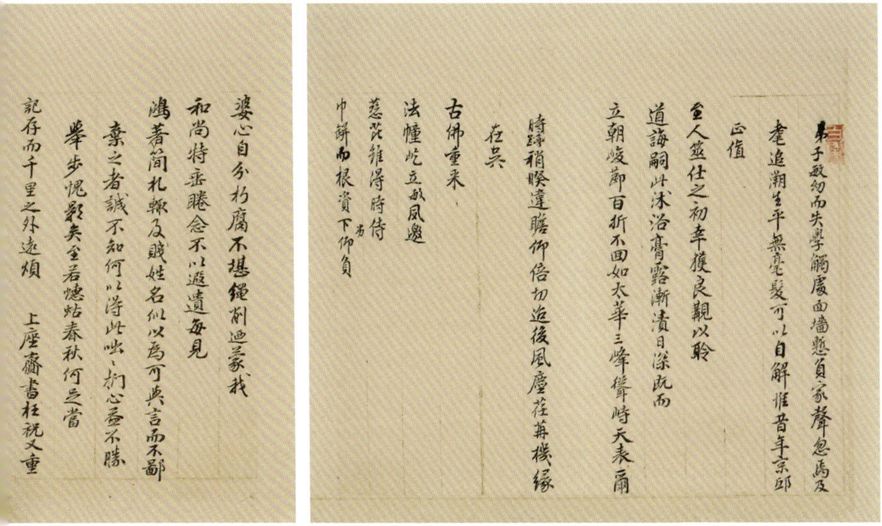
弟子敏幼而失學觸處面墻悉負家聲忽焉及
耄追溯生平無毫髮可以自解惟昔年京邸
正值
至人筮仕之初幸獲良覿以聆
道誨嗣此沐浴膏露漸漬日深既而
立朝峻節百折不回如太華三峰聳峙天表爾
時跡稍睽違瞻仰倍切迨後風塵荏苒機緣
在吳
古佛重來
法幢屹立敏夙邀
慈芘難得時侍
巾缾而根資下劣仰負
婆心自分朽腐不堪繩削迺蒙我
和尚特垂睠念不以遐遺每見
鴻著简札輙及賤姓名似以為可與言而不鄙
棄之者誠不知何以得此咄咄扪心益不勝
舉步愧影矣至若蟪蛄春秋何足當
記存而千里之外遠煩 上座齋書枉祝又重

毫发可以自解，惟昔年京邸，正值至人筮仕之初，幸获良觌，以聆道诲。嗣此沐浴膏露，渐渍日深，既而立朝峻节，百折不回，如太华三峰，耸峙天表。尔时迹稍睽违，瞻仰倍切，迨后风尘荏苒，机缘在吴。古佛重来，法幢屹立。敏夙邀慈芘。难得时侍巾瓶，而根资下劣，仰负婆心，自分朽腐，不堪绳削。乃蒙我和尚特垂眷念，不以遐遗，每见鸿著简札，辄及贱姓名，似以为可与言而不鄙弃之者，诚不知何以得此。咄咄扪心，益不胜举步愧影矣。至若蟪蛄春秋，何足当记存。而千里之外，远烦上座赍书枉祝，又重之以衮章，奖借溢美，比拟失伦，益使敏捧读汗流，不知所以置谢。虽援据易义，谆谆勖勉，固知和尚善诱弘慈，迥出寻尝接引之外。然如弟子浮浪一生，愆尤丛积，正望大导师痛加椎札，豁其迷罔。而篇中犹以曲谨见许，非所敢腼承也。年来荐遇凶岁，赋率逋悬，后患叵测，垂尽残年，日在汤火而不知者，以世相目为有福。众生颠倒见，大率如是。惟我师过量广智，能为之怜悯耳。承谕灵岩大寿当过吴门，闻之何异望岁，但未知崦嵫残照，犹及追随謦锡否？且闻山头老人将复应供粤西，果尔则吴侬益无依怙，引领法雨东澍，不翅大旱云霓。知和尚慈悲，亦不忍整置之耳。上座端行，率勒附。

考：

康熙八年(1669)，熊开元离开苏州，前往黄山说法，又住徽州仰山。[1]王时敏云“自我和尚飞锡黄山，已四历寒暑”，故第一通札书于康熙十一年（1672）谷雨日，谈及与孤朗和尚见面交流之事，并说明了自己的近况，表达了思念之情。当时，王时敏年已八十，故第二通札书则有“忽焉及耄”之叹，写于第一通札书后，时已收到熊开元的回函了，亦如“承谕灵岩大寿当过吴门”。

两札所言“灵岩”“山头老人”“山头老和尚”，指的是熊开元业师弘储（1605—1672），俗姓李，又作洪储，字继起，号退翁，江苏南通人（图98）。曾住台州天台山兴化寺、海盐金粟山广慧寺、兴化慧明寺、苏州灵岩寺、衡山福严寺等。著《上堂语录》《广录》《树泉集》《报慈录》《甲辰录》《雪舟集》《浮湘录》《南岳单传记》等。

康熙十一年（1672）元旦，弘储应时任江苏布政使慕天颜之邀重回灵岩寺讲法，直至去世。[2]所谓“灵岩大寿”“后岁山头老和尚七十齐年”，是指弘储法师康熙十三年(1674)将迎七十之庆。但可惜，康熙十一年（1672）九月二十七日，弘储圆寂。[3]在信中，王时敏与熊开元相约值弘储寿诞晤面。

按，孤朗和尚，太仓宝林庵僧人，是浙江兰溪广长寺住持超凡禅师（字雪堂，号铎夫，俗姓查，浙江海宁人）同门。康熙二十九年(1690)

---

① 王起孙：《瓯北七律浅注》卷一，《题蘖庵僧遗像》，王迎建点校，苏州大学出版社，2014，第51页。

② 黄祖恩：《忠孝与法命——继起弘储生平与著作考论》，硕士学位论文，台湾大学，2022，第202页。

③ 徐枋：《居易堂集》卷十九，《退翁老人南岳和尚哀辞》，清康熙刻本，第5页。

秋，孤朗请超凡住福州于山护国禅寺。[1] 与扬州高旻寺第一任住持纪荫禅师（1644 – 1710，字湘雨，号损园、宙亭等，俗名游启甲，江西婺源人）交契。[2] 纪荫，是弘储的法孙。

第一通札书中所谓“适有骨肉之变”，是指康熙十一年（1672）三月暨谷雨前后，“大宗友芝公次子慕芝公有二子，长文石公、次楚石公俱殁，久未葬，其后嗣渐替”，王时敏“偕孺人易簪珥，代营窀穸之费，六棺并举”。[3] 第二通札书中所谓“年来荐遇凶岁”，是指康熙九年（1670）以

图99　顾见龙《弘储继起像》轴，绢本设色，133cm × 66cm，1663年，南通博物苑藏

① 吕芳：《浙江图书馆藏〈嘉兴藏〉残本叙录》，见程焕文、沈津、张琦主编《2016年中文古籍整理与版本目录学国际学术研讨会论文集（下）》，广西师范大学出版社，2018，第566页。

② 释纪荫：《宙亭诗集》卷二，《镜清楼草》，《送孤朗和尚宝林隐静三首》，见故宫博物院编《故宫珍本丛刊》第589册，清代诗文别集，海南出版社，2000，第10页。《镜清楼草》收录了康熙十一年（1672）纪荫与太仓文人交往互动的诗，譬如陈瑚、王时敏、钱广居、孤朗等。

③ 王宝仁：《奉常公年谱》，见《王时敏集》，第793页。

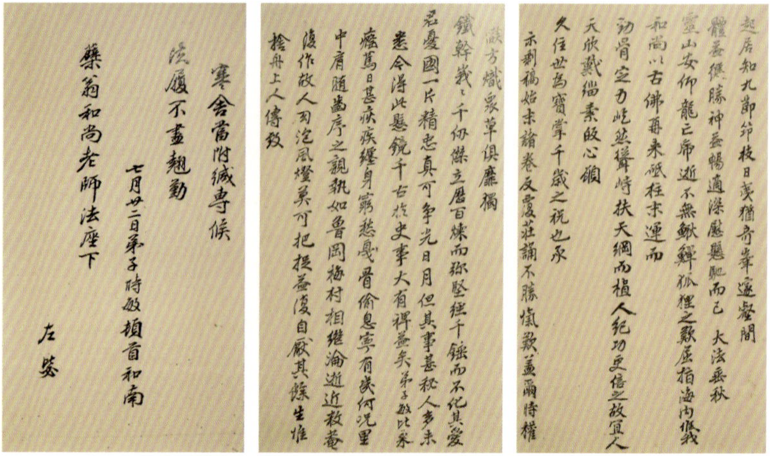
起居知九節笻枝日夷猶奇峯邃壑間
體益健勝神益暢適深慰懸馳而已　大法垂秋
靈山安仰龍亡虎逝不無鰍鱓狐狸之歎屈指海内惟我
和尚以古佛再來砥柱末運而
勁骨定力屹然聳峙扶天綱而植人紀功更倍之故宜人
天欣戴緇素皈心願
久住世為寶掌千歲之祝也承
示剩稿始末諸卷反覆莊誦不勝慨歎蓋爾時權
燄方熾衆草俱靡獨
鐵幹峩峩千仞傑立歷百煉而彌堅經千錘而不化其愛
君憂國一片精忠真可争光日月但其事甚秘人多未
悉今得此懸鏡千古於史事大有禪益矣弟子敏比來
癃篤日甚疢疾纏身窮愁戛骨偷息寧有幾何況里
中肩隨齒序之親執如魯岡梅村相繼淪逝近[illegible]菴
復作故人羽化風燈罔可把捉益復自厭其餘生惟
捨舟上人傳致
寒舍當附緘專候
法履不盡翹勤
七月廿二日弟子時敏頓首和南
蘗菴和尚老師法座下
左[illegible]

图100　《致熊开元信札》，1673年7月22日，纸本行书，图刊马路芝主编《素简华章：明贤书札集萃》，第259—261页。

来，江南屡发大水，[1] 王时敏发出“赋率逋悬，后患叵测，垂尽残年”之叹。

第三通（图100）

……起居，知九节筇枝日夷，犹奇峰邃壑间，体益健胜，神益畅适，深慰悬驰而已。大法垂秋，灵山安仰，龙亡虎逝，不无鳅鳝狐狸之叹。屈指海内，惟我和尚以古佛再来，砥柱末运。而劲骨定力，屹然耸峙。扶天网而植人纪，功更倍之。故宜人天欣戴，缁素皈心，愿久住世为宝，掌千岁之祝也。承示《剩稿》始末诸卷，反覆庄诵，不胜忾叹。盖尔时权焰方炽，众草俱靡。独铁干峨峨，千仞杰立，历百炼而弥坚，经千锤而不化，其爱君忧国，一片精忠，真可争光日月。但其事甚秘，人多未悉，今得此悬镜千古，于史事大有禅益矣。弟子敏比来癃笃日甚，疢疾缠身，穷愁戛骨，偷息宁有几何？况里中肩随齿序之亲执，如

① 王宝仁：《奉常公年谱》，见《王时敏集》，第792页。

鲁冈、梅村，相继沦逝，近敉庵复作故人。幻泡风灯，莫可把捉，益复自厌其余生。惟舍舟上人传致寒舍，当附缄专候法履，不尽翘勤。

七月廿二日，弟子时敏顿首和南

檗翁和尚老师法座下

左毖

考：

所谓“近敉庵复作故人”，指张王治去世。史料记载，张王治去世于康熙十二年（1673），故此札书于康熙十二年（1673）七月二十二日。

本札不全，存者主要是问候，并谈了阅读《鱼山剩稿》后的心得体会。最后，鉴于近年来吴克孝、吴伟业、张王治相继辞世，82岁的王时敏感慨万千。

十九

致顾见龙札

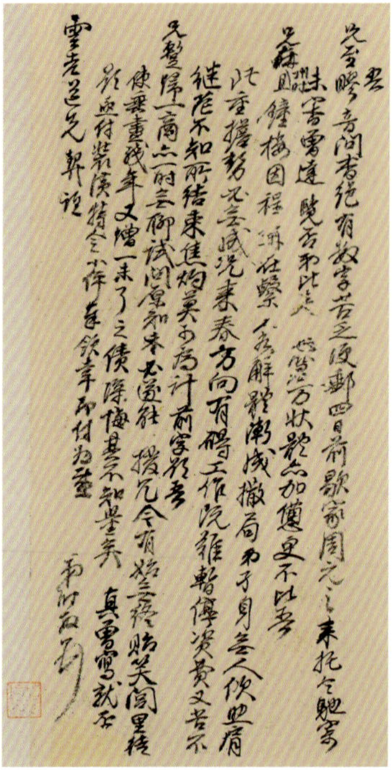

图101 《致顾见龙札》，纸本行草，28cm×15cm，朵云轩120周年庆典拍卖2020年9月24日，No.1619

顾见龙（1606—1687后），字云臣，号金门画史，江苏太仓（一作吴江）人，居苏州虎丘。善写真、仕女，师法曾鲸，尤擅佛画，所作往往形神兼备，功力非凡。康熙初，以写真祗候内廷，名重京师。

吾兄至畷，音问杳绝，有数字，苦乏便邮。四日前歇家，周元之来，托令驰寄，未审曾达览否？弟比来□窘万状，体亦加惫，更不比吾兄在州时。且钟楼因程□在系，人各解体，渐成撤局。弟孑身，无人佽助，肩此重担，势必无成。况来春方向，有碍工作。既难暂停，资费又苦不继，茫不知所结束，焦灼莫可为计。前字欲吾兄暂归一商，亦一时无聊。试问原知，未必遂能拔冗。今有始无终，贻笑闾里，徒使垂尽残年又增一未了之债，深悔其不知量矣。真曾写就否？欲亟付装潢，特令小伻奉领，幸即付为感。

弟时敏顿首

云老道兄契谊

考：

根据《奉常公年谱》“康熙十二年（1673）”所记，钟楼工程开始于康熙十一年（1672）十一月[1]，而札言“且钟楼因程□在系，人各解

① 王宝仁：《奉常公年谱》，第794页。

体，渐成撒局。弟孑身，无人佽助，肩此重担，势必无成”，可见，修建钟楼处于倡议之中，故此札书于康熙十一年（1672）工程开工前，大致初春之际，所及多是修葺之事，全是无奈之语。

收件人“云老道兄”，查考王时敏字号含云的友人，主要有唐宇昭，字云客，号半园，江苏武进（今江苏常州）人，能书善画，精鉴藏；王豢龙，字云客，江苏常熟人，擅山水；顾见龙，字云臣。他们都是至交，初不易确定，然从“真曾写就否”一句来看，便是顾见龙无疑。

顾见龙与王时敏家的关系似颇密切。顺治八年（1651）六月，五子王抃续弦，吴伟业做媒常熟孙氏之女，顾见龙曾作为代表前往求亲；[①] 顺治十二年（1655）十一月，王抃在嘉定看中红裙名沈青者，托顾见龙约之来家。[②] 康熙五年（1666）六月，古董商陈定（字以御）来太仓拜访王时敏就经他引介得以见面。[③]

康熙十年（1671），顾见龙一度供奉内廷，王时敏对顾见龙写真颇为赞赏，也十分佩服其勤奋精神：

余同里云臣顾子，资性敏悟，幼有画癖。顾耻为习俗所囿，羸縢履远，访名宿而师事之，由是艺业日进。初犹以写照名，亡何佛像人物、山水林木、宫室禽兽、花鸟虫鱼之属，无不兼工并诣。四方缠币日集于门。人但艳其品列精能，独步江左，岂知其穷日落月、钵心掐肾，攻苦有百倍寻常者？余尝见其巨帙累累，高可等身。凡生平所见古人图绘，零星采摘，集为粉本。凡诸佛菩萨、圣贤遗像，搜求甚备，莫之或遗。至若眉目慈威各别、耳目长短异形、指臂屈伸异势者分类，每件数十并罗一纸，以尽众态，余物皆然。[④]

最后，王时敏询问写真小像是否完成，拟派人奉领。搜索资料，顾

---

① 王抃：《王巢松年谱》，第 21 页。

② 同上书，第 24 页。

③ 王时敏：《西庐家书》，丙午七，见《王时敏集》，第 176 页。

④ 王时敏：《序顾云臣杂摹古绘粉本兼绘录名公题跋》，《王奉常书画题跋》卷下，见《王时敏集》，第 418 页。

图102　顾见龙《消夏图》卷，绢本设色，35.3cm×119.5cm，美国明尼阿波利斯艺术学院美术馆藏

见龙曾作《消夏图》卷（图102），据传为王时敏像，今藏美国明尼阿波利斯艺术学院美术馆，再现了像主在园林中纳凉消夏的场景，工巧细丽，一派山林隐逸之风。[①] 王时敏所谓"写真"，殊不知即是此幅？

按，周元之，应是衙门小吏，王时敏康熙五年（1666）七月二十四日给王抃的家书中提及："周元之县差日逐守定石门边，屡谕不肯去，其势万难支吾。"[②]

① 蔡力杰：《王时敏画像考》，《中国书画》2020年第4期，第16—18页。

② 王时敏：《西庐家书》，丙午六，见《王时敏集》，第169页。

参考文献

1. 王时敏．王时敏集[M]．毛小庆，点校．杭州：浙江人民美术出版社，2016．
2. 王抃．王巢松年谱[M]．苏州：江苏省立苏州图书馆，1939．
3. 李清．南渡录[M]．何槐昌，校点．杭州：浙江古籍出版社，1988．
4. 冯桂芬等．同治苏州府志[M]．刊本．1883（清光绪九年）．
5. 娄东诗派[M]．汪学金辑．诗志斋刻本．1804（清嘉庆九年）．
6. 计六奇．明季北略[M]．半松居士活字印本．清都城琉璃厂．
7. 文秉．烈皇小识[M]．明季稗史汇编前编本．清钞．
8. 许重熙．明季甲乙两年汇略[M]．清初刻本．
9. 温睿临，李瑶．南疆绎史[M]．古高阳氏勘定．雪川温氏原本．
10. 谈迁．国榷[M]．钞本．清．
11. 徐鼒．小腆纪年附考[M]．刻本．1861（清咸丰十一年）．
12. 谷应泰．明史纪事本末补遗[M]．傅氏长恩阁钞本．1877（清光绪三年）．
13. 张九征，陈焯．江南通志[M]．于成龙等修．江南通志局刻本．1684（清康熙二十三年）．
14. 王昶．嘉庆直隶太仓州志[M]．刻本．1802（清嘉庆七年）．
15. 俞天倬．太仓州儒学志[M]．金陵吕仲荣刻．1708（清康熙四十七年）．增修本．1723（清雍正元年）．
16. 王翚．清晖阁赠贻尺牍[M]．风雨楼丛书顺德邓氏刻．1911（清宣统三年）．神州国光社重印本．
17. 缪荃孙，冯煦．江苏省通志稿:职官志，稿本．
18. 王祖畬．太仓州志[M]．刊本．1919（民国八年）．
19. 连德英．民国昆新两县续补合志[M]．刊本．1923（民国十二年）．
20. 张炎中．太仓历史人物辞典[M]．上海：上海文艺出版社，2010．
21. 赖惠敏．清代的皇权与世家[M]．北京：北京大学出版社，2010．
22. "中央"大学共同科．明清之际中国文化的转变与延续学术研讨会论文集[C]．中国台北：文史哲出版社，1991．

23. 杨廷福，杨同甫. 清人室名别称字号索引（增补本）[M]. 上海：上海古籍出版社，2001.
24. 杨廷福，杨同甫. 明人室名别称字号索引[M]. 上海：上海古籍出版社，2002.
25. 故宫博物院. 故宫藏四王尺牍[M]. 北京：故宫出版社，2020.
26. 朵云编辑部. 清初四王画派研究论文集[C]. 上海：上海书画出版社，1993.
27. 上海博物馆. 南宗正脉——画坛地理学[M]. 北京：北京大学出版社，2012.
28. 俞丰. 四王山水画论辑注[M]. 上海：上海辞书出版社，2017.
29. 颜晓军. 宇宙在乎手——董其昌画禅室里的艺术鉴赏活动[M]. 杭州：浙江大学出版社，2015.
30. 徐征. 娄东太原王氏画系表[M]. 苏州：吴县图书馆国学会，1914.
31. 太仓市政协文史委员会. 王时敏与娄东画派[M]. 杭州：浙江人民美术出版社，1994.
32. 吴聿明. 娄东画派研究[M]. 南京：南京大学出版社，1991.
33. 赵国英. 王鉴绘画研究——兼论明末清初的绘画与鉴赏[M]. 北京：新华出版社，2005.
34. 林婕庭. 王翚画家生涯中社交活动与绘画风格转变的关系[D]. 中国宜兰：佛光大学，2018.
35. 凌利中. 山水清晖——王翚与清初正统派绘画[M]. 北京：人民美术出版社，2019.
36. 冯其庸，叶君远. 吴梅村年谱[M]. 北京：文化艺术出版社，2007.
37. 王逸明. 昆山徐乾学年谱稿[M]. 北京：学苑出版社，2011.
38. 耿晶. 道心惟微——王时敏遗民生涯考释[D]. 北京：中国艺术研究院，2012.
39. 章晖. 西庐残照——王时敏晚年的生活和艺术[D]. 杭州：中国

美术学院，2013.
40.严守智.王时敏的仿黄公望风格[D].中国台北：台湾大学，1988.
41.左昕阳.明末清初歙县西溪南吴氏书画鉴藏研究[D].北京：中央美术学院，2007.
42.陈永福.奉常家训所现乡绅居乡行为原则[M]//中国社会历史评论：第13卷.天津：天津古籍出版社，2012.
43.陈永福.明末清初乡绅经济生活的变迁——苏州府太仓州王时敏的事例研究[M]//北大史学：第15辑.北京：北京大学出版社，2010.
44.章晖，白谦慎.清初贵戚收藏家王永宁（上）[J].新美术，2009（6）.
45.章晖，白谦慎.清初贵戚收藏家王永宁（下）[J].新美术，2010（2）.
46.章晖，白谦慎.清初父子收藏家张若麒和张应甲[J].新美术，2014（8）.
47.杨小京.默契神会　悟入真趣——清初鉴定家顾维岳事迹考索[J].文艺研究，2015（7）.
48.鼎秀古籍全文检索平台，北京翰海博雅科技有限公司.
49.中国基本古籍库，北京爱如生数字化技术研究中心.

跋

几年前，我编辑南京博物院珍藏大系清代娄东绘画分卷时，发现了王时敏信札十余通。后来，若干还在明末清初书法展展出过。起初，我识读了文字，颇觉有趣，遂思量着略作一番考订。但因一直没有找到相应的感觉，拟想的考释一拖就是数年。

庚子春，一场突如其来的新冠疫情打乱了人们的生活，停工、停业、停课……在几乎停摆的两个月里，每个人都是居家过日子，我则半复工地值班着，一天又一天。在安静的办公室里，多数时间只有一二同事，我开始重拾旧题，初步完成了《南京博物院藏王时敏信札初考》，算是了了一桩陈年旧事。不久，文章投稿《故宫博物院院刊》，悄悄然两年过去，终于发表了。

辛丑春，我无意间搜得《故宫藏四王尺牍》，因为有着去年的撰文记录，便不假思索地网购了一册，总时不时地翻阅，寻找着信札里的若干线索。季夏，南京又发新一轮疫情，虽没去年一样恐慌，但时时保持警惕之心，日常节奏还是慢慢放缓，南京博物院也暂停开放。一个月间，我仍早九晚五地上班下班，在办公室里阅读四王尺牍，并开始码字。得益于方便的古籍数据库，相关工作变得相对轻松，居然一弄便是三十余通，颇有一些抽丝剥茧式的探案之趣！于是，我又回头审视旧文，重新考订，使之更为具体。

今年重午后，我公差张家港，又顺道苏州，不经意间了解苏州博物馆藏王氏付子家书一大册，原本打算就此打住，却又有新发现，不免独自窃喜，所谓“踏破铁鞋无觅处”，直叹不枉此行。月余，疫情稍缓，我再赴苏州采集图像，有赖于李军兄的帮助，一切进展顺利，回宁便开始释读、考订，按部就班地进行着……查阅、搜索、分析、论证，乃至辨误，似是细无声地享受着文字的过程。九月中浣，我践诺一年之约，前往上海博物馆观摩馆藏王氏信札数通，又喜得凌利中兄的无私馈赠，文献资料不断丰富，也得以纠正先前若干错误。如此，三年间合并累出九十通的规模，倒也出乎意料！

单就起因，或许就是院藏那几封信札，其次便是惯性的定势，然后是文字的“挟持”，似乎无法摆脱，弃之可惜之余遂一直持续着。有时想来，这或是纯粹自娱自乐吧！

因为数年来一直集中近现代研究，我偶尔与若干友人微信，戏言算是复习了古代功课。王时敏信札里有着许多有趣的事情，我似乎近距离走入了他的点点生活片段。发现、梳理、辨明，一串串地呈现出来，不失为一种乐趣。

过程中，我总是不胜其烦地搅扰陈名生学弟，在相互交流中答疑解惑，解决了若干关键性的人或事。今夏，他还无私地帮助我释读了不少，并进行内容的核对与勘校。所以，这是必须感谢的。

也感谢白谦慎教授、凌利中研究员、李军研究员、梁颖研究员、刘文涛女士、谢晓婷女士、许礼平先生、沈建南先生提供的帮助。

最后，特别感谢洪再新老师的赐序！他以过人的才情撰文，以“王时敏的重要性”“王时敏交往圈的重要性”“王时敏时代的重要性”三要点提炼，顿为拙稿提升了境界，而“私人空间与公共出版间的切换”也使“立意”倍增，研读之余的确令人回味无穷。我也受教万分，只有铭记于内。

万新华

壬寅霜降完稿

癸卯腊月校毕